通识教育文丛（第一辑）

主 编 高全喜 姚中秋

转型中国的大学通识教育

——比较、评估与展望

北航高研院通识教育研究课题组 著

ZHEJIANG UNIVERSITY PRESS
浙江大学出版社

丛书总序

探索中国大学通识教育的正道

通识教育常常被视为古典自由教育的现代延续。在现代研究型大学诞生之前，无论中西，所有的教育都可谓通识教育或自由教育，这是一种针对社会上层有闲阶层的非功利教育，"其目的是培养出一个对于自身、对于自身在社会和宇宙中的位置都有着全面理解的完整的人"。今天的通识教育虽然已经不限于少数有闲阶层，而是普及到全部受教育者，但在理念上基本延续了自由教育的这一传统，旨在培养人格健全的完整的人和自由的公民。因此，通识教育首先是关于人之所以为人、如何为人的教育，是"自由教育的公共面相"。

与此同时，现代通识教育的诞生是与学科分化相伴始终的，一个核心的意图就在于纠正学科分化带来的知识碎片化，强调基础知识、反思、艺术创造与分析的重要性，认为一种宽广的和基础的教育将改变和解放学生。在这个层面上，通识教育成为专业教育的前提条件，提供一种背景性的或基础性的知识的教育。不仅如此，专业教育在某种意义上是"去自由"的，专业教育训练学生像专业人士一样思考,而自由艺术与科学中的训练对于在职业或专业的管道之外批判性和反思性地思考和行动的能力至关重要。通识教育的最终目标在于保证学生将来成为各种各样的专家的同时,仍不失健全的人格和自由的品性,并且有能力应对复杂社会在专业领域之外提出的种种挑战。

最后,通识教育兴起与两次世界战争息息相关,哥伦比亚大学的通识教育是第一次世界大战后发展起来的,其重要的组成部分"当代文明"课,是从一门最初名曰"战争诸目的"的课程发展起来的;而著名的《哈佛大学通识教育红皮书》则是第二次世界大战后发布的,其正式的名称实际上是《自由社会的通识教育》。为什么战争会促进通识教育的发展呢?原因或许在于两次世界大战都是对人类文明的极大摧残,是对人类道德的极大挑战,人们不禁要问:为什么西方文明未能驯化人类的兽性和野蛮,是不是教育出现了问题?因此大学不能仅仅培养人的才能,不能只专注于某种技能的培养,而要首先培养人格健全的人。当前随着全球化的深入,通识教育的功能也从社会整合延伸到全球视野,哈佛大学最新版本的通识教育方案特别增设一类课程"世界中的美国",以应对全球化带来的机遇和挑战。

上述三个层面设定了通识教育的目标:将学生培养成积极参加公共生活的合格公民;让学生明白他们自身必然是某种艺术、观念、价值传统的产物,而且将参与到该传统中;让学生有能力批判性和建设性地对社会变革作出回应;让学生理解他们的所言所行的伦理维度。这个目标实际上道出了通识教育的本真,即培养完整的人和自由的公民。实践之中,无论是分布必修型、经典名著型、核心课程型还是自由选修型,殊途同归,最终都是为了探索践行通识教育的正道。

中国现代大学教育,其实很早就注意到了通识教育问题。民国以来很多教育家都以不同的方式来阐述通识教育,如梅贻琦 1941年在他的《大学一解》中谈道:"故一则曰大学生应有通识,又应有专识……通识之用,不止润身而已,亦所以自通于人也,信如此论,则通识为本,而专识为末,社会所需要者,通才为大,而专家次之,以无通才为基础之专家临民,其结果不为新民,而为扰民。"新中国高等教育由于受苏联模式的影响,一开始就走上了极其专业化的路子,直到 1999 年教育部开始推行"文化素质教育课程",才开始纠正严格专业化的弊病。

文化素质教育课程发展成今天大学的全校公选课,由于课程安排、师资配备、教学管理等各方面的原因,全校公选课今天已经全面溃败成学生逃课混学分的课程,因此近些年来一些学校开始探索通识教育,希望借此替代学校公选课,并进一步纠正专业化的弊端,形成通识教育与专业教育相结合的课程体系,使得高等教育成为完整的人和自由的公民的教育。复旦大学、浙江大学、中山大学、北京航空航天大学等众多高校都进行了有益的探讨。不同学校基于对通识教育的不同理解,以及自身的情况,发展出不同的通识教育模式,这些模式之间没有简单的高低之分,问题的关键毋宁是哪种模式更能实现通识教育的本真和目标,更能持之以恒地落实下去。

为了进一步推进中国大学通识教育,北京航空航天大学人文与社会科学高等研究院编辑了这套通识教育文丛。本书是他们组织和编辑的系列丛书(博观文丛、通识文丛、知行文丛)之一,旨在于古今中西的对比之中,从理念、制度、实践等各个层面,全面检讨中西通识教育,为探索中国大学通识教育的正道,提供理论资源和比较方案,期待在所有兄弟院校的不同模式竞争之下,摸索出一条能够兑现通识教育承诺并且切实可行的道路。

高全喜

2012 年 12 月 10 日于北京西山寓所

目　录

一、通识教育：理念与误区

（一）基本理念

现代意义上的通识教育兴起于 20 世纪 20 年代的哥伦比亚大学，40 年代的芝加哥大学和哈佛大学先后推行各具特色的通识教育，自此奠定了通识教育在美国大学本科教育中的核心位置。60 年代的学生运动严重冲击了美国大学的通识教育，但在 70 年代末 80 年代初，通识教育又得到了新一轮的重视，1987 年斯坦福大学的通识教育改革则将这场复兴运动推向了高潮。[①]世纪之交，新一轮的通识教育改革又开始登场了，麻省理工学院和哈佛大学先后于 2006 年和 2007 年推出了新的通识教育方案，以便回应新世纪带来的挑战。

---

① 参见 Curricular Renewal in Harvard College，2006，第 75—81 页；也可参见甘阳：《文明·国家·大学》，三联书店 2012 年版，第 405 页。

美国为什么要开展通识教育？究竟什么是通识教育呢？说来有些令人难以置信，在某种意义上两次世界大战成为美国大学开展通识教育的导火索。哥伦比亚大学的通识教育是第一次世界大战后发展起来的，而著名的《哈佛大学通识教育红皮书》则是第二次世界大战后发布的。为什么战争会促进通识教育的发展呢？原因或许在于两次世界大战是对人类文明的极大摧残，是对人类道德的极大挑战。战后人们不禁要问：为什么西方文明未能驯化人类的兽性和野蛮，是不是教育出现了问题？因此，大学不能仅仅培养人的才能，不能只专注于某种技能的培养，而要首先培养健全的人。《哈佛大学通识教育红皮书》给通识教育的界定是：通识教育（general education）"不是关于'一般'知识（如果有这样的知识的话）的空泛的教育；也不是普及教育意义上的针对所有人的教育。它指学生整个教育中的一部分，该部分旨在培养学生成为一个负责任的人和公民"①。从这个意义上讲，通识教育实际上是古典时期针对少数上层人士的自由教育（liberal education）的现代延续，目标是培养完整的人和自由的公民。

古典时期的自由教育仅限于有闲阶层，"其目的是培养出一个对于自身、对于自身在社会和宇宙中的位置都有着全面理解的完整的人"②。因此自由教育不带有任何功利目的，不考虑是否有用。今天的通识教育虽然已经不限于少数上层有闲阶层，而是普及全部受教育者，但在理念上基本延续了自由教育的这一传统，旨在培养人格健全的完整的人。从这个意义上讲，通识教育所面对的和探讨的，必然是人类历史中那些永恒不变的生存困境和伦理道德。在内

---

① 哈佛委员会：《哈佛通识教育红皮书》，李曼丽译，北京大学出版社2010年版，第40页。

② 同上。

容设计上,人类文明的历史以及在此历史长河中形成的各类人文经典,特别是古典时期的各类经典著作,必然是通识教育的重点。正是在不断的历史回溯和经典阅读中,通识教育传承人类文明,并在此基础上培养学生健全完整的人格,以从容应对当下种种困境。因此,通识教育首先是关于人之所以为人、如何为人的教育,是"自由教育的公共面相"①。

正因为如此,通识教育与旨在培养学生将来从事某种职业所需能力的专业教育(special education)截然有别。专业教育在某种意义上是"去自由"的,旨在训练学生像专业人士一样思考,而"自由艺术与科学中的训练对于在职业或专业的管道之外批判性地和反思性地思考和行动的能力至关重要"②。通识教育在20世纪初兴起,在另外一个层面上,恰恰是为了应对19世纪末急剧分化的专业教育所带来的知识碎片化问题,从而保证学生将来成为各种各样的专家的同时,仍不失健全的人格和自由的品性,并且有能力应对复杂社会在专业领域之外提出的种种挑战。通识教育与专业教育相结合,已经成为国外一流大学本科教育的基本形态。

但也不能因此就将通识教育完全等同于自由教育。这不仅因为现代通识教育的兴起与日益严重的学科专业分工息息相关,通识教育首先要拯救专业分工带来的知识碎片化问题;更为主要的是,在一个日益多元复杂和全球化的时代,通识教育承担着凝聚社会共识、培养合格公民的时代使命,不仅仅是人才培养问题,也是国家战略问题。特别是在崇尚自由的现代民主社会,通识教育不但要塑造个体的自由人格,还要为社会提供基本的价值共识,以免在多元分

---

① Report of the Taskforce on General Education(《哈佛大学通识教育工作组报告》,2007),p.3.

② Ibid.,p.2.

化的社会中,个体的自由抉择瓦解了基本的社会价值,进而动摇人类文明的基石。从美国通识教育的历史发展来看,每一次通识教育的重大讨论或改革,其背后都能看到某种社会危机与文明危机的影子。从这个意义上讲,通识教育的内容也就不限于自由教育所重视的古典语言和古代经典,而是超越人文教育,扩展到社会科学和自然科学领域。但通识教育中的社会科学和自然科学,通常只涉及基本的历史和原因,以及与人类生存困境和伦理困境息息相关的领域。因此,通识教育除培养完整的人之外,还要培养适合于现代社会的自由且具有美德的公民。

简言之,通识教育是古典自由教育的现代延续,旨在培养健全的人,同时应对学科专业分化带来的知识碎片化和现代复杂社会带来的超学科挑战,是大学本科教育的核心和基础。大学本科课程通常由专修(concentration)、选修(elective)和通识(general)三部分组成,专修使学生在某一学科中得到深入的训练,选修扩展学生的研究领域,通识则帮助学生理解和领会世界的责任性以及自己应承担的角色。因此,通识教育的目标是:将学生培养成积极参加公共生活的合格公民;让学生明白他们自身必然是某种艺术、观念、价值传统的产物,而且将参与到该传统中;让学生有能力批判性地和建设性地对社会变革作出回应;让学生理解他们的所言所行的伦理维度。① 通识教育除了人格、审美和情操的培育外,还要培养学生作为现代社会合格公民所应具备的实践能力,主要包括阅读和理解能力、思考和判断能力、书写和表达能力。因此通识教育理念的落实,最终必然体现在一套课程体系的设计和教学方法的贯彻上,这个问题暂且不论,下面会有详细的调研和讨论。

---

① Report of the Taskforce on General Education(《哈佛大学通识教育工作组报告》,2007),pp. 5—6.

中国现代大学教育中,其实很早就注意到了通识教育问题,梅贻琦1941年在他的《大学一解》中谈道:"故一则曰大学生应有通识,又应有专识……通识之用,不止润身而已,亦所以自通于人也,信如此论,则通识为本,而专识为末,社会所需要者,通才为大,而专家次之,以无通才为基础之专家临民,其结果不为新民,而为扰民。"[①]但梅先生的理想,在救亡图存的年代,很难实现。中国的高等教育由于受到苏联模式的影响,一开始就走上了极其专业化的路子,直到1999年教育部(国家教委)开始推行"文化素质教育课程",通识教育才再次被纳入中国大学的教学体系中。相对于文科基础雄厚的综合性大学而言,理工科大学在新一轮的、容纳通识教育的高等教育改革中压力更大,也因此存在教育机制创新的巨大空间。目前,国内无论是传统的综合性大学,还是专业性突出的理工科大学,都在探索适合自身条件的通识教育模式。不过,由于在通识教育基本理念上的理解偏差,文化素质教育课程的实际做法和最终结果,与通识教育的理念相去甚远。下面简单谈一下中国大学通识教育中常见的误区。

(二)常见误区

通识教育常常被理解为专业教育领域之外开阔视野的教育,即便强调人文素养,亦常常被理解为增加一点文史知识、陶冶一下艺术情操,结果在实践中存在诸多误区,主要表现为下述三种:

误区一:通识课=通选课

教育部从1999年开始推行"文化素质教育课程",要求本科生

---

① 梅贻琦:《大学一解》,原载《清华学报》,第十三卷第一期,1941年4月;转引自陆一:《教养与文明——日本通识教育小史》,三联书店2012年版,第4—5页。

在 4 年内至少修满 10 学分,很多学校因此开设大量面向全校学生的通选课。这些通选课大多由各个专业院系申报开设,内容大多是各个专业领域内一些普及性的知识,比如法学专业通常会开设法学原理、法律文化等课程。由于是面向全校学生开的选修课,这些课程通常没有人数限制,动辄上百人。而老师为了吸引学生选课,通常会尽量将课程简单化,甚至要变得"好玩",而且对学生几乎没有什么要求。如此一来,这些课程成为学生逃课混学分的重点对象。反过来,鉴于学生不重视,优秀的老师不愿意开设通选课,结果恶性循环,通选课几乎成为最差的课,离设立通选课的初衷相差甚远。

误区二:通识课=概论课

一些学校虽然在通选课之外,单独开设通识课,但这些通识课不成体系,往往由各个院系分担课时量,开设成各种专业课的概论课或导论课,如哲学概论、社会学概论、法学概论等,其结果是,通识课成为各种专业概论课的大拼盘。开成概论课通常基于两方面的考虑:其一,因为不是专业课,所以不能太难,必须深入浅出,各种概论、导论课最合适;其二,因为课时非常有限,但又想做到面面俱到,追求广博,因此只能是涵盖面极广的概论或导论。学生上完这些课,往往感觉这个学科或专业不过如此,自己都懂了,一知半解但却夸夸其谈。

误区三:通识课=讲座课

同样基于开阔学生知识面和陶冶情操的考虑,一些学校举办各类讲座,作为通识教育或素质教育的一个环节,并强制学生听够一定数量的讲座。举办各类讲座本身无可厚非,对于丰富校园文化、开阔学生视野,确有裨益,但各类讲座并不能取代通识教育,因为这些讲座不但没有体系性,通常也只能泛泛而论,更不可能给学生任何学术上的训练。通识教育课程应该是本科课程体系的中流砥柱，而非锦上添花的一些妆饰。

正是由于上述误区，几乎每所大学都可以拿出一份非常漂亮的素质教育或通识教育课程表，几百门课程，涵盖方方面面。但现实的情况是，十多年的所谓文化素质教育课程，并没有起到当初预期的效果。因此最近几年有关通识教育的讨论和试行再次兴起，复旦大学、中山大学、浙江大学、北京航空航天大学已经开始了新的尝试。下面将分析考察国外和国内各种不同的通识教育模式，并在此基础上给出我们的评估、分析和建议。

二、国外的通识教育:典型比较

(一)概述:历史与模式

1. 通识教育的历史

通识教育本身并不能作为一个自给自洽的本体证实自身存在的合理性与正当性;而考察通识教育的历史,其功用就在于能够从一个历时的经验性层面出发,从一个宏阔的视野和宏阔的秩序入手,将通识教育作为一个片段纳入其中,借此关注通识教育现象背后的形成路径和道德关切。毕竟历史梳理本身不是目的,基于历史的描述以达成对那一宏大秩序的窥觑,以及对概念背后无限深远之意蕴的发掘,这才是历史考察的根本意义之所在。

(1)远古的坐标——亚里士多德的自由教育

在西方高等教育史上,自由教育与通识教育是一对颇为暧昧的概念——"自由教育是通识教育最频繁的同义词"（Levine 语）[1]。这一暧昧关系体现于两者在本体上纠葛不清的关系，而这种关系在很大程度上又归因于它们在形态上和价值取向上的竞合。如果说 Levine 只是大而化之地交代了两个概念的关系的话，那么 Dirden 则是从精神含蕴的入口明白地交代了两者之间的亲缘关系："自由教育作为一种含有等级观念的教育思想好像是过时了，但实际上它的精神并没有死亡，现在它以一个中性词汇通识教育而流行。"[2]

一般认为，古代西方自由教育是通识教育的前身；而据有案可稽的史料来看，自由教育的最早倡导者应是古希腊大哲亚里士多德；而在自由教育的背后，还应蕴藏着亚里士多德伦理学意义上的体察。亚里士多德认为，人的生活可以分为两类：一类是高尚的，一类是粗鄙的。粗鄙的生活是以谋生为目的、进而以牟利为追求的生活，这种生活将知识作为换取生活资源的手段，而人也随之因求生的压迫而丧失了自由选择的机会与能力，因而这是不完善的、鄙俗的；而高尚的生活则恰恰相反，它是一种立足于自由意志之抉择、符合本己的生活，彰显了自由意志的高贵，因而是合理的、高尚的。与此相对应，人的教育也要分为两类：一类是配合自由生活的"自由教育"，一类是养成粗鄙生活的"非自由教育"。自由教育的目标和价值是人的理性的自由发展和德性的完善，非自由教育是着力于培养匠人式的技艺、进行专门性狭隘的职业技能训练为手段的教育模式。两者相较，后者（匠人的技艺）"败坏公民的身体"、"劳瘁公民并

---

① Arthur Levine. *Handbook on Undergraduate Curriculum*. San Francisco：Jossy-bass Publishers，1978，p.2；转引自李曼丽：《通识教育——一种大学教育观》，清华大学出版社 1999 年版，第 14 页。

② Gary E. Miller. *The Meaning of General Education*. Teachers College（Columbia University），1988，pp.182－183.

贬抑其思想"①,因此,亚里士多德对教育与知识的工具性价值的排斥达到了一种偏执的地步,以至于甚至认为人所学习的知识本身并不能完全决定教育的性质究竟是"自由的"还是"非自由的",真正关涉其间的还有学习者的动机:"为自己为朋友或是出于德性的行为都不会丧失身份,然而一旦出于其他目的,同样的行为往往就会显出卑贱或奴性。"以绘画为例,"如果学习绘画的目的是为了增强对形体的审美能力,它就是自由教育;如果是为了鉴别各种艺术品,在私下交易中不至于出差错,那就是非自由的教育"②。

综上,亚里士多德的自由教育排斥对一时一地的手艺进行学习,他所关注的在于对人类知识的传承,这是一种颇具贵族气质的价值追求。其根本的着眼点更是"自由"与"至善"人格的养成,以及对神圣知识的敬仰。如果说亚里士多德的自由教育与后世的通识教育在精神上有所契合的话,那么这种契合的连接点就在于此了——它仿佛照在边福汝主教额头上的那一束光,给在艰难中摸索前行的人以神圣、希望和启迪。③

(2)通识教育的三次浪潮

学界公论,近代意义上的通识教育产生于美国。据考证,第一次使用"通识教育"这一语词的学者是帕卡德(Parkard)。此公曾在《北美评论》上发文支持著名的 1828 年《耶鲁报告》,但此处的

---

① 亚里士多德:《亚里士多德全集》,苗力田译,中国人民大学出版社 1994 年版;转引自李曼丽:《通识教育——一种大学教育观》,清华大学出版社 1999 年版,第 14 页。

② 参见李曼丽:《通识教育——一种大学教育观》,清华大学出版社 1999 年版,第 25 页。

③ 边福汝主教是法国作家雨果在其巨著《悲惨世界》中刻画的人物。他在这部著作中出场很少,但其虔敬的信仰、高尚的人格和博大的心胸,还有睡梦中洒在额头上那层淡淡的银色月光,却彻底感化并改变了主人公冉阿让的一生——从一个麻木不仁的苦役犯到一个乐善好施、为了自己的良心与承诺甘愿放弃一切的君子。在本文中,亚里士多德的自由教育教人以"成人"的关怀成为后世通识教育理想的先驱,它把人放在一个神祈的光环下去塑造、去表达,为通识教育开示了一种信念与道路,就好像边福汝主教给冉阿让的启迪一般。故而在此将自由教育对通识教育的先导作用比喻成主教额头上的那束光。

"General Education"与后来的"通识教育"的内涵并不相同,前者所指大概仅仅相当于一种"狭义的博雅教育"①而已。

近代意义上的通识教育是伴随着资本主义时代生产力的大发展和知识的大爆炸而产生的。传统高等教育所形塑的知识生产与传承方式不足以回应新兴生产力的需求;在社会层面,个体的人格被深深地割裂了,伦理人格不再是人卓立于世间的唯一存在方式与价值。更广领域、更深层次的工具价值与目的价值的分裂使得知识的作用不再仅仅是树立一个完善的道德主体、道德人格,而在人的"工具价值"这一延长线上有了更进一步的需要。但此时,美国的高等教育界还沉醉于古老的自由教育传统,守护着启蒙运动的余波,执着之中已经孕育了偏执的种子——1828年的《耶鲁报告》在为传统的自由教育奋力一搏的同时,也引发了一场大讨论。在此背景下,现实的需求在高等教育领域中的投影终于得到了反馈——通识教育的浪潮开始涌动。

第一次浪潮:20世纪二三十年代的第一次通识教育运动。

撬动美国高校自由教育传统之第一块板结的是选修制。早在1869年,哈佛大学校长Eliot在就职演说中就宣布"本校要坚持不懈地努力建立、改善并推广选修制"②。在此精神的指引下,哈佛大学的课程改革一度狂飙突进,到1895年,哈佛大学一年级的必修课就减少到两门英语和一门现代外语,至此,选修制在哈佛全面确立。在哈佛的影响下,大批高校开始纷纷减少或废除必修课。到19世纪末,选修课在美国高校全面胜出。据Eliot的描述,以选修课取代

---

① 参见宋尚桂、王希标:《大学通识教育的理论与模式》,中国海洋大学出版社2007年版,第2页。

② Eliot C. W. Inaugural Address as President of Harvard College. In: *Education Reform: Essays and Addresses*. New York: Century Company, 1898, p. 1;转引自李曼丽:《通识教育——一种大学教育观》,清华大学出版社1999年版,第58页。

必修课的考量有二:其一,大学教育应该是关注学生个性的教育方式,强使为一的理念有悖于学生个人发展和个体差异;其二,大学教育必须要为社会发展服务,质言之,传统的轻视自然科学的状况不仅不应成为高校科目设置的桎梏,而且还要成为高校力予改革的对象。同时,他极力反对把选修课按照一定的顺序和内容编排成组,认为这样会束缚学生的意志与自由。这样,这一时期的选修制就产生了一个根本性的隐患——这一整套高等教育理论的唯一合理性前提在于,它必须假设学生是一个理性的个体,这一理性个体非常清楚自己的各种特点和未来的发展方向,并且能够为着自己将来的发展而放弃眼前的微小利益。而现实证明这一假设在实践过程中根本无法满足。[①] 这样一来,选修课的理论基础就变成了毫无依据的自我陶醉,它所带来的一系列后果——诸如学生知识结构过早专门化、缺乏系统性的弊端——受到了严厉的批评,并最终导致了一些学院改弦更张,重新恢复课程设置的"综合性",由此引发了旨在清除选修制弊端的通识教育课程(general curriculum)改革,是为第一次通识教育高潮。

在这一浪潮中,通识教育开始摆脱自由教育的思维定势,各个学院根据自身对选修课程弊端的感受与反思,制定了不同的改革方案,如印第安纳大学的"主修"制,哈佛大学的"集中与分配"制,以及斯坦福大学、哥伦比亚大学、芝加哥大学等的改革,通识教育的模式开始走向多元化的发展道路。

肇始于20世纪初的这场改革运动,虽然只有少数几所大学加入,且其实施方案还带有实验的性质,但毕竟崭露出了既反对过分

---

① 到1898年,哈佛有55%的学生只选择初级水平课程,有75%的学生在选课过程中根本就没有中心和重点。数据转引自李曼丽:《通识教育——一种大学教育观》,清华大学出版社1999年版,第60页。

专业化又反对过分学究气的气质，对后世通识教育的发展起到了"开路"与"拓新"的作用，其贡献不容忽视。

第二次浪潮：20世纪40年代的第二次通识教育运动。

美国的第二次通识教育运动肇始于第一次世界大战末期至第二次世界大战结束初。第二次世界大战摧毁了三个帝国（英帝国、希特勒第三帝国、日本帝国），吞噬了旧大陆，重创了苏联。经过世界大战的重新洗牌，美国在世界范围内的霸主地位得以确立。在大国襟怀和世界范围内利益纠葛的映衬下，美国国内的知识体系和教育体系是否准备好了接纳这一人类文明史上最为耀眼的荣光？美国人给出的答案是否定的。当时，"美国高等教育界很多人对学生知识和能力结构的过分专业化深感忧虑"，而针对这一症结开出的药方即是"通识教育"。在这一共同的体认下，第二次通识教育的高潮开始拉开帷幕。

这一次高潮的主体是由两个报告构成的——1945年由时任哈佛大学校长Conant牵头撰写的《自由社会中的通识教育》（*General Education in a Free Society*）和1947年由奉杜鲁门总统令而成立的高等教育委员会发表的《民主社会中的高等教育》（*Higher Education for Democracy*）。相对于第一次通识教育运动而言，这一次运动在一开始即提出了明确的纲领，即Conant的《自由社会中的通识教育》报告，这篇报告不但有方向性的把握，还提出了具体的操作方法，同时指出了高等教育改革的对象与目标。这两篇报告在美国社会产生了强烈的反响，几乎所有学院都开始着手讨论学院通识教育的目的、课程内容和教学事宜。虽然这次高潮由于"适应性教育"①的冲击而并没有切实地加以实践,但总体上说,它对于高等教育中"专业主义制度"的批判、对美国教育界现行体制的反思,却产生了重大的助推作用;在实践层面,"通识教育课增加而选修课减少"成了高校课程发展的一个普遍的趋势,这也算是功莫大焉。

第三次浪潮:20世纪60年代末至80年代中后期的第三次通识教育运动。

开始于20世纪60年代中期的越战,对美国而言不仅仅是一场战争,还是一次政治的、社会的,乃至哲学的重大变革,反战运动与学生运动、人权运动结盟,导致的直接后果就是大量具有叛逆思想的年轻人进入到大学。在这些激进而动荡的躁动下,绝对自由的选修课观点再次盛极一时。通识教育被视为"僵硬、狭隘、无用"的模式而被学生群体和某些教育改革家加以批判。在巨大的压力下,高校为迎合学生的要求开始改革自己的课程设置,这些改革的主要旨趣即在于减少通识教育的要求,放宽学生毕业的条件。进入70年代之后,随着美国经济社会滞涨期的到来,高等学校为了吸引生源、在日益紧张的财政状况下生存下来,开始将自己纳入到一个市场化的模式中加以运作,最重大的表现即是将自身的教育能力作为一种商品介入到交易流通领域——强调适应学生将来进入劳动力市场的需要来对学生加以培养。这种市场化的思维直接导致了专业主义的泛滥和通识教育的萎缩。

这一自甘堕落的恶果在70年代之后展现了出来。刚刚从滞涨期缓过神来的美国骤然发现,随着战后欧洲、日本的发展,美国在科技上的优势正逐步消失。这一状况促使美国高等教育界开始再次

---

① 所谓适应性教育是指,第二次世界大战以后因大量退伍军人入学就读,其入伍前的背景迥然相异,学校不得不根据学生群体的需要作出让步,开展适应其特定需求的教育,参见李曼丽:《通识教育——一种大学教育观》,清华大学出版社1999年版,第65页。

反思自身的教育体制。反思的成果就是政府和民间都涌现出了大量的报告,从而引发了通识教育的第三次浪潮。本次通识教育运动的主要精力放在了通识教育具体课程的设置上,使得通识教育的导向进一步明确,基础更加深厚。

(3)小结

"形而上者谓之道,形而下者谓之器",若将这句古训化入高等教育领域加以思考的话,那么,那种亚里士多德式的、崇尚德性、心性、人化(manhood)的教育理念可以被纳入到"道"的层面;职业化的、工具化的、专业性的教育,可以被划入到"器"的范畴,而通识教育恰恰就处在一个执其两端而守其中的地位。这一充满着东方色彩的角色安排就意味着,通识教育的使命是培养人、塑造人、教人以"成人"(to be a person);然而这样的一个人又必须是鲜活的、现实的、生活在工业化时代的人,一个作为社会秩序之一环、并通过交往流通以融入这一庞大体系中的人。简言之,它必须要在"道"与"器"之间维持一种张力与均衡,或许正是这一使命,使得通识教育在诞生之初便有了叛逆的气质,而后来的发展也确乎给它带来了一丝悲剧的气息:

"在美国早期历史上,当博雅教育瞧不起职业教育时,是通识教育支持维护了职业教育。但是,当职业教育羽毛已丰、翅膀已硬,成长为专门教育时,却反过来瞧不起当年呵护拉拔它的通识教育。通识教育在大学史上扮演着这样令人尊敬、令人叹息的角色。"①

2. 通识教育的模式

美国作为近代通识教育的重要发源地,从其国内通识教育的发展历程来看,它的进路是一以贯之、未被打断的。一般而言,这种时

① 参见宋尚桂、王希标:《大学通识教育的理论与模式》,中国海洋大学出版社2007年版,第9页。

间上的延续性确保了其精神底蕴和思想脉络的一致性,同时也就保证了在这一结构中制度建构的完整性。事实也确乎如此,美国的通识教育模式在世界范围来看都是非常成熟、非常完备的,在世界范围内有着巨大的影响。有鉴于此,笔者将以美国为例,对通识教育的实践模式进行简要的介绍。[①]

美国的通识教育课程设置主要有四种类型:分布必修型、名著课程型、核心课程型、自由选修型。就这四种类型的含义、进路、动因分述如下。

(1)分布必修型

这是美国通识教育中最主要、最受欢迎的一种实践形式,它的具体含义是指"对学生必须修习的学科领域(一般为自然科学、社会科学和人文科学),以及在各领域内至少应修习的课程门数(或最低学分数)加以规定的通识教育课程计划"[②]。此种实践模式的指导思想就是力求学生的知识结构能够达到最大的覆盖面,最大限度地扩大学生的知识面,提倡"向学生最大限度地展示各个学科领域的知识内容",借此打破学生的专业门阀观念,在见多识广的基础上对所学的知识进行观察与理解。在实际操作过程中,"分布必修型"常把通识教育的内容限定在几个具体的知识领域内,这往往是基于效率的考量,因为学生在短短几年内根本无法总揽人类知识的全貌。总体上看,这些领域包括人文科学、自然科学和社会科学几个领域。

---

① 由于后文将会对几种有广泛代表性的通识教育模式作出深彻的介绍和分析,故而为配合整篇文章结构的融洽性,本部分不致力于对实施模式的深度进行过深的挖掘,而将其任务限定为一种导论或简介,为后文的深入挖掘开出绪端,并对通识教育的各种模式本身有一个盖然性的介绍。

② Levine A. *Handbook on Undergraduate Curriculum*. San Francisco:Jossy—bass Publishers, 1978, p.11. 转引自李曼丽:《通识教育——一种大学教育观》,清华大学出版社1999年版,第77页。另可参见宋尚桂、王希标:《大学通识教育的理论与模式》,中国海洋大学出版社2007年版,第131页。

（2）名著课程型

也称"巨作课程型"，是永恒主义教育哲学观下的产物。这一类型的产生是为应对 19 世纪末以来实用主义哲学泛滥造成高等学校教育质量下降的问题。该模式的创始人、芝加哥大学的哈钦斯等人认为，名著是人类历史上最伟大的人物对于世界最基本问题的思考与感悟，它们提出了、甚至于本身就构成了人类社会的最基本问题。故而这些伟大人物的不朽著作对于人类社会具有永恒的价值，能够给人以启迪。所以应当使学生直接从名著中汲取知识与营养。从某种意义上讲，这种教学方式是鼓励年轻人和自己种族进化史上最优秀的人进行跨越时空的交谈，其对学生心灵的涤洗与震撼是不言而喻的。在教学的组织上，名著课程主要以讨论为主，大量的阅读与思考工作是留在课外进行的。课堂上仅仅根据需要设计一点基本技能的补充与辅导。然而，这些动辄流传百年千年的伟大著作，每一本书、每一个伟人本身都可以发展出一门独立的阐释学，对于快餐文化占据知识传承主流的今天，这种"低产出"的模式很难为学生所接受。正是这一点导致了采用这一模式的学校寥寥无几。

在美国高等教育行列中，采用这一模式较为成功的大学是圣约翰学院（St. John College），学习人类历史上最伟大的作品已经成了该校最有代表性、最感自豪的事："从 1937 年开始，它（指圣约翰学院——作者）开设了一种与众不同的课程，即基于对西方哲学、宗教、历史、数学、科学和文学作品的名著课程。正是因为这一特征，圣约翰学院才广为人知。"①当前该校在本科阶段只设立一个学士学

---

① 转引自维基百科 St. John's College（United States）词条：http://en. wikipedia. orgwikiSt. _John%27s_College%2C_U. S.（最后访问 2012 年 4 月 1 日），文章所引为笔者所译，原文如下："Since 1937, it has followed a distinctive curriculum, the Great Books Program, based on discussion of works from the Western canon of philosophical, religious, historical, mathematical, scientific, and literary works; it is probably for this program that the school is best known."

位——大学文科（Liberal Arts），以及两个硕士学位——文科（Liberal Arts）和东方经典（Eastern Classics）。

在其具体的教学举措中，圣约翰学院有以下几个特点：其一，学生四年的大学学习生活被近乎强制性地要求阅读历史上对西方文明贡献最为巨大的伟人作品，诸如亚里士多德、莎士比亚、爱因斯坦等一个个耀眼而令人生畏的名字和他们的不朽著作，都是圣约翰学院学生们的座上常客；其二，在教学材料的选用上，圣约翰学院尽量避免使用现代的教科书或讲义，并且不进行常规意义上的考试，而代之以从"A"到"F"数个评价级别，其依据是课堂的参与情况和提交的论文水平；其三，实施小班教学。以上三个特点不但支撑起了圣约翰学院的名著课程教学并使其永葆青春，而且还成为了圣约翰学院区别于美国高等教育主流的亮点。

（3）核心课程型

这是一个年轻的通识教育模式，于20世纪70年代末期才广泛出现于美国大学中。它所意指的是"选择对学习者而言有直接意义的学习内容，并且有给学习者足够的时间对所选内容进行充分学习"。前康奈尔大学校长Rhodes将其描述为："核心课程不是以名著为基础的课程，而是一种把人文科学、社会科学、自然科学直接与人类休戚相关的事物联系起来的方式。"哈佛大学则倾向于把它认定为"一种综合传统独立学科中的基本内容、以向所有学生提供共同知识背景为目的的课程设置"[①]。核心课程模式实施的最大困难在于师资力量，因为这一模式要求任课教师既要有深厚的专业知识，又要有融会贯通的意识和能力。相对于其他模式，核心课程设置对于教师个人素质的要求相对稍高。

这一模式最具代表性的大学是美国的哈佛大学。在其文理学院

①　参见李曼丽：《通识教育——一种大学教育观》，清华大学出版社1999年版，第92页。

的课程设置中,哈佛大学本着自己对核心课程的理解,将几种核心课程加以统一编排,形成模块,进而形成具有自身特点的、完整的核心课程体系,借此来达到通识教育的目的。在目前的实践中,哈佛大学的核心课程共设置了七个模块,即外国文化(Foreign Cultures)、历史研究(Historical Study)、文学与艺术(Literature and Arts)、道德推理(Moral Reasoning)、定量推理(Quantitative Reasoning)、科学(Science)、社会分析(Social Analysis)。每个模块又下设若干不同面向与侧重的子课程,这些课程和模块共同构成了哈佛大学的通识课程体系。各模块的设置都有自身的目的考虑,比如,外国文化模块设置的目的是为了使学生"扩大对文化之于人生命的形塑之体察,并更新其对于自己文化负载与文化传统的看法"①,而定量推理模块的目的则在于锻炼学生"数学与量化的思维路径"。

哈佛模式对我国大学的通识教育观念产生了很大的影响,甚至可以说中国大学对通识教育理念与课程设置的影响就来源于哈佛大学。如复旦大学等采用的通识教育组织形式和核心课程设计在理念与技术上都和哈佛大学很相似。

(4)自由选修型

在此类型,学校不规定任何系统的通识教育计划,学生可以根据自己的兴趣自行选择确定一个适合自己的通识教育方案。自由选修制是一种风险很大的模式,因为它与一度盛行的选修制共用一个前提假设,这样的话很容易导致通识教育被学生个人的选择所规避,最终形同虚设。

对通识教育发展历程的考察,是一种时间的贯通;对通识教育

---

① 原文为:"expand one's understanding of the importance of cultural factors in shaping people's lives, and to provide fresh perspectives on one's own cultural assumptions and traditions."

操作模式的梳理,则是一个空间的横揽——一横一纵之际形成了一个时间与空间的交叠,于是通识教育本身的存在依据和存在方式在这种交叠中得以清晰地展露。历史与模式的概括性考察为我们进入通识教育的殿堂提供了基本的背景与路径,本文将在此基础上进一步深入西方通识教育的具体模式内部,解析其教育组织的特色理念与制度方案。

(二)哈佛大学

哈佛大学的通识教育模式代表着一种影响非常大的模式,国内在理解美国的通识教育或者西方的通识教育的时候,很大程度上都是采取哈佛模式这样一个样本作为参照的。目前,国内多所大学对通识教育的实践,受哈佛大学影响的痕迹很重。因此,对哈佛大学通识教育的考察与了解,就成为本文的题中应有之义。

在了解哈佛大学的通识教育制度设计之前,我们有必要先了解一下这些制度设计背后的理念,以及一些基本概念的正确含义。《哈佛通识教育红皮书》上对"通识教育"曾有过较为明确的定义:"广义地说,教育可以被分成两个部分:通识教育和专业教育……它(指'通识教育'——作者)并不是关于'一般'的知识(如果有这样的知识的话)的空泛的教育;也不是普及教育意义上的针对所有人的教育。它指学生整个教育中的一部分,该部分旨在培养学生成为一个负责任的人和公民。而'专业教育'这个术语,指的是旨在培养学生将来从事某种职业所需的能力的教育。此二者同为人的生活的两个方面,是不能完全分离的。"①

---

① 哈佛委员会:《哈佛通识教育红皮书》,李曼丽译,北京大学出版社 2010 年版,第 39—40 页。

自 20 世纪 70 年代哈佛大学实施核心课程计划以来,社会、政治、文化以及知识形态都在不断变化,学生的兴趣与能力需求也在不断更新,核心课程原有的课程领域、课程目标、教学方式等都面临新的挑战。为此,哈佛大学曾经对本科通识教育方案进行过不止一次的修正,其中 2005 年的修正影响较大。

哈佛大学于 2005 年逐步形成的通识教育核心课程体系(core courses)分为七个模块:外国文化(Foreign Cultures)、历史研究(Historical Study)、文学与艺术(Literatures & Arts)、道德推理(Moral Reasoning)、定量推理(Quantitative Reasoning)、科学(Science)以及社会分析(Social Analysis)。笼统地讲,前面三个是人文方面的,第四个道德推理和第七个社会分析是社会方面的,其他是数理的模式和自然科学。现在看到的七个模块的划分,其实在最开始的时候只有六个。外国文化这一模块是在全球化趋势越来越明显之后加进去的。后面这六个模块基本上是两门人文、两门社会科学和两门理科。下面笔者会对每一模块做一个简单的介绍。

第一模块"外国文化"是相对于英语文明而言的,指的是除了美国、英国、加拿大、澳大利亚、新西兰之外的那些文明。本来外国文化应该是集中于通常所说的亚非拉文明,欧美的都不算,但这些年已将欧洲的某些其他语言的文化纳入其中。

第二个模块"历史研究"的基本目的是要发展学生对于历史学的方法和理论的理解。这部分课程又分成两部分:第一部分是历史研究 A,侧重于帮助学生理解当代世界中主要问题的背景和发展,涉及的是比较宽泛的历史问题,或者说,主要是集中于问题而不是集中于文化、国别或历史理论,而且这一部分比较偏重和当前一些问题、现实文化的关联、历史根源的探寻等方面的课程;第二部分历史研究 B 则集中于核心的历史事件,或者说在更久远的时代的一些重大的变迁,目的是要帮助学生形成对于人类世界的复杂性和经济、文化、宗教、政治各方面力量之间的互动等的认知。历史研究比较重要和有意思的课程是在第二部分，就是 B 组。这里面会有古代文明的一些课程，像希腊、罗马等就主要集中在这个部分。有一些对于一个时期或者对于某一个核心事件（比如罗马帝国、文艺复兴）的分析，亦即更偏重于历史本身的一些课程，也在 B 组里面。

第三模块是"文学与艺术"。这跟历史研究一样，是最重要的部分。该模块在主要大学的核心课程体系里都应该是最重要的部分，因为它不仅仅是对文学或艺术本身的研究，更是让学生通过对文学艺术的研究，深入理解文化的各个方面。这一模块又分成三个小部分，三类课程。第一类课程集中于对文本的阅读和分析，集中于对文学不同的批评方式或者分析方式的理解，集中于讨论文学是怎样起作用的，不同的文体和不同的文学传统是怎样形成与转换的，作者、读者、文本，以及语境之间的关系是如何形成的，等等。其实这一类课程不是侧重于文本本身，虽然它强调对文本的阅读，但主要偏重于文学理论，和前面提到的历史的第一类是比较对应的，是比较宽泛的文艺理论方面的课程。第二类课程会让学生进入非文本的表达，比如视觉艺术、听觉艺术、音乐、美术，这主要是在艺术（Arts）方面，会有看和听这方面的训练等。所以，这一部分主要是艺术类，或者说第一部分侧重于文学理论、文艺理论，第二部分则侧重于艺术。第三部分最为重要，是"文本阅读"，侧重于分析在历史上原创性的文化阶段，这些作品在社会中是怎样发生作用的，会集中于比较重要的时期、风格或者一些文学运动等，这部分在"文学与艺术"里面是最核心的课程。总之，在"文学艺术"模块里分成三个部分：第一部分是文艺理论；第二部分是艺术，就是视觉艺术和听觉艺术；第三部分是文学文本和对文学文本的具体分析。

第二和第三模块是最重要的两块，也即历史和文艺这两部分。

第四模块是"道德推理"，在整个核心课程体系里面，并不很受重视。这一模块里的课程也并不是很多,像以前政治哲学的课,或者社会理论的课会放在这里,像"人类平等与不平等"这类集中于比较重要的现实问题的课程会在这里。再比如罗尔斯的《正义论》,有时候也会放在这里面讲。最近几年,这类课程被削减得比较厉害,而且学生对这部分的兴趣也不是很大。

第五模块是"定量推理",就是定量分析,侧重于量化的一些思考方式,一般来说这部分比较失败,很难吸引学生。对于科学(Science)来说,它和定量推理是比较类似的。

第六模块是"科学"。科学反而比定量推理稍微成功一些,因为它有科学的常识性课程,学生还是比较重视的。这一模块分成两部分:第一个主要是集中于物理科学或者自然现象,通过定量化的描述和综合分析来进行研究,主要是科学理论、科学常识等课程;第二类就是比较具体的课程,集中于像生物学、进化论、环境等这些比较具体的问题。

最后一个模块是"社会分析",主要是社会学的课,侧重于社会科学的主要概念与方法。例如哈佛著名医学人类学教授阿瑟·克兰曼(Arthur Kleinman)开设的"社会苦难"(Social Suffering)就在这类里面。社会分析是对于社会现象的分析,包括社会理论和关于美国一些现实问题的研究等。

哈佛的通识教育核心课程体系分成这七块基本是原则上的要求。在实行过程中,它会有更加具体的规定,例如学生在前两年主要修这些课,基本每一个模块都要上若干门课,第三年、第四年再进入到专业学习。当然在前面会有一些侧重,比如本来就是文史专业的学生,前面两门就可以少选,会有替代性的课程。

2007年,由哈佛大学前任校长劳伦斯·萨默斯推动的新的课程计划在文理学院获得表决通过,这是哈佛对核心课程计划实施30多年来的一次彻底的修正。新的课程计划提出了四点新目标:

（1）为学生成为合格公民做好准备；

（2）教会学生理解自己既是传统艺术、观念和价值的产物，也是参与者；

（3）让学生为批判性地和建设性地回应变革做好准备；

（4）发展学生对自己的言行从道德层面上加以理解的能力。

为配合新的教育目标，新的课程体系分为以下八个类别：

（1）美学的和阐释的理解（Aesthetic and Interpretive Understanding）；

（2）文化和信仰（Culture and Belief）；

（3）实证和数学推理（Empirical and Mathematical Reasoning）；

（4）道德推理（Ethical Reasoning）；

（5）生命系统科学（Science of Living Systems）；

（6）宇宙物理科学（Science of the Physical Universe）；

（7）世界社会（Societies of the World）；

（8）世界中的美国（The United States in the World）。

纵观哈佛通识教育核心课程体系的历史，笔者认为其原初理念是非常正确的，但是在执行的过程中，尤其是在不断的修正中，却与原初理念不断偏离。让我们再回顾一下《哈佛通识教育红皮书》对"通识教育"的理解：<u>该部分旨在培养学生成为一个负责任的人和公民。</u>"所以，所谓"通识教育"即在于在"人性教育"、"人格养成"上，教育者之间，以及教育者与被教育者所达成的"通识"，而不是各种专业知识都知道一点的"通"！

不幸的是，《哈佛通识教育红皮书》提倡的教育理念固然正确，但是专业教育，以及实用主义教育思维定势，还是使得哈佛通识教育核心课程体系的实施效果，或者说被其国人曲解的主要目的变成：<u>强调跨专业的知识培养，强调学生对于每一个领域都要有一定的知识。这恰恰是通识教育一直在努力克服的专业教育理念——</u>

"旨在培养学生将来从事某种职业所需能力的教育"——的变种！通识教育不是培养通才，不能把通识教育理解成让学生掌握更多的专业知识，好像这样通识教育就成功了。模块分得过碎，各个领域的老师都来讲一讲，其实际的教育结果并不理想。例如，从教师的角度来说，教师讲的是自己专业知识的通俗版本，或者说是低级版本，这会使得各个专业最好的老师不愿意上这种课。例如"社会苦难"那门课，本来在人类学系是一门专业课，也是本科生的专业课，把它变成通识课，就要降低难度，老师上得没有动力。而且，学生学的也并不是很扎实的专业知识，只是在各个专业之间都有一些尝试，都会涉猎一些知识，但是每一门都很不专业。无论对教师还是对学生来说，这样的教育都很不理想。其实际的教育结果就变成了使学生对每一个领域都不会有很深入的理解，更为重要的是，"通识教育"的目标——"培养学生成为一个负责任的人和公民"——仍然没有落实。这一点是需要国内的追随者好好思索的问题，而且是应该极力避免的问题。

当然，无论是哪种通识教育模式，它面临的基本问题都在于，在现在的市场模式下，学生有很大的自由度，学校很难给学生一个强制性的要求，让他读什么书，让他被灌输一种什么样的思维方式。所以，国内大学现在应该思考的问题在于，在这样一种情况下，学校如何还能够让学生掌握一些对于现代自由民主社会来说非常重要的理念？或者说，在这种市场模式之下，学校还"能否"，或"应当"传达一些基本的理念？

这就涉及与通识教育经常放在一起谈论的"自由教育"。《哈佛通识教育红皮书》认为，"自由教育的根本含义即'适于或有助于造就自由人'"。而"自由人"则是"被培养成为思索与追求美好人生的人，他们的教育既非专门化的也非职业化的，其目的是培养出一个对于自身、对于自身在社会和宇宙中的位置都有着全面理解的完整的人"①。

非常不幸的是,就像国人对"自由"最肆意的理解一样,国内某些大学对于"自由教育"的理解就仅仅停留在"自由选课",或者"自由选专业"的层面。而哈佛大学 2007 年的改革也不幸落入这一窠臼:"为学生提供更加灵活的选课制度。"这就造成了中国某所著名的综合性大学哲学系只招到 1 名学生,历史系只招到 10 名学生,而大批学生涌入经济、法律等热门学科的现象。大学被流行意见所占领,甚至成为流行意见的贩卖场,而不是像人们所期望的那样,是这个社会坚守人类永恒真理与价值的中流砥柱。而且,"自由选课"的前理解是学校相信这些"被教育者"有教育自己的能力!他们会认为,要给学生选课的自由,因为这些"被教育者"、"需要教育的人"会知道学习什么课程是真正对自己的成长有益的、有帮助的。这里面的悖谬是每一个人都可以清晰指出的!

高等教育当然并不只是培养高等的学者,但即使不培养精英的学者、人才,也应该有一些"对人与社会基本一致的和有约束力的理解"②是每一个受教育者必须要懂得的。而这种"对人与社会基本一致的和有约束力的理解"恰恰是民主社会最应依赖的力量,因为"民主所蕴含的分化力量太强大了"③。而目前这样的模块设计,无法保证每一名学生都会读到一些最基本的书,也即《哈佛通识教育红皮书》一直强调的通识教育所依赖的"巨作"(Great Books,最为丰富地蕴含着对人与社会基本一致的和有约束力的思考与理解)。不幸的是,2007 年的哈佛改革也背弃了这一优良传统:"为学生提供广博的知识,而不是深入地集中于单一主题或少量文本。"在如此珍贵的大

---

① 哈佛委员会:《哈佛通识教育红皮书》,李曼丽译,北京大学出版社 2010 年版,第 40 页。
② 同上,第 5 页。
③ 同上,第 8 页。

学时光中,只是让学生对每一个学科分工有一个基本的了解,对每个学科的内容有一个基本的了解,让学生学习这些可以随时从Google上得来的知识,对学生的成长有什么样的实质意义呢?让不具备自我教育能力的人自我教育、自我选择学习什么课程与知识,又能有什么良好的结果呢?如果把这种模式引入中国,恐怕会带来相当大的问题。

以上主要是关于哈佛大学的核心课程体系的介绍和思考,所以有一些其他的方面没有涉及,比如说很重要的学院制度。无论是英国的主要大学,还是美国的大学,这方面做得最成功的其实是耶鲁。它们的每一个学院都会有自己的文化,几十年来本科生都是按照学院的模式来管理的,学院的管理者是研究生。至于学院的具体模式则又是需要另加讨论的问题。

对哈佛大学情况有了基本的了解,就可以对国内的大学通识教育的尝试进行一种反思。在美国的几种通识教育模式中,哈佛大学和芝加哥大学正好形成了比较鲜明的对照。但是现在对国内的教育界来说,对芝加哥大学的模式了解甚少,通常都是比较盲目地拷贝哈佛的模式,这里会存在很大的问题。对芝加哥大学通识教育模式的认知与比较也许可以为我们带来更多的思考。

(三)芝加哥大学

芝加哥大学的通识教育探索,对美国通识教育的历史发展有重大的影响,目前是与哈佛模式并列的一种通识教育模式。目前,国内对哈佛大学的通识教育模式了解比较多,对芝加哥大学的通识教育模式了解相对较少。因此,这部分对芝加哥大学通识教育模式的介绍,内容相对多一些,具体分成三个部分:首先介绍一下芝加哥大学创校以来在通识教育方面所做的一些探索与改革;第二部分再介绍一下目前芝加哥大学的通识教育的整体状况和内容分布;最后以其中的一两门通识教育课程为例,介绍芝加哥大学通识教育的具体实践经验。本章写作的资料,既包括国内学者的一些研究文献,也有芝加哥大学官方网站提供的课程介绍,同时也吸收了香港中文大学范广欣教授的一篇考察报告,以及作者本人就此问题向北京大学哲学系李猛教授求证和交流后得来的一些信息。

1. 渊源与历史

在美国的名校中,芝加哥大学是一所虽然年轻却显得有些特立独行的大学。芝加哥大学创立于 1890 年,1892 年才正式开课。成立之初,芝加哥大学便立志打破美国大学教育的既有模式,在综合英式的学院式大学和德式的研究型大学两种模式的基础上,走出一条大学教育的全新模式。由芝加哥大学第五任校长郝钦斯创立的芝加哥大学的通识教育模式,就是在这种教育实验精神的鼓舞下艰难探索的产物。

芝加哥大学首任校长哈珀在创立芝加哥大学时,就把芝加哥大学的教育分成两个阶段,其中第一个阶段是通识教育,第二阶段则是专业教育。但是通识教育究竟该如何具体展开,哈珀并没有形成一套完整和行之有效的模式。哈珀的几位继任者,虽然在哈珀的教学改革实验的基础上有所推进,但成效并不明显。这个历史的重任最后落在了第五任校长郝钦斯的身上。郝钦斯并非等闲之辈,29 岁就担任耶鲁大学法学院的院长,30 岁就成为芝加哥大学的校长。①从法学院院长转变成大学的校长,从耶鲁大学来到芝加哥,对郝钦斯来说,并不仅仅是一种职业位置的转换,随之转变的还有他工作的语境和面临的核心问题。20 世纪 30 年代,美国法律发展遭遇的

---

① 参见芝加哥大学官网对郝钦斯的介绍,http://president.uchicago.edu/history/hutchins.shtml。

问题是僵化的法律哲学无法适应急遽变化的社会现实,因此,作为法律人共同体的一员,郝钦斯对法律现实主义运动感同身受,是其积极的拥护者。然而,当郝钦斯的阵地从法律改革运动转变到大学教育时,他面临的问题则远比法律改革要根本得多。郝钦斯开始认识到,一个自由民主社会所遭遇的许多根本性的困境,是无法通过专业化的现代科学的方法来解决的。问题的关键仍然是人的问题,是人的教育问题。随着与哲学家艾德勒交往的深入并最终成为同事与战友,郝钦斯的这种想法也越来越强烈,并最终落实为芝加哥大学通识教育的长期实践和探索。

1930 年,郝钦斯将芝加哥大学分成四个学部,分别是人文科学部、社会科学部、生物科学部、自然科学部,①并任命鲍彻(Chauncey S. Boucher)出任课程委员会主席,设计通识教育方案。② 1931 年该委员会设计的通识教育方案被通过。该方案包括五门为期一年的通识导论课程,每个学部负责一门,外加一门写作课,每门课程都要求综合考试。③ 为了衔接专业教育与通识教育,在前两年的通识教育中,允许学生选修一定数量的专业课程,在后两年的专业学习中,又要求学生必须选修三分之一的非专业课程。④

相较于芝加哥大学之前的本科教育课程体系,鲍彻的通识教育方案是一个重大进步,但郝钦斯仍然觉得不满意,尤其是觉得这种方案对古典伟大著作的阅读重视远远不够。后来,在 1953 年出版的《乌托邦大学》中,郝钦斯回溯性地阐述了自己的大学通识教育思想:"作为整体,教育系统的目的并非为工业提供熟练工,或者教给

---

① 参见芝加哥大学官网对郝钦斯的介绍,http://president.uchicago.edu/history/hutchins.shtml。

② 沈文钦:《郝钦斯与芝加哥大学的通识教育改革》,载《比较教育研究》2006 年第 4 期。

③ 同上。

④ 同上。

年轻人一些生存的技巧,而是让他们成为负责任的公民。"对郝钦斯来说,塑造了西方文明传统的那些伟大著作,恰恰是训练学生的智识能力并使他们成为具有独立思考和批判能力的合格公民的最好教材。而专业化的技能训练对此根本无能为力。因此,郝钦斯在 19世纪 30 年代所推动和领导的一次又一次通识教育改革,都紧紧围绕着对经典名著的阅读和苏格拉底式的小班讨论这两个核心展开。

在美国当时的大学教育体系中,如此的教育理念既是超前的,也显得有些脱离工业时代的实际,食古不化。因此,郝钦斯的通识教育改革在推进的过程中,也遭遇到了强大的阻力。例如,郝钦斯在 20 世纪 30 年代大力推行的阅读西方古典名著计划,就多次失败,最后他麾下的一批人只好把阵地转移到圣约翰学院继续他们的教育实验。此外,郝钦斯为了增强通识教育的效果,力推将通识教育提前延伸至中学高年级教育阶段,形成中学高年级(2 年)和大学初级(2 年)连贯 4 年的完整通识教育的做法,在当时美国的大学教育体系中,更显得特立独行。最后由于涉及招生等一系列的技术问题,在郝钦斯辞去芝加哥大学校长后,就被他的继任者废除了。①

当然,郝钦斯的教育理念也说服了许多有才华的年轻人集聚在他的麾下。来自这些年轻教师的支持,是郝钦斯通识教育改革持续进行并且取得最大限度成功的重要基础。从 1943 年到 1950 年郝钦斯离任前,芝加哥大学逐渐形成了一套相对成熟的课程体系。这套课程体系"主要有 14 个序列课程,在 14 个序列课程中,包括三年人文课程、三年社会科学课程、三年自然科学课程、一年数学课程(还可以多选一年)、阅读与写作课程、外国语(选修)、O.I.I[观察

---

① 沈文钦:《郝钦斯与芝加哥大学的通识教育改革》,载《比较教育研究》2006 年第 4 期。

(Observation)、阐释(Interpretation)与综合(Integration)]"①。具体分布如下:②

一年级	社会科学1	人文1	自然科学1	英语
二年级	社会科学2	人文2	自然科学2	数学
三年级	社会科学3	人文3	自然科学3	外语
四年级	历史	O.I.I(观察、阐释与综合)		

这一套课程体系更好地贯彻了郝钦斯的阅读经典名著的思想,西方历史上几乎所有的哲学、文学和历史的名著,都容纳在这套课程体系的参考书目之中。尤其是,即使是自然科学的课程,也增加了对诸如阿基米德、伽利略等历史上伟大的科学家的经典著作的阅读内容。

2. 继承与调整

与郝钦斯任校长时期所形成的通识教育体系相比,目前芝加哥大学所推行的通识教育体系,在核心理念和整体思路上是一脉相承的,但又面对现实对郝钦斯的版本做了许多重要的修改和限制。其中,芝加哥大学现行的通识教育体系与郝钦斯版的通识教育体系最大的区别是:取消了贯穿中学与大学的连续四年的通识教育的模式,采取了哈佛大学的两年的核心课程体系,即在大学的一、二年级重点进行通识教育,而在三、四年级则重点进行专业教育。当然,这并不意味着三、四年级就没有通识教育课程了,而是意味着作为必修课的强制通识教育,主要集中在一、二年级。

二者一脉相承之处主要体现在如下两点,即以小班教育为前提的苏格拉底式的教学法与强调对西方历史上那些伟大的经典著作

---

① 沈文钦:《郝钦斯与芝加哥大学的通识教育改革》,载《比较教育研究》2006年第4期。

② 同上。

的阅读。苏格拉底式的教学法,最先流行于美国各大学的法学院的
案例教学中,郝钦斯则将苏格拉底教学法创造性地运用到通识教育
中,着重强调的是培养学生进行独立的批判性思考的能力和辩论能
力。苏格拉底教学法要能够实现,一个前提条件是小班教学,芝加
哥大学的通识教育课基本上是小班,其中每个班的人数一般不超过
25 人。强调对伟大经典原著的阅读,着重的是通过与历史上伟大人
物的直接对话,培养学生发现与提出根本问题的原创性能力,以及
直接面对人类社会根本问题的思考习惯。

就通识教育的这两个核心要素而言,其实三、四年级的专业教
育并不构成对通识教育的否定,而是以另外一种方式对通识教育的
延续和深化。如果说,一、二年级的通识教育旨在训练学生的一种
形成和表达核心智识问题(key intellectual questions)的基本能力的
话,则三、四年级的专业教育则强调在此基础上,训练学生在某个具
体的知识领域更深入和系统地处理复杂问题的专业能力。三、四年
级的专业教育虽然训练重点变化了,但是训练方式仍然延续一、二
年级的许多核心特征,例如仍然强调小班研讨的方式,强调对各专
业领域中那些经典文献的研读和讨论。

因此,通识教育与专业教育之间的区别,主要集中在学习内容
方面,也即课程体系设置。下面笔者就重点介绍一下芝加哥大学的
本科课程体系。[①] 首先,笔者将简要介绍一下芝加哥大学的整个课
程体系的结构,这样我们就可以了解通识教育课程在整个芝加哥大
学课程体系中的地位。其次,笔者将介绍通识教育课程体系的结构
和内容,重点是其中的"人文、文明研究与艺术"(Humanities,
Civilization Studies, and the Arts)部分,因为这部分是整个通识教育体

①　材料的来源主要是芝加哥大学官方网站(http://collegecatalog. uchicago. edu/
thecollege/thecurriculum/,2012 年 8 月 15 日最后访问)所提供的关于课程体系的详细说明。

系中最核心的内容,也是笔者相对比较熟悉和能够把握的内容。

就课程体系的整体结构而言,除了一、二年级的通识教育与三、四年级的专业教育区分之外,芝加哥的本科生教育体系还包括另外一个部分,即选修课程。选修课程主要是为了满足学生依据个人兴趣自由地探索知识的需要,提供一些学生个人特别感兴趣但通识教育课程与专业教育课程却都无法提供的课程。学生要顺利毕业、升入研究生的课程,总共必须修满 42 个学分。[①] 在这 42 个学分中,一、二年级的通识教育必须修满 15 个学分,并且原则上一、二年级的通识教育课程不能被任何其他课程所替代。因此,在芝加哥大学的整个本科生教育体系中,通识教育明显区分于其他三个课程体系,构成了整个本科生教育体系的基础部分。

一、二年级的通识教育课程总共又被设计成三个类别,分别是:人文、文明研究与艺术(Humanities, Civilization Studies, and the Arts)、自然科学与数学(Natural and Mathematical Sciences)、社会科学(Social Sciences)。其中,"人文、文明研究与艺术"与"自然科学与数学"这两个类别,学生必须各修满 6 个学分,社会科学类别则必须修满 3 个学分。下面就简单介绍一下各个类别的主要内容。

(1)人文、文明研究与艺术类。人文、文明研究与艺术类课程设置的目标是帮助学生形成分析、欣赏、品味经典文本的能力,同时又能够历史性地研读文本(appreciate and analyze texts intellectually, historically, and aesthetically)。为了实现这个目标,这一类别又再细分为三个模块,分别是:

A. 对历史、文学与哲学文本的解释(Interpretation of Historical,

---

① 与一般大学每年分成两个学期的模式不同,芝加哥大学一年分成四个学季(其中夏学季的时间在暑假,课程较少,选修的学生也比较少,相对比较不重要),一门课程可能会分成三个学季上,其中每个学季一个学分。比如说《世界文学经典导读》这门课,就被放到三个学季上,则每个学季上完,考试合格后,学生就可以拿到一个学分。

Literary，and Philosophical Texts）；

B. 戏剧、音乐与视觉艺术（Dramatic，Musical，and Visual Arts）；

C. 文明研究（Civilization Studies）。

在这三个模块中，A模块是最基础的部分。通过A模块内容的学习，学生应该掌握深度解释各种历史、哲学与文学原著的能力，并且能够通过这种解释辨识出这些文本所提出的那些根本性的问题，最后能够有说服力地和到位地将自己的理解表达出来。在此基础上，更进一步地训练学生理解和阐释戏剧、音乐和视觉艺术的能力，并且将对这些艺术与经典文本的理解与阐释和特定的文化传统联系起来。这就是B模块和C模块之所以被设计的原因。基于这三个模块之间的这种内在关联，这一类别6门课，又被设置成了三种组合方案，可以简单地将其说成是三个套餐：

套餐1，三门人文课（A模块）、两门文明课（C模块）和一门艺术课（B模块）；

套餐2，三门文明课（C模块）、两门人文课（A模块）与一门艺术课（B模块）；

套餐3，两门人文课（A模块）、两门文明课（C模块）与两门艺术课（B模块）。

A模块总共有8门课程，分别是《世界文学经典阅读》（Ⅰ-Ⅱ-Ⅲ）、《哲学性地阅读人文经典》（Ⅰ-Ⅱ-Ⅲ）、《古希腊思想与文学》（Ⅰ-Ⅱ-Ⅲ）、《公民与人》（Ⅰ-Ⅱ-Ⅲ）、《人文经典导论》（Ⅰ-Ⅱ-Ⅲ）、《阅读文化：收集、旅行与交换》（Ⅰ-Ⅱ-Ⅲ）、《媒体美学：影像、声音与文本》（Ⅰ-Ⅱ-Ⅲ）、《语言与人类》（Ⅰ-Ⅱ-Ⅲ）。值得注意的是，这8门课程都是系列课程，每门课程都分成了三个系列，这意味着要完整修完一门课程的话，都必须花费三个学期。

B模块则是艺术模块，着重对学生欣赏和领悟艺术作品能力的培养，授课的方式，除了名作赏析式的教学之外，有时候也会采取实践性更强的方式,例如组织学生重演经典戏剧。B模块提供给学生选择课程的范围也比较广,总共有16门课程。B模块的系列课程比较少,只有"戏剧的历史与理论"这门课程是阶梯式的系列课程,需要两个学季才能完成这个系列课程。其他课程用一个学季就可以上完。

C模块是文明研究模块,着重学生对世界范围内主要文明之发生、历史与成就的理解和把握。方法是对这些文明中迄今仍然保存的文献和历史遗迹的研究。这个模块提供的选择余地也非常大,总共有30门课程左右。古希腊文明、古希伯来文明、古罗马文明、西欧的中世纪文明、伊斯兰文明、中国传统文化、地中海世界、拉美文明与历史、西方的音乐文明、西方近现代的科技文明等,都在可供选择之列。这些课程又分成了两类。第一类是全部在芝加哥大学学习的课程,总共有20门,另外一类是需要通过海外交换项目,到这些文明发生地的大学完成的项目,总共有11门。例如,第二类课程中的"罗马:从古代到巴洛克",就可以通过交换项目到罗马学习,进行实地考察。C模块的多数课程也是系列课程,多数是需要三个学季才能够修完的,也有少数是需要两个学季才能修完。

通过对三个模块课程内容的了解,可以发现就课程内容设计而言,设计者鼓励多数学生选择套餐一和套餐二两个套餐,并且套餐一又优先于套餐二。例如,模块A中没有两个学季的系列课,但模块C就有两个学季的系列课。因此,如果学生选择套餐二的话,就无法完整地完成模块A的任何一门课程。权衡之下,学生就更容易选择套餐一的课程。根据香港中文大学的范广欣在芝加哥大学的实地访谈和调研,实际上多数学生选择的也都是套餐一。[①]

(2)自然科学与数学类。作为通识教育的一部分,这一类别的课

---

① 范广欣:"芝加哥大学的西方文明核心课程:通识教育与大学理念",http://www.cuhk.edu.hk/ogercgeconference/070119/fanguangxin.pdf,2012年8月15日最后一次访问。

程与其他大学开设的普通自然科学课程,有着重要的区别。自然科学对现代世界与文明的塑造的参与,是实质性的,因此了解现代自然科学的问题意识、思维模式以及基本原理,也应该成为通识教育的基本组成部分。这部分通识教育课程,就是为了满足这部分的需求而设立的。这一类别的课程目的是激发学生对自然物理世界探索的兴趣,尤其着重于自然科学探索的激发过程(exciting process)。通过这一类别课程的学习,学生也可以了解自然科学的观察、推理的威力与局限性。其中数学课程着重训练学生形式逻辑推理的能力。学生必须选修自然科学与数学类别的课程至少六个学季的课程,在这六个学季的课程中,学生必须选修至少两个学季的物理学的课程,至少两个学季的生物学课程以及至少一个学季的数学课程。

自然科学与数学类别的课程,具体又可以分成物理学、生物学、自然科学、数学四个系列,其中比较有特色的是物理学和生物学系列,根据学生未来主修的方向不同,各自又再细致地区分成两个部分,即未来主修相关专业方向的学生要学的课程和未来不主修相关专业方向的学生要学的课程两大类别。例如,物理学类别就专门为将来准备主修生物学、医疗专业的学生提供了 5 到 6 门要求比较高的物理学和化学课程,而为未来主修其他专业的学生提供要求比较低的课程,满足其通识教育的要求。生物学系列的课程的划分则更细,更加考虑到不同专业方向的学生对课程难度的要求。此外,第三小类课程,即自然科学系列,又是专门为将来主修人文类的学生开设的自然科学的通识教育课程,难度又较前面两类要小一些,主要是针对大一学生和部分大二学生。

(3)社会科学类。与前面两个类别的课程相比,社会科学类别的课程相对短小而精悍,所占的学分也比较少,但绝不表明这一类别的课程是相对不重要的。这一类别的课程的重点是社会科学理论中的核心概念、基本问题与基本的理论与方法。通过展示社会科学的基础理论如何提出基本问题,以及如何通过思想实验(imagination)和系统分析的方法来分析这些基本问题,帮助学生观察和理解当今世界所面临的一些基本问题。可供选择的社会科学类别的课程主要是如下几门课程:"权力、认同与抵抗"(Power,Identity,and Resistance)、"自我、文化与社会"(Self,Culture,and Society)、"社会科学探索"(Social Science Inquiry)、"心灵"(Mind)、"社会与政治思想经典"(Classics of Social and Political Thought)。其中"社会与政治思想经典"曾经长期由斯特劳斯主讲,在芝加哥一直被奉为经典课程,极受欢迎,每年这门课程都同时开设十多个小班。

(4)外语类。除了上述通识教育课程之外,芝加哥大学的通识教育体系还要求学生必须学习除英语之外的一门语言,并提出了相当具体的标准来考核学生的语言能力。在听说读写四种能力中,对读和写的能力要求较高,但对听和说的能力也有具体的要求。此外,通识教育还包括另外单独设置的三个学分的体育内容。

3. 授课的细节

通过对芝加哥大学通识教育的渊源和历史的回顾,以及该大学目前通识教育课程体系的解读,我们可以大致地领略到芝加哥大学通识教育的品质与特点。尽管如此,如果能够对其中的某些课程做重点的参与式观察,也许更加能够感受芝加哥大学通识教育的独特魅力。由于客观条件的限制,笔者无法亲赴芝加哥大学参与和学习其通识教育课程,是为遗憾。好在笔者担任北京大学哲学系李猛老师助教期间,有机会经常向李猛老师请教通识教育问题,也经常听李猛老师介绍他在芝加哥大学社会思想委员会求学期间参与和观察本科生通识教育课程的一些信息和感受。此外,香港中文大学的范广欣教授2006年曾经专门赴芝加哥大学考察通识教育课程,后写作"芝加哥大学的西方文明核心课程：通识教育与大学理念"①一文，将考察的观察、体会与收获写出来与我们分享。为了文章论述更为客观，有据可查，这部分的介绍更多的是依据香港中文大学范广欣教授的描述和介绍，并根据笔者与李猛教授的交流作为补充和印证。

范广欣教授重点考察的是两门课程，一为"西方文明史"、一为"社会与政治思想经典"。"西方文明史"课程在整个课程体系中属于第一类"人文、文明研究与艺术"的 C 模块，"社会与政治思想经典"则是第三类"社会科学类"。"西方文明史"主要由历史系开设，而"社会与政治思想经典"则如上文所述，授课教师是在全校范围内公开招募的，来自不同的学科背景。

尽管如此，这两门课程也有许多共同之处，体现了芝加哥大学通识教育的共识和底蕴。首先，这两门课程都以小班为单位，每个小班大约 20 人。小班教学使得课堂讨论成为可能。按照授课方式的不同，目前芝加哥大学的通识教育课又大致分成两种类别：一种是以讨论为主，例如"欧洲文明史"；另一种是以授课为主，例如"东亚文明"。如果是以教师讲授为主，则班级的容量可以大一些，这样也有利于节省教育资源。采用大班讲授式为主，估计也是不得已，例如东亚文明的师资资源相对稀少，因此就采取"大班讲授，小组讨论"的模式。而"欧洲文明史"的课程，由于涉及西方历史，师资相对比较丰富，因此就采用小班讨论的方式。处于两者之间的是"西方文明史"，由于芝加哥大学采用压缩"西方文明史"，鼓励学生选修"欧洲文明史"的制度性激励措施，因此选修"西方文明史"的学生相对于选修"欧洲文明史"的学生要少，超过一个小班的规模，又构不

①　范广欣："芝加哥大学的西方文明核心课程：通识教育与大学理念"，http://www.cuhk.edu.hk/ogercgeconference/070119/fanguangxin.pdf，2012 年 8 月 15 日最后一次访问。以下的介绍基本上是以范广欣教授的这篇文章为基础进行转述的，但带有我个人理解的印迹。

成两个小班，所以讲授这门课程的凯特·温斯特劳布（Ketty Weinstraub）就采用了苏格拉底式的问答教学法。即使是以教师讲授为主的课程，每个星期也会安排必要时间，将大班分成不同的小组，然后以小组为单位组织讨论。由此可见讨论构成了芝加哥大学通识教育中很核心的内容，也可见其对于芝加哥大学通识教育的重要性。

对于小班讨论而言，教师事先的准备工作是关键。首先是阅读材料的选择。经过长期探索和实践，在教材的选用上，芝加哥大学已经形成了一套非常成熟的做法，并且已经将其中的一些成熟做法制定成教材，在芝加哥大学出版社公开出版。一般来讲，小班讨论所选择的教材，都是一些经典的材料，蕴含了丰富的内容和深刻的思想。经典作品往往具有非常丰富的阐释空间，对教师的心智和能力，也是一个巨大的挑战。

如果是同一门课被分成多个不同的小班，则材料又分成两个部分，一个部分是所有的小班都要阅读的文献，另外一部分则是各个小班的教师可以自由决定的文献。前者大约占所有材料的三分之一，后者则占所有材料的三分之二。这样既能保证课程内容的一致性，又给予不同班级授课老师充分的信任和自主性。尽管如此，所有的教师都必须做到一点，就是在上课过程中，要尽量提醒学生带着同情和理解的态度对待经典文本，而不能在没有搞清文本含义的情况下随意自由地阐释。

选定教材之后，教师另外要准备的就是如何处理这些经典的文本。一般课堂讨论前，教师都事先针对阅读材料设计好相关的题目，并在此基础上，设计和安排好课堂教学时间的分配。例如，准备在课堂上花多少时间回顾上一堂课的内容，并考核学生的掌握情况，花多少时间给需要讨论的文本做导读性的介绍，给学生的发言留出多少时间，讨论的时间有多长等。就此而言，教师有点像篮球比赛的教练,必须精密地计算时间,并且通过对课堂节奏的主导来管理课堂时间。这种能力既需要课堂前精密的设计和准备,同时也需要一定的教学经验的积累。

像这样一门通识教育课程,对学生的智力和能力的挑战,也是很巨大的。李猛老师就曾经和笔者说过,许多本科生的通识教育课程,也有博士生去旁听和选修。这表明这些课程的设计者和讲授者的一种共识——并不因为这是给大学低年级的本科生开设的课程,就降低课程的难度。一门课程的魅力,恰恰是建立在这门课程内容的深刻性与丰富性的基础上的。为了迁就本科生的能力而降低课程的丰富度与深刻性,不但教师讲起课来会觉得索然无味,学生所受到的心灵的震动和启发也必然会降低。当然,如何在课程内容自身的丰富性和内容的活泼性之间形成良好的平衡,这也是很值得所有从事通识教育的老师探索的。例如,北京大学吴增定老师讲授的柏拉图《理想国》课程,非常生动活泼,像笔者这样精细读过《理想国》多遍,甚至围绕这个文本写过研究论文的人,听起来仍然觉得津津有味。

上面是就难度而言,而就时间与精力而言,这些通识课程对学生的挑战也是非常巨大的,学生在学习时,必须全力以赴,才能够获得比较满意的成绩。以"社会与政治思想经典"为例,学生要在四个星期内读完柏拉图的《理想国》、两个星期读完亚里士多德的《政治学》、一个星期读阿尔法拉比的三篇文章、一个星期读阿奎那的《法律、道德与政治》的部分章节,最后两个星期读完马基雅维利的《君主论》及《论李维》的部分章节。在这么紧张的情况下,学生要把这些内容读完,已经是很难得了。但这还不算,上课时,每位学生都要做三分钟的发言,提出自己认为值得注意和讨论的问题,并且要积极参与讨论。因此,在课前,学生不但要在规定时间内读完这些文献,同时还要为上课的课堂讨论做好准备,并且事先准备好课堂大约三分钟的发言。课后,学生则要在一天内向这门课程的网络讨论版提交自己的课后总结,主要是回顾讨论中的重要议题和讨论情况,并就课堂讨论未充分的部分提供补充。

通过这种紧张的训练,学生虽然付出的时间和精力比较多,但是基本的写作能力、有效地把握讨论的关键议题并迅速作出反应和有效表达的能力都能得到良好的锻炼。而这些能力,无论是学生升入高年级,进入专业学习,还是将来毕业后从事各行各业的工作,都是非常重要和最基本的能力。

当然,一门通识课程如果仅仅是要求高,程度深,却无法有效地与学生所生活的这个世界形成密切的关联,恐怕起到的效果,也不过是挫败学生的智力自信和积极性的"灭绝师太"而已。芝加哥大学从事通识教育课程设计和教学的这些人,当然不会忽视这个问题。在他们看来,这恰恰是通识教育与专业的学术教育区别的关键之处。专业化的学术教育往往要求学生拥有必要的知识背景,具有必要的专业素养,体现在课程内容上,就是除了经典原著之外,学生还必须阅读一定量的研究文献,并且初步具备分析和处理这些专业文献的能力。但是通识教育强调学生是零基础的,不要求学生阅读任何二手的研究文献。对授课教师的要求则是,授课教师应该具备将经典文本的内容与学生所熟悉的周围世界进行关联的能力。这首先就要求,这些经典著作与授课教师自己的生命和生活必须发生某种实质性的关联。如此,教师才能够帮助学生走进经典名著的世界。因此,"社会与政治思想经典"的授课教师塔科夫(Tarcov)在讲授柏拉图《理想国》的政体演变时,才会问学生如何理解当下美国的政体,在讲授阿奎那的正义战争理论时,要联系当时正在进行的伊拉克战争的正义性问题。同时,塔科夫也会坦言对自己影响最大的两本名著就是大家这学期要读的《理想国》与《君主论》。

(四)圣约翰学院

圣约翰学院在通识教育模式上采取的也是"名著课程型"模式,与上述芝加哥大学模式类似,但也具有自身的特色。

1. 圣约翰学院简介

美国圣约翰学院是一所自由文理学院(Liberal Arts College),也是美国第三古老的高等教育学府。圣约翰学院在美国拥有两处校址:一处是在马里兰州的安纳波利斯,另一处在新墨西哥的圣塔菲。圣约翰学院的前身是建立于 1696 年的威廉国王学院,当时还是一所预科学校。[①] 1784 年,学院正式获准成为本科学院。尽管圣约翰学院会从《圣经》中摘取相关的教学内容,也会招聘一些重要的基督神学家和哲学家加入教学系统,且学院的名称也跟宗教有关,但圣约翰学院本身实际上与基督教并无多少联系。

2. 圣约翰学院与通识教育

圣约翰学院自成立以来就致力于培养能追求纯粹智慧和真理的人才。为达到这一目标,学院努力维持并提高一种使学术研究、创新精神、全球意识和追求真理的热情能成为教学过程和终生学习发展的重要基础的氛围,以此来促进人类社会的和谐发展。本着这样的办学理念,圣约翰学院弱化了文科和理科的专业壁垒,为学生提供统一的本科教育,旨在丰富学生的学习生活和专业知识。

从 1937 年开始,圣约翰学院就一直采用一种独特的课程——"巨作"教学计划,这是对于西方在哲学、宗教、历史、数学、科学和文学方面的经典作品的讨论上得出的结果。这个计划规定,学校的教学必须建立在对西方伟大的哲学和文学著作的讨论之上。也许正

---

① 百度百科:圣约翰学院,http://baike.baidu.comview1650922.htm(2012 年 3 月 31 日访问)。

是由于这个教学计划使得这所学校闻名内外。"巨作"教学计划的推行不仅为不同的学习者提供素质教育,开拓了学生的眼界和知识领域,而且还将各个专业学科有机联系起来,大大增强了各学科的不断推陈出新。学校通过教学计划的这一创新举措,以学生为中心,力图培养学生理性的、积极的、探究的文化素养,塑造能体现出真理、爱、尊重、机遇、卓越和服务的圣约翰核心价值观的优秀人才。

3. 圣约翰学院的培养计划

圣约翰学院的本科学制为四年,学校只承认一类本科学位,就是文科学位(Liberal Arts)。作为一所享誉海内外的文科类学府,圣约翰学院之所以能在人文社科领域内取得如此非凡的成就,主要得益于其独特而先进的培养计划和教学方式。

(1)"巨作"教学计划

"巨作"教学计划(在圣约翰学院中经常被称为"教学计划"或"教学新计划")是由特林费勒·巴尔(Tringfellow Barr)、斯科特·布坎南(Scott Buchanan)、罗伯特·郝钦斯(Robert Hutchins)和莫蒂默·阿德勒(Mortimer Adler)等人于 20 世纪 30 年代中期在芝加哥大学发展出来的,是作为当时迅速变革的本科生课程的一种备选制度。圣约翰学院从 1937 年开始推行"巨作"教学计划,当时学校正面临着财政和倒闭的危机。现今圣约翰学院实行的"巨作"教学计划也深深受到了其 20 世纪 40 年代到 50 年代的校长雅各布·克莱因(Jacob Klein)的影响。[①]

"巨作"教学计划是一个四年制的学习过程。[②] 而它的特点就是几乎所有的学习都是强制性的,它要求学生阅读和探讨许多西方文

①　维基百科词条 St. John College(United States),http://en. wikipedia. orgwikiSt._John%27s_College_(United_States)(2012 年 3 月 31 日访问)。
②　详尽的阅读书目体系参见本报告的附录 2:《圣约翰学院"巨作"(Great Books)教学计划阅读书单》。

明史上对哲学、神学、数学、科学、音乐、诗歌和文学有着杰出贡献的学者的原始著作,比如亚里士多德、莎士比亚、笛卡尔、爱因斯坦等。之所以会提出"巨作"教学计划,是因为当初这种教学计划的创始人们反感当时大学教育中充斥的"职业利益"导向的教学。跟这些创始者一样,如今圣约翰学院的学生们更愿意单纯地为追求真理而学习,他们常常出于自己的兴趣去探索知识,而不管它们是否实用。学校教学中所有的辅导课(Tutorial),如数学、语言和音乐课,以及研讨课(Seminar)和实验课(Laboratory)都是以讨论为核心的。数学辅导课上,将由学生自己演示由各个时期的数学家们总结出的定理。语言辅导课上学生将实践语言翻译(前两年学习古希腊语,后两年学习法语)。辅导课、研讨课和实验课便组成了课程的全部。[1]

不同于其他美国主流大学,圣约翰学院并没有现代课本,没有老师授课,甚至没有考试。除了基本教材外,学校用一系列手册代替教科书。尽管传统的 A 到 F 的评分方式仍被沿用,但并不被学校重视,分数等级只有在学生们要求时才会公布,成绩的评定很大程度上是以学生的上课参与度和课后论文为依据的。而圣约翰学院的教授也并不是像大多数大学的教授一样在课堂上扮演"演讲者"的身份,他们更多的是起到一种引导者的作用。

圣约翰学院班级的规模普遍都很小,一般情况下,每个班级学生和导师的比例是 8∶1。讨论班在圣约翰学院是规模最大的班级,有 20 多名学生,但有 2 个导师。而日常班则较小,通常是由 1 个导师带着 12 到 16 名学生进行学习和讨论。预备班是最小的班级,每班只有 3 到 9 名学生。[2]

---

① 圣约翰学院网站,http://www.stjohnscollege.edu/about/main.shtml(2012 年 3 月 31 日访问)。

② 圣约翰学院网站,http://www.stjohnscollege.edu/about/quickfacts.shtml # csize(2012 年 3 月 31 日访问)。

（2）文科硕士计划

文科硕士计划是圣约翰学院圣塔菲校区在 1967 年推出的夏季计划,该计划实际上就是以圣约翰学院的本科生"巨作"教学计划为蓝本稍作修改后形成的一年制的硕士培养方案。此后,该计划的规模不断扩大并逐渐被圣约翰学院的另一个校区安纳波利斯校区所沿用。文科硕士计划要求学生通过研读西方传统经典作品来探究人类存在以来一直持续的问题。这个计划共包括五个部分的专题学习,分别为哲学和神学、政治和社会学、文学、数学和自然科学、历史学。学生只要修完这五部分中的任意四个部分就可以获得文科硕士学位。文科硕士计划最显著的特点是它为一个课程或专题提供了共同的基础知识,使不同专业和学科领域的学生都能参与学习和讨论。与"巨作"教学计划类似,在文科硕士计划中,学生与学生之间、学生与老师之间的讨论是一种课内外都适用的学习模式,学生在每个学期都会加入一个讨论班、一个指导班和一个预备班,所有这些班级的课程都是在导师的指导下以小组讨论的方式进行的,而这三种类型的班级也构成了圣约翰学院独有的教育经验的框架。①

（3）东方经典学习计划

在圣塔菲校区,有一个专门的学习计划为学生提供东方经典文学硕士学位(M. A. E. C,即 Master of Arts in Eastern Classics)。这个计划长达三个学季,必须在 12 个月里修完。这个项目建立的原因是,学校意识到把东方三大主流传统文化(印度、中国和日本)的经典作品大量压缩并揉进一大群西方经典作品中来教授有违"巨作"教学计划的初衷。于是,在这个东方经典学习计划中,学生将被

---

① 维基百科词条 St. John College (United States),http://en. wikipedia. orgwikiSt. _John%27s_College_(United_States)(2012 年 3 月 31 日访问)。

要求阅读印、中、日三个国家完整成套的哲学、宗教和文学著作。因此,学生学习中国文化不仅仅要阅读孔子、老子和庄子,还要阅读孟子、荀子、韩非子、墨子及程朱理学,以及《史记》《左传》,李白、杜甫和王维的诗歌以及古典小说如《西游记》《三国演义》等。然而这些仅仅是整个书单的三分之一,余下的还包括印度教的主要教义和分支教义,小乘、大乘佛教和禅宗佛教的发展,以及《摩诃婆罗多》《沙恭达罗》《源氏物语》《奥之细道》这样的东方文学名作。同时,学生还要从梵语和汉语文言文中选择一门语言进行学习。①

4. 圣约翰学院的课程设置

按照"巨作"教学计划的安排,学生在本科阶段的必修科目包括文学、哲学、数学及政治学以及与这些学科相关的研讨课,这些科目都是要与学生相伴四年的。另外一门需要学习四年的科目是语言,不同的是,其早期要求学生学习英语和法语,中后期则开设的是古希腊语、拉丁语等课程。除此之外,学生还需要修习三年的理科实验室课程,内容涵盖了物理、化学和生物等自然科学的基础学科。进入学院第一年的合唱团课程以及第二年的音乐学习也是必修的科目。

以东西方经典原著为教材进行学习,是圣约翰学院课程的核心,也是圣约翰学院教学体系的一大突出特色。按照"巨作"计划所列出的书单,入校第一年,是致力于对古希腊时期哲学家和他们经典著作的阅读理解;第二年则包含了古罗马、中世纪、文艺复兴时期的古典书籍;第三年是 17 和 18 世纪的经典书籍,其中大部分是现代语言类的书籍;第四年将进入对 19 世纪和 20 世纪经典文献的阅读。②

---

① 圣约翰学院网站,http://www. stjohnscollege. edu/GI/EC/EC. shtml(2012 年 3 月 31 日访问)。

② 圣约翰学院网站,http://www. stjohnscollege. edu/academic/readlist. shtml(2012 年 3 月 31 日访问)。

课程中唯一的选修课是第三、四年冬天简短的称作"带教类"（perceptorials）的课程。这种课程的内容每年都有变化,一般囊括了"巨作"计划中没有涉及的话题以及"巨作"计划书单中没有纳入的作者,如加布里尔·加西亚·马尔克斯(《百年孤独》的作者)以及诗人华莱士·斯蒂文斯。

5. 对圣约翰学院教育模式的评价与总结

总的来说,作为通识教育的先行者之一,圣约翰学院在教学改革上的独树一帜在当时着实体现出了倡导者敏锐的眼光,其大刀阔斧地推行"巨作"教学计划所带来的优越之处也是显而易见的。

(1)提供了统一的本科培养方案,打破了专业间的森严壁垒

圣约翰学院并没有像大多数高校那样成立各个专业学院,而是对学生在大学四年实行统一的培养方案,毕业后授予文学学士学位,旨在将学生从专业导向的禁锢中解放出来。圣约翰学院宣称,名著是人类知性传统的源泉,不仅启发人们理解长期困扰人类生存的问题,而且与当代社会问题有很大相关性,其价值既是永恒的,也是合乎时宜的。因此,学院极为推崇以古典学科为中心的课程观,非常重视挖掘名著的教育价值,体现出学院通过完全还原名著来强调学科间的相互关联性,以此弱化专业、系别对学生接受教育带来的影响。事实证明,圣约翰学院的毕业生并没有因为缺乏专业训练而影响进一步的深造和发展。该校 80% 的毕业生进入研究生院继续学习,是美国输送博士生最多的学院之一。[①]

(2)考核评分制度别具一格,坚决抵制教育功利主义

圣约翰学院指出,功利性教育只是手段,以谋生为目标,使用普通评价工具就可以测量;自由教育才是目的,目标是让生活有价值,

---

① 张家勇、朱玉华:《美国圣约翰学院通识教育实践模式》,载于《大学(学术版)》2010 年第 7 期。

只有终身生活质量才能够评价。故在圣约翰学院,学生从来不为考试而读书,不为分数而学习,而是每天与同学、导师一起在人类历史上最伟大的学者的著作和思想中遨游,为获取恒久的真理和真正的知识、培养自身的精神和理智、塑造伟大的灵魂和心灵而努力学习。[①] 圣约翰学院一直强调学院的责任在于为每个灵魂的兴趣服务,高薪的工作和公民素养知识教育只是副产品,而圣约翰学院的教育目的也并非就单纯地培养学术精英,它更多的是通过向学生传递对人类社会基础性问题的理解来让学生对公众生活和个人生活的最终目的和手段作出理性的选择。

(3)解除教师的诸多束缚,一切以育人为本

圣约翰学院本着自由主义的理念,一切以培养人才为先导,这就避免了现代巨型大学"重科研、轻教学;重社会服务、轻人才培养"的办学思路。因此,在圣约翰学院,教师的工作很简单,就是全身心地投入到课堂教学和人才培养中来,引导和激励学生努力学习。他们没有职称评审和发表论文的需求,也没有繁重科研项目的负担。他们不是什么大师,他们授课的过程实际上也是一个和学生共同探讨经典名著中的基础性问题并不断提升自我水平和修养的过程。有时候在课堂上教师们也要面对学生的质疑,也要敢于承认自己的无知,正是这种非权威的身份反而更有助于学生和教师的共同进步。

然而,圣约翰学院作为自由主义教育最坚决的实践者,就像其因推行"巨作"教学计划而闻名于世,这种教育模式的缺陷也同样明显,尤其是在当代市场化的教育体制之下,高等教育更多的是被用来为社会的进步和经济的发展服务,显然圣约翰学院这样的教育模

---

① 张家勇、朱玉华:《美国圣约翰学院通识教育实践模式》,载于《大学(学术版)》2010年第7期。

式所培养出来的学生是很难适应这种市场化需求的,而它的学生在毕业之后也多是去攻读人文社会科学类的研究生则从一个侧面反映出这种教育模式的局限性。况且,圣约翰学院之所以能够在全校范围内全面推广这种教育模式很大程度上是基于学院体量很小,两个校区的师生人数总和不超过 3000 人,这就使得小班化教学、讨论课等形式多样的培养方式有了生存的土壤,即便在美国,也没有几所大学能够推广这种教育计划和模式。

(五)麻省理工学院

上述考察主要集中于国外通识教育复兴过程中最具影响力的几所综合性大学或文理学院。事实上,作为一种普遍化的社会思潮,通识教育改革并不限于综合性大学或文科学院,在诸多的理工学院也有着广泛的影响。甚至可以说,在相对欠缺文科一般基础与氛围的理工学院可能更是专业教育的重灾区,学生对通识教育的需求也应当更为强烈,而教育领导者提供适当形式之通识教育的压力也会更大。美国麻省理工学院(MIT,即 Massachusetts Institute of Technology)可以作为理工科大学探索通识教育模式的一个典型。

1. 麻省理工学院简介①

麻省理工学院于 1861 年由一位毕业于老牌名校威廉玛丽学院的著名自然科学家威廉·巴顿·罗杰斯创立。他希望能够创建一个自由的学院来适应正快速发展的美国。由于南北战争,直到 1865 年麻省理工学院才迎来了第一批学生。随后其在自然及工程领域迅速发展。在大萧条时期,麻省理工学院曾一度被认为会同哈佛大

① 主要资料来源:百度百科之"麻省理工学院"词条,http://baike. baidu. comview1935. htm。

学合并，但在该校学生的抗议之下，这一计划被迫取消。1916年麻省理工学院从波士顿迁往剑桥。

谈到麻省理工学院的创立，就不能不提到威廉·巴顿·罗杰斯的传奇，此人天赋异禀，在威廉玛丽学院还没有拿到毕业证就开始在威廉玛丽学院担任化学教授。受到其建校历史的影响，那时的威廉玛丽学院还是一所以文科为重点授课内容的大学，其校友先后创办了乔治·华盛顿大学以及弗吉尼亚大学。威廉·巴顿·罗杰斯受到这些前辈们的鼓舞和学校自由风气的影响，打算开设一所专门以自然科学技术为主的大学，在他的推动下，麻省理工学院便诞生了。麻省理工学院从模仿开始，吸收了威廉玛丽学院的英式风格、严格的教学模式和荣誉法则(honor code)，成为了美国首屈一指的尖端科技大学。

如今，麻省理工学院不仅强调理工课程，也提高了人文课程的要求，强化通识教育在整体高等教育体系中的地位与分量，力求培养出全面的高素质人才。

2. 麻省理工学院的通识教育

尽管麻省理工学院是世界一流的理工院校，但其通识教育的理念还是非常先进的。从学院建制上看，麻省理工学院的人文及社会科学学院对于其通识教育之展开有着重要的支撑作用。在理念上，该学院明确声称：在麻省理工学院，许多从事人文社会科学的先驱们穿梭于教室、工作间、微机实验室以及各种练习场所，这种不断更新观念、注入活力的氛围，吸引着世界各地最优秀的教师、学生及研究者们；他们意识到当今面临的挑战是全球性的、跨学科的，他们懂得人文及社会科学学院将给予其知识和技能，使之走在日新月异的世界前列。① 麻省理工学院校方对于培养什么样的人有着非常清晰的认知，他们认为个体学生经过高等教育之后，必须同时作为合格的专业人员和成熟的社会成员，这样才能有效率而快乐地生活，而欲达此理想教育境界，必须具有"经典人文教育培养出来的敏感力和技巧"②。

　　麻省理工学院通识教育的基本目标确定为五个方面，其相互之间有着紧密的逻辑联系：（1）发展交往（口头和书面）技巧；（2）了解对人类文化的知识（包括过去和现在）以及各种文化相互作用的方式；（3）认识作为人类活动基础的各种概念、理念和思想体系；（4）理解不同社会的社会、政治和经济框架；（5）掌握文科中各种交流和表达自我的方式。显然，这些基本的教育目标很难在一个具体的专业框架内完成，因此，这必然成为通识教育的目标。只有通过适应于这些目标的具体课程及培养体系的训练，学生才可能成为一个成熟的社会成员，亦即理性、负责而有创造力的公民。

　　在课程计划方面，根据徐献军的考察，麻省理工学院规定理工科学生必须在人文、艺术和社会科学领域中选修8门课程。除了一些音乐和艺术科目，所有科目都要求学生提交大量的书面作业。8门课程中的3门是指定必修课，并且在三年级前每个学生都要选择一个专攻领域。可选择的专攻方向包括人类学、考古学和考古科学、比较媒体研究、文化和社会研究、经济学、伦理学研究、历史、艺术和建筑史、语言学、文学、音乐、哲学、政治学、心理学、宗教研究等。麻省理工学院还规定，对其中某一专攻方向感兴趣的学生，应该与该领域的指定导师会谈，以得到一些有益的指导。在选定专攻方向后，学生要修习该方向上的具体科目，麻省理工学院称之为扩

---

　　① 转引自罗家祥："麻省理工学院人文学科的四个特点"，http://www.cunews. edu.cn/html2006xbwc1039404.html。

　　② 徐献军："麻省理工学院的人文教育及其启示"，http://newspaper.hdu.edu.cn/ Article_Show.asp? ArticleID＝4094。

展科目,其目的是提高学生的智力结构和内聚力,让学生获得实质性的知识和分析技巧。扩展科目的定位是人文主义的教育,并且这些科目被设计得很小,以便学生能够参与讨论。①

正是通过这样的合理的通识教育理念与具体有效的课程体系安排,麻省理工学院的通识教育模式不仅向所有理工科学生普及了作为通识的高等教育内容,有效支撑了其理工科优秀学生的思维品质与创新能力,而且直接培养出了在人文社会科学领域具有卓越贡献与影响力的大家,例如经济学家萨缪尔森、语言学家乔姆斯基、哲学家德雷弗斯、文学家格林、音乐家李卜曼等。

(六)牛津大学

导师制被认为是"津桥"(Oxbridge,即牛津与剑桥的合称)优质本科教育的"气门"所在,集中体现了英国高校"通识教育"的核心精神。牛津的导师制尤其被奉为"教学的瑰宝"、"镶嵌在牛津皇冠上的那颗耀眼的宝石",是牛津大学及其所属各学院的特有标志。对牛津大学在全球高等教育中所享有的卓绝声誉而言,其导师制功不可没。对牛津大学的学生而言,导师的辅导课所产生的效果几乎是任何其他教学方式难以取代的,它让人真正爱上学问和思考,而非纯粹的信息汲取,对青年人的心智成长居功至伟。在 20 世纪 90 年代,曾有一位学生说道:"最好的导师制辅导就如同'新闻之夜'有帕克斯曼这样的主持人。"②

---

① 徐献军:"麻省理工学院的人文教育及其启示",http://newspaper. hdu. cn/Article_Show. asp? ArticleID=4094。

② 帕克斯曼(Jerry Paxman):(1950—),英国记者、作家及电视演播员,1977 年进入英国广播公司(BBC)工作,是"新闻之夜"的著名主持人。该表达转引自大卫·帕尔菲曼:"高等教育高在何处?",载《高等教育何以为高:牛津大学导师制反思》,北京大学出版社2011 年版,第 28 页。

那么,牛津大学的导师制是如何执行的呢?

牛津高等教育政策研究中心主任大卫·帕尔菲曼曾撰文称,"导师制的教学方式对牛津大学所有的学位课程而言,都是完全必要的。导师制教学模式实施的整个过程,既应强调师生间的'团队力量',但又不应是一成不变的固定形式。在导师制教学模式的具体实践过程中,导师和学生可以按照实际情形去适应其性质以达到最佳效果"。由此可见,导师制是一种"不断革新、灵活变通、动态发展的广为接受的教学形式"[①]。

尽管如此,这种教学模式却有着内在一致的理念和精神。1966年,弗兰克斯委员会(Franks Commission)调查了牛津大学的运作状况,对导师制作出如下评价:"导师制的核心是一种教会青年学子独立思考的理论。导师放手让学生去独立探索……并且清晰地表达自己对某一论题的理解……在'导师制的'讨论中,学生应该能够从其对自我立场的竭力辩护中受益匪浅。"[②]

1. 导师制的历史及实施方式

导师制初始于 19 世纪,在牛津大学随着学院功效的逐步发展而得到改进,并在巴力奥学院(Balliol College)逐渐完善。随后,导师制开始在牛津大学各学院普及开来,剑桥也紧随其后。

概而言之,导师制教学就是在学生和他所跟从的导师间进行的例行周会。但这并未取代其他的教学方式,如讲课或研讨课,也显然不能取代个人的自主学习。牛津大学圣约翰学院院士和导师威尔·G. 摩尔(Will G. Moore)在 1966 年出版了《导师制及其未来》,

---

① 帕克斯曼(Jerry Paxman):(1950—),英国记者、作家及电视演播员,1977 年进入英国广播公司(BBC)工作,是"新闻之夜"的著名主持人。该表达转引自大卫·帕尔菲曼:"高等教育高在何处?",载《高等教育何以为高:牛津大学导师制反思》,北京大学出版社 2011 年版,第 28 页。

② Franks Commission. 1966,pp. 101—102。

详细介绍了导师制的教学情景:"事实上,导师制教学肯定所有这些教学方式的存在,并且将它们的成效应用于每周导师制教学所要求的论文准备之中。该论文是由学生在与导师见面的周会上口头陈述,导师听完后就立即进行讨论。整个导师制教学的过程,包括了阅读论文、讨论问题、安排下周任务等,持续时间略多于一个小时。"①

"这种教学方式的一个常见特点就是其程式的非正式化……开始的时候,它通常会提几个问题,如询问学生的课题进展如何,并要求学生作单方面的简要陈述。学生可能比自己预想的更喜欢这个环节,这或许是因为他自己也清楚他既不能解决问题也不能准确找出议题中存在的真正问题。接下来是论文宣读,导师可以随意打断,学生也可以随时停下,随之而来的是敷衍的夸奖或感谢,然后导师再对论文进行详细的评论,学生是否要记录导师的意见也由他自己作决定。在这一环节中,有可能会出现要么是双方热切交流观点的场面,要么是由一方单独提供信息的令人头疼的情形。在导师制例行周会的最后几分钟里,导师会针对下周议题给出一些建议或提示。当下一个学生敲导师的门时,或前一个学生要上课去了,或导师要去开会,或者实际上就是某一方觉察到对方已然兴趣不再或注意力分散时,这一周例会也就告终了。"②

这种导师与学生之间每周面对面的例行会谈并不拘泥于固定的形式和时间。会谈一般约在导师的办公室,每次不过一到两个学生,以便于展开深入讨论、指导,以及督促。在这样的面谈中,任何学生都难以逃避导师的检测和问题,因此必须为每周的例会进行深

---

① Will G. Moore. *The Tutorial System and its Future*, Pergamon Press. 1968, pp. 15—16.
② Ibid.

入、细致的阅读，并撰写小论文（或报告）。讨论的内容以及热烈程度取决于老师的指导风格、学生的个性和努力程度，尤其取决于后者。

这些导师要么是某一学科的一流专家，要么是处于某一学科前沿的年轻活跃的研究人员，每周的例行会谈给学生提供了就某一问题的细节与导师进行全面讨论的机会。在他们的讨论中，每一方都可以拒绝对方提出的观点。导师制是学习的工具，在师生的相互辩难中，学生对相关领域的知识便有更加深入、全面的理解。不仅如此，导师制还是一种质疑的方法，一种探究、摸索及细察的方法。最好的情形是，它不是通过权威的独断，而是通过批判、理论、分析及比较的方式来进行的。在这样的模式中，导师相当于一面带有"辩证法"逻辑的镜子，在其协助下，学生能够自己建构起知识框架、心灵结构和理论视野。

"导师并不是通常意义上的教师，因为传递信息并不是他的工作，学生应该自己去获取所需的信息。导师应该以具有建构意识的评论者身份，帮助学生对信息进行分类，有时还要帮助他们检验信息的准确性，也就是说，探寻一种可能的方案，否决某种方法而倾向于另一种。这整个过程就转变了某些带有偏见的观念：看待问题的方式、评价论据的方式以及在事实之间建立联系的习惯性倾向等。通过这个过程，学生不久就会了解导师的思想，即某位导师会倾向于采用某种特定的标准或某种特定类型的依据。了解这一点后，有能力的学生就会开始尝试独立于导师，去摸索对问题的个人理解和独特诠释。优秀的导师则会帮助学生反驳或纠正自己，也就是说他将向学生传授解决问题的方法而不是固定不变的结论。"

牛津大学耶稣学院的法学院士彼得·墨菲尔德教授回忆了自己在本科一年级时被导师为难的经历。他被要求在导师辅导课上宣读自己的论文，当时的教学内容是《罗马法》中的奴隶制问题。尽管收集了大量的素材,做了细致的阅读、"很好的笔记",以及周详的准备,但当他被叫起来宣读自己文章的时候,这种自得的踏实感很快消失了。"我刚费劲地读出 4 句话就被我的对话者打断了,我清楚地记得他当时是这样说的:你到底想表达什么? 实际情形是我的论文确实没有任何意义,因为这些观点都是别人的并且太过内行,远远超过我当时可能达到的水平。"[①]

许多年后,身为牛津导师的墨菲尔德颇怀感激地向那位老师致敬:"事实上,即便两个学期以后我也没有学到多少有关《罗马法》方面的东西,那时我在法学士学位的第一次考试中只得了丙[+]的成绩。然而,我确实感觉自己理解了这门课,并且经过其他各位导师的当面辅导又特别加深了这种理解。导师没有虐待倾向,也不是冷漠无情,他只是希望我能够明白自己现在的处境——在此我必须学会管理自己的学业,为自己的学业负责,并且在这个地方,由那些比我当时表现得更专业的人来编写教材也是无关紧要的。简而言之,导师都希望我能够在学术上成长起来。"[②]

因此,导师制的目的在于鼓励学生积极主动地而非消极被动地发展其自主学习、独立工作的能力,以及分析批判的技能。曾有人不乏冷静地指出,"牛津和剑桥是英语世界中最闻名的大学……这两所大学被认为拥有一些能使才智之士大放异彩、满腹经纶、智慧倍增的特殊而独特的方法"。这种方法指的便是其导师制。

2. 导师制面临的困境

在牛津具有 200 年历史的导师制是一种精细的教学传统,能够成功地塑造学生的心智能力和学习德性,但这样的"精耕细作"要求

[①] 彼得·墨菲尔德:《传授规律,学习规律:在学术上成长》,载《高等教育何以为高:牛津大学导师制反思》,北京大学出版社 2011 年版,第 96 页。

[②] 同上,第 97 页。

高昂的人力成本和资金成本。随着英国高等教育"大众化"以及严重的科研挂帅的风气在一些高等教育机构正日益占据上风,牛津的"导师制"这一古老传统也遭受着冲击。

早在 1909 年,作为牛津大学名誉校长的寇松勋爵(Lord Curzon)便指出了导师制的高成本,"如果牛津确实有什么东西特别值得自豪,并标志着一代又一代牛津人的生活和品格,此外还刺激了其他国家难以掩饰地表示羡慕,那么这就是个人学费的奇妙增长——要知道,这种增长几乎是在我们不知不觉的过程中悄然喷发的"。

根据统计,牛津学生为教学支出的费用至少每年要比其他学校学生多 5000 英镑,而多花的这笔钱主要就是用于导师制教学,以及与其他大学相比更为优越的图书馆资源。然而,始于 1985 年的英国高等教育"大众化"浪潮使在校学生人数翻了一倍,相应的变化是学生人均年补助几乎减掉一半。在"大众化"结构下,牛津"导师制"所代表的精英传统颇感无奈和困窘,帕菲尔曼院士甚至声称:"牛津导师制教学模式在某种意义上就似乎是一种出生在错误时代的制度。"[①]

虽然因为其灵活性,导师制在大众化的浪潮中得以继续下来,但是,"学院导师制教学模式在结构、过程和目的上都曾有所改变、正在改变,并将继续改变"。在科研、学生增多和资金短缺的多重压力下,牛津大学"皇冠上的宝石"很可能在 20 年后成为赝品,不再能够担起一直具备的通识教育功能。

"很少有导师时常与自己的学生碰面,过多的工作量使得导师的辅导课已被削减到仅仅只是规定的最低时间。许多导师仍然保

---

① 大卫·帕尔菲曼:"高等教育高在何处?",载《高等教育何以为高:牛津大学导师制反思》,北京大学出版社 2011 年版,第 54 页。

持着过去的那种无私忘我的献身精神,但谁又能责备其他那些一心扑在研究上而无暇顾及教学事务的导师呢?"①

在1∶2的师生结构中,"没有学生能成为漏网之鱼而不被注意到……各种借口和托词会很快将那些懒惰及溜号的学生暴露无遗,或将那些比较麻烦的学生揭露出来"。但是,当师生的比例变成1∶4甚至更大时,这种效果将会大大减弱,学生从老师那里得到的反馈也将大大减弱。而现实情况是,学生和教师之间的比例正在变得更大。

面对如许困境,如何让导师制继续发挥它应有的活力,大学又如何有效地承担起自己的使命呢? 这既是牛津大学、英国高等教育所需考虑的问题,更是中国的大学所无法逃避的难题。

(七)日本的通识教育

日本有很长的通识教育历史,通识教育在日本被称为"教养教育"或"一般教育"。最初的日本教养教育可以追溯到明治维新之前的幕府末期,很多开明藩主在领地内兴办藩校、私学、村塾,既讲授西洋知识和兵法,也传授汉文经典和兵书。其中就有长州藩著名的教养教育启蒙者吉田松荫对弟子们进行的经典阅读教育,既包括汉文经史子集以及日本历史著作,也包括针砭时弊的政论时文和经济评论,而儒学经典在数量上和分量上占绝对多数。有趣的是,他的弟子之中既有精通兵法的传奇英雄高杉晋作,也有大政治家、明治三杰之一的木户孝允,这充分体现了通识教育的魅力。

明治维新期间,日本政府一方面为了尽快完成近代化和工业

---

① 大卫·帕尔菲曼:"高等教育高在何处?",载《高等教育何以为高:牛津大学导师制反思》,北京大学出版社 2011 年版,第 63—64 页。

化，大力推广实用性的职业教育，为国家培养大量的科学、军事人才；另一方面为防止西方思想对日本社会的过度冲击，避免日本君主政体受到动摇，积极推行以神化天皇制为主要形式的"德育"——由明治天皇亲自下达《敕语》，明确日本国民需遵守的"十二条德目"，至此确定了日本教养教育主导教育第一线的国家正统地位。学生从小开始，不论学人文还是学理工，都必须学习"修身"、历史、伦理、哲学等人文课程，特别值得注意的是，日本大学生无论文理都必须接受"汉文"教育，学生需熟读《史记》、《孟子集注》、《大学中庸章句》等儒学经典著作。日本的通识教育在这样一种略带愚民和强制的特殊环境下，虽然不可避免地形成了对天皇愚忠、献身国家的盲目集体主义，但同时竟然也形成了一种截然相反的理念——即所谓"大正教养主义"的个人主义思潮（强调知识分子应注重个人修养），而且还一度成为了教育思想的主流。这也再次证明，即便是以旧制学校为中心、服务政治为旨归的旧式日本教养教育中，通识教育所特有的对人的作用也不可低估。

第二次世界大战结束后，日本作为战败国，在美国严令其去军国主义、天皇去神话的压力下，不得已地重新搭建了自身的教育体系。由于改革者的政治惰性和抵触情绪，日本建立起了一套完全模仿美国自由教育而发展起来的教育体系。这种新的教育体系没有对日本的政治与文化特点进行分析，也没有对已有的教养教育的成就加以重视，而是大量直接套用和照搬了美国自由教育的理念和做法。此外，日本教育领域内主持改革的主要力量是仍然秉承着集体主义教育理念的学术精英，并没有西方民主主义所倡导的"一般教育"思想，因而推行和拥护的实际上还是精英教育，这就使得日本战后确立的教养教育，从理念到举措各环节都充满了错位式矛盾。再加上第二次世界大战后日本产业的迅猛发展，客观上使得学生从中学到大学，没有足够的时间来学习专业课程之外的教养教育内容，也就迫使日本的各个教育阶段都优先安排对学生就业有更直接帮助的技术类、职业类课程。

因此,日本的通识教育从 20 世纪 70 年代开始,逐渐暴露出以下几个问题。

第一,各大学中,基本都缺少能支持实施通识教育的条件,这主要表现在担任通识教育课程的教师在数量和质量上均存在不足,教学设施也不配套。实际的教学往往不能实现通识教育的理念和目标。

第二,从机构设置来讲,通识教育由大学的"教养部"提供,它在层次、地位上均低于专业院系,而且由于制度上的割裂,两者之间的沟通合作非常缺乏,导致通识教育的内容形骸化。

第三,从 1956 年开始,文部省对大学通识教育课程中的人文科学、社会科学、自然科学、外语、体育保健等科目的划分以及学分要求都有统一的规定,这种单一性已经不能适应由于升学率提高所带来的大学多样化的局面。

这些问题引起了日本政府和教育界的重视,日本开始从高等教育阶段起重新开设教养教育的课程。到了 20 世纪 90 年代,"小政府、大市场"为根本理念的日本政府改革,放宽了对高校及其他层次学校教养教育课程等的要求。日本政府教育部门主持的教改,又回调成了对教养教育的放权。

1991 年,日本政府颁布了"大学设置基准大纲化",其主要内容是废除通识教育和专业教育之间,以及通识教育内部各学科之间的划分,各大学可以根据实际情况自由地调整大学教育课程。政府的意图是通过放宽大学的办学自主权,改变过去通识教育一刀切的做法,吸取经验、摒弃问题,积极探求通识教育课程本土化模式,努力提高通识教育课程教学质量,推动更加灵活、更加适应时代发展的通识教育。

以此为契机,全日本大学都开始广泛展开了在教学组织、课程和教学方法上的改革。其中一个最明显的结果是,绝大多数的大学都对"教养部"进行了整编。五年中,几乎所有的国立大学都废除了"教养部",取消了过去所谓的"一般教育课程"。取而代之的是建立一个校级统筹机构专门负责通识教育的管理,以全校之力发展通识教育。对此次日本通识教育改革的情况简要介绍如下:

1. 日本通识教育课程结构

日本各大学的通识教育课程基本上由三部分构成:基础课程、综合课程、面向新生的大学入门课程。基础课程一般包括外语、信息收集与处理、保健体育等技能性科目和专业基础科目。综合课程主要是由知识性科目组成,一般设置为核心课程模式、分类必修模式,也有按主题讲座或研讨的形式开设。大学入门科目或教养研讨课主要为新生开设,目的在于帮助新生尽快适应大学生活,了解大学开设的课程,学会如何选课,培养学习兴趣、科学的思考方法以及正确的表达方法等。这种课程一般是以讨论的形式进行,每班20人左右。

2. 日本通识教育课程内容

日本大学比较重视外语运用能力的培养,综合性大学一般都要求学生掌握两种外语,把外语作为进一步学习专业知识的基础。要求学生在理解外国文化的基础上,既能阅读外文教材和学术性文章,又能够用外语交流,为学生将来作为一个国际人才打好良好的语言基础。

信息科目的目的是锻炼学生收集和处理信息的能力,适应信息化社会。作为与专业教育有机关联的专业基础科目,主要是向学生开设学习各类专业课程前需要掌握的基础知识课程。通过学习,了解基础学科的逻辑框架或体系,并掌握学习高深学问所需的基本知识、技能与思考方法等。

保健体育主要包括两方面的内容。首先是根据对自身体力等测定所得的数据,了解自我身体的资源现状,基于科学的认识,培养健康的体魄;其次,根据自身特点或运动技能标准,选择适合自己的运动项目,养成终身喜爱运动的态度以及培养遵守公共秩序或培养协调性等社会公德。

综合科目一般都是各大学通识教育课程的核心,目的在于拓宽学生的视野,让他们了解知识的广泛性、文化的多元性,以及不同知识之间的联系,培养学生具有丰富的人性、综合的判断力和批判性思维。

主题讲座或研讨主要涉及学术前沿话题或当今世界人类面临的问题,由来自不同学科领域的教师,从不同立场出发,对现代社会面临的各种问题进行多视角的分析。学生通过此类课程的学习,可以加深了解现代社会,掌握发现问题和解决问题的能力。

3. 日本大学通识教育课程设置特点

(1)目的明确,目标具体。

(2)通识教育课程与专业教育课程趋于融合,通识教育课程融入大学本科课程体系之中。

(3)通识教育课程的学分占毕业学分的比例较高。各大学对通识教育课程学分的规定不一样,同一学校各学部也不一样,但从整体上来看,通识教育课程学分比例比 20 世纪 90 年代以前有很大的提高。

(4)结构合理,内容比较全面。各大学在通识教育课程设置的基本原则指导下,精选通识教育课程内容。在基础理论指导下,合理安排通识教育课程结构。选修课和必修课比例适当,技能类和知识类课程根据各校特色合理安排。

（5）核心课程设置模式多样化,既有模仿美国的模式,又有自我创新的模式。

（6）根据文、理科性质的不同,向文、理科学生提供不一样的通识教育。

4. 日本大学通识教育课程设置的启示

通识教育的根本,首先在于能体现通识教育理念的相关课程和教学方式。日本大学通识教育课程设置与管理的经验,实质上就是通识教育本土化的经验。我们应该借鉴日本大学通识教育课程设置与管理的经验,避免在引进通识教育课程后出现的问题。联系中国的传统、文化、社会、思想等因素,结合各大学的教育理念、特色和传统,合理设置、科学管理中国大学通识教育课程,把外来的（美国的）通识教育变成"我们的通识教育",对提高中国大学的人才培养质量、全面落实党和国家提出的素质教育具有极其重要的现实意义。日本大学通识教育课程设置的经验可以给我们如下启示:

第一,明确通识教育目的和目标,是通识教育课程设置的第一步。只有根植于大学理念,在目的和目标指导下设置的通识教育课程,才能真正融入大学本科课程体系之中,才能为学校师生认同。

第二,遵循一定的课程设置原则和通识教育课程理论指导,完善通识教育课程结构。通识教育课程要成为一个有机的整体,就必须在内容上遵循一定的基本原则,在结构上遵循一定的通识教育课程理论指导。日本各大学的通识教育课程都是在遵循一定的基本原则和理论指导下设置的,各大学通识教育课程结构和内容成为了一个相互联系的有机整体,基本上不会出现课程结构失衡、内容狭窄等问题。中国专业划分过细过窄,学生的知识结构不均衡,理工科学生缺乏人文社会科学素质,文科学生缺乏自然科学素质,因而中国大学更应该注重文理平衡。

第三,围绕一个"核心"构建核心课程,使其成为大学的特色核心课程。围绕一个"核心"的目的很明确,但如何组合有利于学生形成系统的知识点则很费心思。因此,在设置核心课程时,如果只注重分类而忽视了核心精神,就会本末倒置,必须结合本校传统和教育特色,在通识教育目标指导下,首先确定一个"核心",围绕"核心"精选课程内容,构建核心课程,使其成为特色课程。

但在这个过程中,为数众多的大学却借着机构调整、课程整编,大大强化了本科教学中的专业教育,对通识教育反而较以前忽视了。改革之前,日本大学一般有 36～48 个学分的通识教育课程,现在这个数值范围下降到 30～35 个学分。

不仅通识教育的总量"缩水",它的实质内容也出现了很大的变化。总体看来,日本大学的通识教育课程,外语、信息处理等一些技术性课程占据极高的开课率(达到 9 成以上);另一方面,文章的理解/写作/口头发表、适应大学教育的"导航性课程",以及高中补习性课程的开课率开始出现递增的现象,这个增长趋势在入学门槛偏低的大学中表现得尤为显著。从中我们不难理解为什么日本大学生会普遍认为大学通识教育只是"高中教育的延伸",一些日本学者甚至还提出了大学第一年教育为"高四教育"的观点。

可以说,这些结果并不符合政府对通识教育的预期。日本政府在其 1998 年出台的《关于 21 世纪的大学形象和今后的改革策略》文件中,就重点指出了改革后大学轻视通识教育的倾向,强调了"重视通识教育以及确保通识教育和专业教育融合"的重要性。同时,该文件也明确了通识教育的目的是"开阔学生的学术视野,培养多角度看待事物以及综合思考和正确判断事物的能力,丰富学生人性,并指导学生把自己的知识和人生置于与国家和社会关系之中"。其核心就是培养学生能把握自己未来发展方向和任务的"课题探索能力"。

　　之所以存在理想与现实相悖的问题，首先日本政府难辞其咎，其通识教育政策缺少明确的、能指导大学改革的指针性内容，各大学各行其是，简单照搬国外经验，导致大学的实际改革偏离了政府期望的方向。其次，在通识教育认识上大学对教师的意识改革进展缓慢，能够发挥通识教育课程教师积极性的制度还不够健全，许多教师并不能正确理解通识教育的意义和目的，认为它只是一项"麻烦的义务"。

　　日本大学通识教育尽管一再重复出现问题，但是其课程的设置经验，尤其是通识教育本土化的经验是值得中国大学通识教育改革学习的。中国大学通识教育本土化必须从课程设置入手，结合中国的教育、文化传统和社会、政治、经济、思想等因素，首先实现通识教育课程设置的本土化，进而实现中国通识教育本土化，让通识教育真正成为"具有中国特色的通识教育"，力求实在效果。

三、中国的通识教育:典型比较

(一)概述:背景与问题

中国古代以"四书五经"为中心的、面向科举取士的经典人文教育在某种意义上接近于西方亚里士多德所谓的"自由教育"(liberal education),即教育的目标不在于传授具体的谋生技巧,而是"传道、授业、解惑"①,是为国家培养德行优良的合格领导者。在孔子看来,"四体不勤,五谷不分"不是多么了不起的无知,而寡廉鲜耻以及无法在智力与道德上为国家服务才是君子之恶。君子的修德与修学最终应满足治国理政的需求,所以"学而优则仕"成为中国古典教育的基本伦理性目标。这与亚里士多德的贵族教育在政治性维度并无太大差别。只是我们的经

---

① 韩愈在著名篇章《师说》中明确界定了中国古典教师的职分:"师者,所以传道授业解惑也",这是对中国古典教育理念的精辟概括。

学体系无法有效容纳逻辑与科学理性，在知识论与方法论上过于偏重道德伦理层面，其长远后果就是中国在近现代的系统性落后。

近代以来，面对西方的生存性挑战与重建，传统的经典教育体系最终在一种实用主义逻辑的检验之下被边缘化，以 1905 年废除科举和兴办新学（西学）为标志。然而，民国阶段是一个半新半旧的历史时期，党国体制与所谓的新生活运动、礼义廉耻价值观之间处于一种复杂的共存状态。不过，由于工业化和富强逻辑的作用，中国在普遍建立现代大学的进程中已经逐渐产生了通识教育与专业教育之间的竞争和摩擦，且专业教育之强势已日见端倪。对此，民国时期的教育家梅贻琦先生有过精辟的论述，切中时弊：

> 窃以为大学期内，通专虽应兼顾，而重心所寄，应在通而不在专，换言之，即须一反目前重视专科之倾向，方足以语于新民之效……通识之用，不止润身而已，亦所以自通于人也，信如此论，则通识为本，而专识为末，社会所需者，通才为大，而专家次之，以无通才为基础之专家临民，其结果不为新民，而为扰民。……通识之授受不足，为今日大学教育之一大通病……①

梅先生可谓是不折不扣的通识教育主义者，其关于通识教育和专业教育的现象分析与政策建议即使放在今日情境之下亦可基本适用。只是民国时期乃革命与外患频仍期，而通识教育需要相对稳定的政治社会环境作为某种支撑条件，故该时期不仅专业教育的强势化不可遏阻，而且通识教育所需的财政与社会支持亦难以具备。

新中国成立以来，尽管相对稳定的政治社会环境具备了，但指导思想上的苏联化和国家任务上的工业化却为专业教育提供了更具政治正确性（political correctness）的理由。在新中国成立的初期工业化时代，通识教育被单调的政治教育吸收和取代，专业教育成

---

① 转引自陆一：《教养与文明：日本通识教育小史》，三联书店 2012 年版，封底摘录。

为主导型的大学教育模式,"又红又专"成为用人标准——需要注意,这里的"红"不是一种常态的通识教育形态,而是一种扭曲的政治教育,而"专"则具体指专业技术人才。当然,这一时期还存在着"红"与"专"之间的矛盾,单纯技术观点也一度受到批判,但总体而言,以技术人才培养为核心目标的专业教育成为新中国成立以来大学教育的基本模式,我们今天谈论通识教育改革就是在该种历史前提与体制现实之下进行的。

很显然,就大学教育体系中的专业化改造之深度与烈度而言,新中国要远超过民国,所以梅先生的担忧在新中国时期必然会更加深重,而我们今天从事通识教育改革也将面临着历史遗产带来的重负。尽管如此,我们对于新中国的专业教育也不能简单否定:一方面,这种专业教育有效支撑了新中国成立初期的工业化进程,培养了大量的技术人才;另一方面,因应这种专业教育的理工科大学获得了较大的发展,构成了中国相对庞大的理工科高等教育体系。当然,这种专业教育存在的问题也是很明显的:(1)学生知识窄化,可持续创新能力不断下降;(2)学生人格教育缺失,难以有效融入社会,承受挫折;(3)整体技术群体缺乏有效的合作基础和经验,协同创新能力较差。这些缺陷已经严重困扰着国内综合性大学、理工科大学的高等教育体系,并构成这些教育机构纷纷开展通识教育改革与创新的基本背景与原因。

中国的通识教育改革处于整个国家与社会转型的历史脉络之中,在某种意义上是一种重新回到"人"的教育改革,将"人"从工具性定位(典型如"螺丝钉精神")重置为一种主体性和目的性定位,找回高等教育渐然丧失的通识之维。在此意义上,国内包括北京大学、浙江大学、中山大学等在内的综合性大学和包括清华大学和上海交通大学在内的正在转向综合性大学的理工科大学都在试图探索一种切实有效的通识教育模式,理念有殊,进展不一,效果各异。

本文即拟对国内相关代表性高校的通识教育经验模式予以考察和分析，以便总结经验，凸显不足，为进一步改革提供经验参照。

（二）北京大学元培学院

1. 元培学院建院历史及目标

2001 年 9 月，北京大学成立元培计划管理委员会，一方面，推进全校范围的本科教学改革；另一方面，举办元培计划实验班，进行新的人才培养模式的实践。

2007 年 9 月 6 日，作为一个独立建制的院系，元培学院正式成立。如果说元培实验班是元培学院的试点和前身，那么元培学院就是北京大学本科学院的试点和雏形，已经具备一定的跨学科组织专业和跨学科建立课程体系的功能。

元培计划一开始并不是作为一个"尖子班"而存在，它进行的不是精英教育，而是旨在探索一种不同于中国现有本科生教育模式的新的本科生培养模式。元培的目标不是使同学们可以在四年本科学习后马上走入社会开始职业生涯，而是希望为进一步教育打好基础。

2. 元培学院办学模式

（1）自由选择专业

元培学院按文理两大类招生，学生入学不分专业，在低年级学习通识课程和宽口径基础课程，元培学院的学生原则上可自由选择专业。学院目前已设置"古生物"专业、"政治学、经济学与哲学"（PPE）专业以及"外国语言与外国历史"专业等跨学科专业，以给元培学院学生提供更多选择。

为拓展学生综合素质，元培学院还开设了平台课"学术规范与论文写作"作为学院必修课程,并开设英文写作课"批判性思维与写作"供全院学生选修。另外,元培学院还与北京大学林肯中心合作开设了英文课"从全球视野看城市与公共经济与政策"。

(2)导师制

学校从各院系聘请资深教授作为导师,通过讲座、座谈等活动开阔学生的学术视野,对学生选课、选专业、学习内容及方法、科研活动等方向进行指导。

(3)学分制和弹性学制

学生在教学计划和导师指导下可在全校范围内自由选课。学生完成公共基础课、通选课及相关专业课的学习,修满规定的学分后,即可毕业,并获得所学专业的学士学位证书,允许学生在 3～6 年内完成学业,为学生自主学习和创造性学习提供制度保证。

元培学院鼓励学生在满足教学计划的前提下,根据自身的条件制定个性化的学习计划,鼓励学生依照自己的能力和发展意向选择不同层次和要求的基础课程,还可根据实际情况调整自己的选课计划。

(4)混合住宿,全程管理

文理科学生混合分班,混合住宿,为不同专业学生之间的交流和学习提供条件。同时对学生在校四年的学习、思想政治教育、党团活动、生活管理等实行全程管理。

3. 学生、学习管理

由于元培是北京大学本科教育的试点单位,元培计划只对本科生开放,不招研究生。在四年本科学习期间,参加元培计划的学生由元培学院统一管理,最终由元培学院颁发毕业证和学位证书。元培学院没有自己的教师,但有专门的教务人员(1 名)负责与各专业学院的协调工作,以及日常的学生培养工作。

元培学院的学生可以自主选择课程和专业。从现有经验来看,学生一般在大一时根据自身的特点和兴趣自由选择通识教育课和（大类）平台课，在对自身特点、学科状况、专业设置、培养目标以及其他情况有了进一步了解后，选择进一步学习的专业领域。学生在第二学期末提出专业意向申请，第三学期末确定最终的专业方向，之后在专业学院选课，修学各专业教学计划规定的专业必修课和任意选修课。除了个别热门专业（如光华、经济、数学）需要单独考试和面试之外，几乎每位同学都能进入自己喜欢的专业。

4. 通识教育在元培

在元培学院，"通识教育"集中体现为自由选择专业，而非专门的通识核心课程；其功能限于跨学科组织课程，既没有自己的师资，也欠缺一个总体的通识教育规划和课程体系。根据调研中获得的信息，"通识课程"仅限于面向全校学生开设的工具性基础课程，比如语文（或古汉语）、逻辑批判、学术规范写作、数学等。

在近些年的探索中，元培学院牵手政府管理学院、中国经济研究中心和哲学系，联手设立仅对元培学生开放的"政治经济哲学"专业；其目的旨在强强联合，锻造新型复合专业，培养复合型人才。

"政治经济哲学"专业的课程体系由三个方面构成：

全校公共必修课（26 学分），包括大学英语、思想道德修养、中国近代史、马克思主义基本原理、毛泽东思想邓小平理论三个代表、文科计算机、军事理论、体育。

专业必修课（64 学分），涵盖政治、经济、哲学三个专业的核心基础课，比如数学、政治经济学、政治哲学、西方哲学史等。

专业选修课（至少 36 学分），这一大类课程又可按照政治、经济、哲学三个专业方向分为"专业方向必修课"与选修课，具体设置为：

A. 经济学方向（希望毕业获得经济学学士学位）必选以下 4 门课程并获得学分（14 学分）：

课程名	周学时	学分
国际贸易	4	4
公共财政学	4	4
计量经济学	4	4
博弈论	2	2

此外,还要在中国经济中心开设的选修课程中选 8 学分课程。剩下的 14 学分课程应在法学院、政府管理学院、哲学系、国际关系学院和社会学系开设的专业课中自由选择。

B. 政治学方向(希望毕业获得法学学士学位)必选以下 5 门课程并获得学分(15 学分):

课程名	周学时	学分
宪法与行政法学	3	3
公共管理学原理	3	3
中国政府与政治	3	3
公共政策分析	3	3
西方国际关系理论	3	3

此外,还要在政府管理学院开设的课程中选 11 学分课程。剩下的 10 学分课程应在法学院、政府管理学院、哲学系、国际关系学院和社会学系开设的专业课中自由选择。

C. 哲学方向(希望毕业获得哲学学士学位)必选以下 6 门课程并获得学分(12 学分):

课程名	周学时	学分
马克思主义哲学导论	2	2
马克思主义哲学导论	2	2
技术哲学导论	2	2
现代西方哲学	2	2
伦理学导论	2	2
美学原理	2	2

5. 经验与教训评估

根据元培的理念，通识教育并非特殊的"精英教育"，而是面向全体学生的教育，旨在破除专业知识的狭隘视野，培养具有多学科知识背景、专业技能，以及个性化知识结构的复合型人才。

在通识教育上，元培学院并未打破原有的学科建制和专业培养方案，重新予以规划设计，专门开创一个通识模块。即便是对近年设立的"政治经济哲学"等复合专业来说，也同样如此。元培实际上继承了北京大学本科教学的传统模式，即"必修课＋选修课"模式。更准确地说，元培对此模式进行的改进集中体现在对选修课领域的调整上：在保证修满专业必修课学分的前提之下，元培学院的学生有更大的修习选修课的自由，除了自主选择的专业课程之外，全校的任何一门课程都可被当做选修课来修习。因此，元培的学生自主设计选修课的知识结构，在保证专业学习的基础上，能够获得一定的复合知识背景，并体现出个性。

针对目前中国高校的情况，尤其是北航这种理工科院校而言，这种模式并不具备普遍性。元培模式之所以在北京大学可行，是依托于北京大学强大的师资、学术资源和完备的专业学科建制。在一定程度上而言，尽管不能说元培是失败的，但元培的培养模式的确不能称作"通识教育"，而只是复合专业教育。

元培最大的缺陷是没有自己的教师团队，它所遇到的许多困难和阻力均来自于此。在课程和学生培养方面，元培学院对专业学院的依赖很大。由于各专业学院必然优先照顾自己的学生，因此，在学生保研、奖学金评定、出国交流等方面，元培学院的学生受到一定限制，与各专业学院学生之间存在不平等关系。

（三）浙江大学竺可桢学院

浙江大学本科教学改革（或称通识教育改革）分为两块：一边是作为教改试点的"竺可桢学院"；另一边是将竺院模式在全校推广之后创建的"本科学院"。这两个模块也象征着浙大教改的两个阶段：竺可桢学院创办及试点阶段（1984—）；竺院模式推广和"本科学院"创建阶段（2008—），竺院模式在全校推广之后，竺可桢学院依然作为"荣誉学院"保留，挑选最优秀的学生，配备最精良的师资，实施"特别培养"和"精英培养"。

1. 竺可桢学院（1984— ）

浙江大学竺可桢学院成立于 1984 年，以竺可桢老校长之名命名，是浙江大学对优秀本科学生实施"特别培养"和"精英培养"的荣誉学院，是实施英才教育、培养拔尖创新人才的一个重要基地。现任院长为浙江大学校长、中国科学院院士杨卫教授。

（1）培养目标：以"为杰出人才的成长奠定坚实的基础"为宗旨，培养造就基础宽厚，知识、能力、素质俱佳，富有创新精神和创新能力，在专业及相关领域具有国际视野和持久竞争力的未来领导人才。

（2）培养要求：通过厚基础、宽口径的大类基础教育与自主性、个性化的专业培养相结合的培养模式，建立宽、专、交的多元化知识结构。强化学科知识基础、多种思维方式及人文素质的培养和训练。

——熟练掌握扎实的基本理论、知识和基本技能。强化外语和计算机应用能力。

——系统了解和掌握学科专业知识和科学研究的基本方法。

——具备初步的科学研究和实际工作能力，具有创新意识和精神。

（3）培养方案：每年从全校新生中选拔优秀学生，实施厚基础、宽口径的大类基础教育与自主性、个性化的专业培养相结合的培养模式，单独编班，因材施教，特殊培养。

——第一、二学年，学生在竺可桢学院理科、工科、文科大类平台上进行基础培养，打好扎实的基本理论和基础知识，强化英语、计算机应用能力、数理（人文社科）基础的培养，为优秀人才成长奠定坚实的基础。

——学生在修读相应大类课程的基础上，可自主确认主修专业。在明确主修专业的前提下，既可以按各正常专业通道培养，也可以按照学校与相关专业学院共同制定的主辅修及双学位（专业）通道培养。

——专业培养实行专业导师制，根据师生双向选择的原则，确定专业导师，在导师指导下制订个性化的专业培养方案。

——探索基于研究的学习。在课程教学、专业导师制培养和课外学习与研究中，探索教学方法、学习方式的改革，强化科研能力的培养。

——广泛的国际交流。实施跨国际的交流项目，加强与国外学生交往等。培养学生胆识，激励成才，开阔视野。

——引进竞争机制。根据学生的学业和综合表现，在第一学年实行荣誉资格的确认和择优递补。

（4）课程设置：竺可桢学院的课程体系由四个部分构成：通识课程、大类课程、专业课程，以及个性化课程。

在浙江大学的课程设计中，通识课程特色并不十分明显，而是继承了专业教育传统的相关部分，将思想政治课、军事体育课、外语、计算机等基础技能课整编为通识教育课程。最能体现学校教改决心和通识教育特色的是由浙江大学教务处精心打造的共计15学分的通识修养课,要求所有本科生至少选修其中一门。这部分的通识课程包括:"历史与文化"、"文学与艺术"、"经济与社会"、"沟通与领导"、"科学与研究"、"技术与设计"。

自 2008 年起,浙江大学按照大类招生,新生入学不分专业,并按照专业相关性修习大类平台基础课程。工科大类平台课程包括:数学模块课程、电类模块课程、力学模块课程、生化模块课程。理科大类平台课程包括生化模块课程、数理模块课程。文科大类平台包括:经管模块课程、人文模块课程、法学模块课程,以及数学模块课程。

竺可桢学院的特色着重体现为其专业课程与个性课程。按照浙江大学的设计,竺可桢学院后期实行专业导师制,学生在修读各主修专业制定的核心课程的基础上,实施导师指导下个性化的修读计划。专业课程在没有前置课程要求的前提下,可以提前修读,但专业课程和个性课程总学分不低于学生选定专业规定的最低学分数。毕业论文(设计)按专业要求进行。

2. 本科生院（2008— ）

自 2008 年起,浙江大学在全校推广竺院模式,创建本科生院,打破按照专业学院招生培养的传统模式,开始按照大类(理、工、农、医、人文、社科六大类)招生和培养学生。本科生院由学工、教务、招生、思想教育等部门合并组成,负责本科生的管理、思想政治教育、教学管理,以及通识课程建设等,本科生院的结构如下:

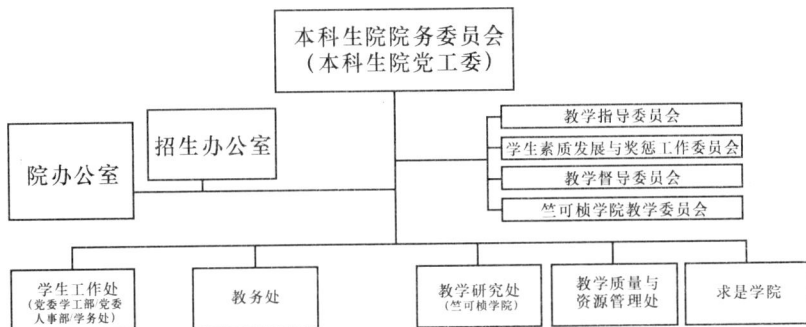

本科培养模式如下:

——按照大类招生,第一、二学年部分专业,学生在理科、工科、人文、社科大类平台上进行基础培养,打好扎实的基本理论和基础知识,强化英语、计算机应用能力、数理(人文社科)基础的培养。

——大一第二学期末预选专业;第三学年,本科生院将学生分到各专业学院,按照学科专业进行培养管理。

——学生必须在一、二年级修完所有 16.5 个学分的通识课程。本科通识课程包括"全校通识课"和"通识核心课"两大类。全校通识课包括思政、外语、计算机等基础技能课程。本科学院已经建设了 30 门通识核心课,每个学生必须至少选修一门 3 个学分。通识核心课程由教师讲授和助教组织讨论两部分构成,选课学生必须参与两部分的学习方能获得学分。

——除通识课程之外,学生在第一、二学年需要修习大类必修课和大类专业基础课。

3. 经验与教训评估

(1)在自主选择专业方面,竺可桢学院非常类似于北京大学的元培学院;不同的是,竺可桢学院融集了最好的师资和学生,并为学生设计了专门的"荣誉课程"。学生由竺可桢学院统一管理,但由专业学院颁发毕业证和学位证,竺可桢学院另外颁发"荣誉学院证"。"荣誉学院"的设置和承诺能为浙江大学争取到许多优秀生源,这也是本科生院创建之后,浙江大学依然保留竺可桢学院的原因。

竺可桢学院模式在全校推广之后,"荣誉学院"的学生依然享有最好的师资配置,以及个性化的课程设计与授课模式,并拥有专业选择、研究生保送、直博等方面的优先权。

(2)竺可桢学院的培养方式也非常类似于北京大学的元培学院。新生入学后,一、二年级不分专业,学习大类基础课程(多为专业基础课)和通识教育课程,学生具有选择专业的自由。学生在三年级选定专业之后,参照各专业学院的培养方案进行专业培养。竺可桢学院没有自己的师资,仅负责学生管理和教学的组织协调工作。无论是专业教育还是通识教育,竺可桢学院都完全依赖于学校的安排、浙江大学现有的师资和课程建设情况。

浙江大学本科学院虽然设立了专门机构进行通识教育建设,但对通识教育理念缺乏较为深刻的体悟,没有一个宏观的构想和整体规划。教务处虽然精心打造了30门通识教育核心课,但由于整体设计与师资不足的因素,课程设置比较随意,内容较为粗浅,很难实现体系性和结构性的知识整合,因此使其作用变得有限,只能在较低的限度上拓展学生的人文、社科素养,难以承担通识教育本应具备的功能。再加上僧多粥少,这30门通识核心课难以满足全校本科生的需要,每个学生一般只能选修一门核心课程。这些课程之所以被冠名为核心,原因仅在于学校给予了大力的投入,以及相对灵活、立体的授课方式(比如讲授和讨论班相结合),并非由于课程内容居于知识体系和结构的“核心”地位。

因此,与北京大学相比,浙江大学的通识教育不仅有同样的缺陷,而且由于浙江大学在师资和学科建制方面的弱点,它必然要遭遇更多的困难。

(3)浙江大学集中优势资源照顾竺可桢学院,而当竺院模式在全校推广之后,原本就颇为拮据的教育资源(尤其是通识教育)就越发显得捉襟见肘。由于现有学科资源的局限,浙江大学按照大类招生之后,学生并不能在真正意义上实现自主选择专业,竺院模式扩张之后失去了原有的意义。本科学院建立,浙江大学本科生培养方案重新洗牌之后,原有的专业培养方式被打破,而现有的基础教育(一、二年级的通识教育)非常薄弱,无法很好地与专业教育衔接起来。当然,这尚处于改革的探索阶段,随着学校的发展,人文社科方面师资、学习资源的培育,目前的缺点可能会得到一定弥补。

(4)本科学院的模式值得借鉴,其通识核心课建设经验值得借取,尽管限于浙江大学人文社科方面的师资,通识课程的内容稍显片面、粗浅。为了配合学校通识教育,浙江大学本科学院精心打造了 30 门核心课程,虽然内容不尽完善,但其机制却有值得借鉴之处。首先,本科学院站在学校层面,有利于汇集、整合全校资源开展通识教育工作,在人力、物力上给予大力支持。其次,本科学院以组织者和协调者的身份,全面负责课程的设计、建设、跟踪、监督。再次,通识课程采用“大堂讲授＋小堂讨论”的模式,学生必须参加两个模块的学习才能获得学分。本科学院负责甄选通识课程教师,教师提议助教人选,本科生院面试考核选定助教。本科学院对通识课程给予资金支持,比如每个助教每学期可获得 4000 元劳务费(浙江大学本科为四学期制,即每学期只有两个月)。

(四)复旦大学复旦学院

1. 复旦大学复旦学院的通识教育模式[①]

(1)复旦大学的通识教育历程

通识教育,在有着百年积淀的复旦校园里,并不陌生。

复旦大学创始人马相伯先生倡导“中西会通”和“文理并重”,明确提出了“囊括大典、网罗众学、兼容并收”的办学方针。其后,李登辉老校长又秉持“大学之教,百家渊薮”的信条,主张“教育的最高目的,是要把个人潜伏的心能,尽量引导使之发展,以替社会谋福利”。原上海医科大学创始人颜福庆校长特别强调真才实学和掌握基础理论、技能,还注重培养学生“不计功利,为人民服务”的品格。新中

[①] 本部分内容根据笔者 2011 年 11 月 25 日下午对复旦大学复旦学院的调研笔记及复旦学院提供的相关资料写成。

国成立后,陈望道校长明确提出大学生要广博知识,学有所长,要德智体美全面发展。

20世纪80年代,苏步青、谢希德两位校长都倡导学生要全面发展,理工科学生要学点文史知识,文科学生要学点自然科学,强调高校必须加强各学科间的横向联系,着眼于有计划、成规模地培养一代文理、理工相通的交叉型、复合型人才。1994年,复旦大学在全国范围内率先启动学分制改革,按照"宽口径、厚基础、重能力、求创新"的理念,将当时全校60多个专业划分为14大类,实施"通才教育,按类教学"。20世纪90年代末以来,复旦继续推进本科教学改革,加强课程结构调整,扩大学生选课自主权,推进教材和课程建设,率先进行转系、转专业改革,推出第二专业、第二学位修读计划等,为实施通识教育创造了条件。

进入21世纪,在新一轮改革中,复旦大学认识到,教育的本质乃是培养健全的人。推行通识教育,就是为了培养学生具有完全的人格,使其能够扎根民族、关心民生、关怀天下,能够追求卓越、立足前沿、视野开阔,能够具有科学精神和理性批判的能力,具有创新精神和动手实践的能力。而通过打破传统学科畛域的壁垒,通识教育能够向学生展示更为广阔的知识图景,极大地开阔他们的视野,激发他们的好奇心和探索冲动;能够让学生领略人类思想的深度和力度,帮助他们接受心智的训练并感受其中的愉悦;能够引导学生进行人生与社会等方面的反思,培养他们的独立意识和批判精神,帮助他们养成健全而有力的人格。

在这样的背景之下,以推进通识教育为核心,以管理体制和课程体系建设为两个关键点,复旦大学通识教育的探索之旅步入正轨,不断加速。2001年,复旦在《文理教育方案》中决定实施课程结构调整,使学生在进校后相当长的时间内可以不分专业学习。2003年,《复旦大学战略规划纲要》中再次提出"3年内基本完成课程体系建设,组建文理学院"。2004 年,在《全面实施文理基础教育的方案》中,复旦作出了"2005 年保持目前按专业招生的模式,先组建文理学院,新生不分专业管理"的重大决策。

2005 年 9 月,复旦学院成立,在复旦大学全面推行通识教育。2005 年 11 月,复旦大学通识教育研究中心成立。2006 年,复旦在全国率先实施本科自主招生录取改革,不分专业自主选拔录取学生300 名,实现通识教育的培养理念与人才选拔过程的对接。2006—2007 学年第一学期,复旦大学推出首批 50 门通识教育核心课程。此后,其数量不断增加,质量不断提升,复旦大学的通识教育进入了一个不断探索的全新阶段。

(2)复旦学院的体系架构和人员组成

复旦学院在体制上是一个准实体化单位,是学院实施通识教育的主要教学、研究和管理机构,集教学、管理与通识教育研究于一身,既是教学院系机构又是行政管理机构。同时复旦大学还成立了虚体机构——通识教育研究中心,其研究目标包括人才培养目标、通识教育培养方案、通识课程体系及学生管理体制等,以此为复旦学院的通识教育开展提供理论指导。

为了安排和统筹通识教育课程的开设,协调学院与其他院系的教师授课事宜,便于学院对大一新生的管理,复旦学院设有单独行政人员编制,包括党委书记 1 名、党委副书记 1 名、教务人员 6 名、专职辅导员 6 名,以上人员构成复旦学院的整个组织机构。同时,复旦学院并没有独立的教师编制,学院通识教育核心课的开展全是依托复旦大学各个专业院系的教师。

目前学院下设教学办公室、学生工作办公室、导师工作办公室和综合办公室四个行政机构以及志德书院、腾飞书院、克卿书院、任重书院四个教学机构,实行国外书院式的教学模式。2012 年起又新设希德书院。

（3）本科生的通识教育培养计划

复旦学院在对学生的培养上着力推进覆盖全校的通识教育，旨在打破分门别类的学科壁垒、贯彻人类学问与知识的共同基础，并展示民族文化精神对于一个民族的学问创新能力，具有根基性的意义。学院希望通过推行通识教育培养具有复旦特点的、带有强烈复旦印迹和复旦精神的学生，其将通识教育作为一种理念向学生灌输，以发散其思维，开拓其视野。

按照学校目前的培养方案，每年秋季开学，各专业院系的本科一年级新生并非进入各自专业院系，而是不同专业的新生分散安排进复旦学院的四个书院中接受一年的通识教育，一年后学生再进入各自院系进行专业课的学习。复旦学院旨在通过这种方式将通识教育的理念灌输给学生，自入校伊始即着手对学生健全人格的塑造。

（4）复旦学院通识课程的设置

复旦学院没有自己单独的教师编制，其通识课程的开设完全依托于复旦大学健全综合的学科建制，以其全面的学科为依托，学院教学办公室通过与学校教务处、各院系以及教师沟通协商，各院系各学科教师一齐发力，全面开展通识教育。

通识教育核心课程是复旦学院通识教育模式的一大亮点，其在通识教育中具有基础性地位。复旦大学根据人文精神之传承和学问基础之展示的要求，构建了包含六大模块的通识教育核心课程体系，其主导原则是突破单纯的"专业视域"和单纯的"知识视域"，从培养新时代中华民族一代新人的角度出发，为学生提供能够帮助其形成基本的人文修养、思想视野和精神感悟的课程。

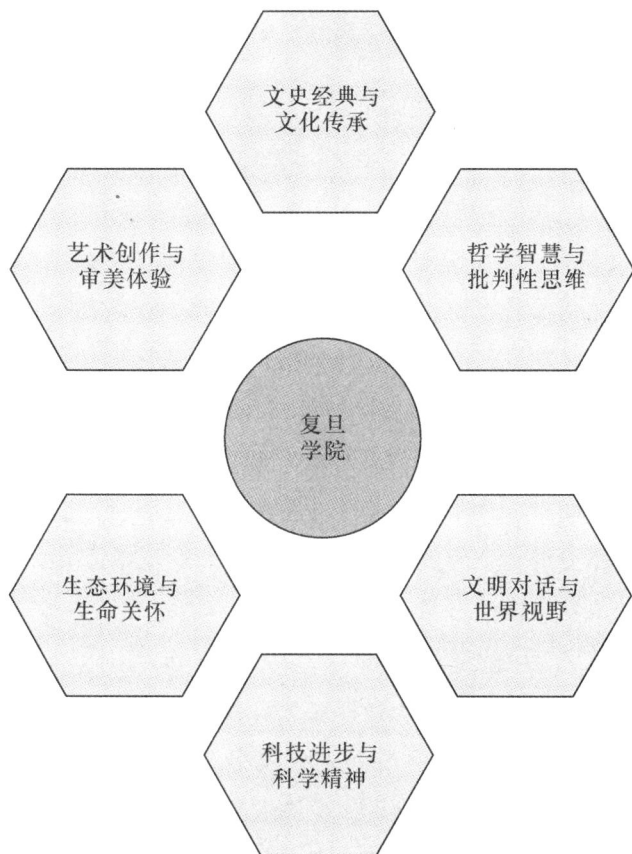

复旦学院通识教育核心课程模块

　　第一模块"文史经典与文化传承"涉及中国文学经典和中国历史经典方面的研讨性课程。"文学经典"包括中国古典文学和中国当代文学经典两个方面，"史学经典"指中国历史上重要史学家的经典作品。第二模块"哲学智慧与批判性思维"是关于哲学和思想经典的研讨性课程。进入此模块的经典主要是中国哲学经典和西方哲学经典。本模块旨在帮助学生找到一条进入哲学家的思想境域的门路。第三模块"文明对话与世界视野"是关于西方文明及其他重要文明的研讨性课程，重在开阔学生在文明比较方面的视野，从而较深入地了解人类文明的历史演变和文明多元发展、冲突、整合及其在当代的意义。第四模块"科技进步与科学精神"是关于科学与技术的思想基础和历史进程的研讨性课程,重在展示数学思想史、自然科学思想史和技术原理史,以帮助学生领会数学和科学思想的要点,培养科学探索和技术创新精神。第五模块"生态环境与生命关怀"是关于环境与人类生活的关系,以及人类生命的科学与伦理问题的研讨性课程,范围包括环境科学、生命科学、医学及生命伦理学等。第六模块是"艺术创作与审美体验"类的课程。进入此模块的艺术门类主要有:音乐、戏曲表演、绘画、雕塑与陶艺、影视、书法、话剧与朗诵等。

以上六大模块的通识教育核心课程旨在向本科学生展示人类的基础性学问与精神实践领域中的问题及其思考和探索之路,展示人类社会历史进程中的重大演变和人类当代状况的基本性质,并帮助学生获得在祖国语言实践中的生命体验,以引导学生形成天下关怀、文化自觉与学术探讨之精神。

六大模块中的课程不全是针对大一新生,而是以公选课的形式向全校学生开放,学生必须在每一模块中选修1门课程,计2个学分,学生本科毕业之前要修够12个通识教育核心课程的学分。

在通识教育核心课程的建设上,复旦大学建立了一套完整的教学体系,以保证通识教育的全面展开。

——核心课程PL(Principle Leader)制:通过聘任课程主讲人并由其统领课程小组中的任课教师来实施、优化课程教学与建设的一项新型管理制度。其中课程主讲人的职责范围主要包括:选聘教师担任课程小组成员、负责本课程的教学管理和教学评估工作、组织课程小组成员申报本课程的教学改革研究项目、对课程小组成员的履职情况进行考核以及统筹使用教学建设经费等。

——核心课程助教制:通过任课教师推荐和复旦学院选聘相结合的方式,每门核心课程都配备了1—2名在读本专业硕士或博士研究生作为课程助教，其主要职责包括随堂协助教学、协助教师编写教材和电子教案、参与核心课程网页建设、课程辅导与指导、组织讨论以及教学资料记录和保存等。

——核心课程讨论班制度：讨论班是核心课程的重要教学形式。原则上，核心课程均需要根据授课情况开设讨论班。讨论班以小班教学为主，每班人数不多于 20 人，每次不少于 2 学时。开设次数由主讲教师根据选课人数和教学需要自行确定。每个学生每学期至少应参加一次讨论。

此外，复旦大学还通过规划核心课程系列教材的出版以及核心课程的网页设计，积极推广通识教育理念。

(5)学生的日常管理

复旦学院在学生的日常管理方面颇具特色，采取书院生活模式。复旦学院各书院根据专业、国别地域、民族分散的原则编班和安排学生宿舍，要求各班辅导员、各学科背景导师进入书院，鼓励不同背景的老师学生相互交流。每个书院都有院徽、院衫、院歌，各类党团学习活动、经典读书活动、课外实践活动在书院里展开，形成集体合作的氛围和书院文化特色，由此对学生性格养成、学术兴趣、价值取向等产生影响。

新生一入学，即将各院系的本科新生分散划入志德、腾飞、克卿、任重四个书院。每个书院约 800 人，分为 10 个小班，每个小班配 1 名辅导员及 5—8 名辅导员助理负责学生在书院的日常生活管理。而在学习管理方面，每个书院则配备 2 名导师，以引导学生学习并为其解答学习上的疑难。学生在书院学习生活一年后，再进入各自院系开始专业学习。

各个书院设有分团委和学生党支部，分团委的职能由辅导员兼任，负责团学教育和活动，学生党支部由各书院 1—3 名优秀学生党员负责，形式比较灵活。

2. 对复旦大学复旦学院通识教育模式的评价

综观复旦学院的通识教育模式,不难看出其鲜明的特点,总结如下:

(1)复旦大学复旦学院通识教育模式的特点

第一,全面普及通识教育理念。复旦大学历史悠久,作为国内首屈一指的综合性大学,其理、工、文各学科结构完整,发展平衡,这就为复旦大学在全校范围内普及通识教育理念创造了有利条件。复旦大学旨在通过各学科的领先优势,尽可能多地让学生领略到不同学科的魅力与风采,以引起学生思想的碰撞和观念的启迪。其所推行的通识教育并非是一种具体化的、单纯的让学生掌握某一门或者某几门学科的知识的教育,而是希望通过展示基础性的学问,培养具有复旦特点的,带有强烈复旦印迹和复旦精神的学生,将通识教育作为一种理念向学生灌输,以发散其思维,开拓其视野。

第二,实行通识教育核心课程体系。开展通识教育,课程设置是关键。复旦大学十分注重通识教育核心课程的建设,在实际进行教学实践之初,复旦大学将通识教育的课程设置作为一项课题来研究,通过数次召开教学研讨会议及通识课程建设会议,反复修改和补充,最终才敲定了目前复旦大学通识教育核心课程的六大模块。虽然目前复旦的通识教育核心课程已相当科学和完善,但根据复旦大学"十一五"发展规划,复旦学院一方面积极推进核心课程的立项,在现有课程体系基础上完善模块框架;另一方面,复旦学院以问卷调查、访谈、听课等多种方式定期或不定期对所开课程展开综合评估。通过这两方面的努力,以实现核心课程在数量上和质量上的同步增长。

第三,核心课程的开设方式灵活多样。复旦学院在通识课程的讲授上,并不是传统的授课方式,而是采取课堂讨论、学生亲身实践、体验等方式开展。课程开设也比较灵活,既有课内上课的课程,也有课外实践的课程。对于每门核心课程,实行 PL 制,教学计划和内容安排完全由课程主讲人负责,学院不予干涉,以充分调动教师授课的积极性和主动性。学校给每门课程的主讲人有固定经费发放,一般为一门课程 1 万多元,这些经费用以课程中给学生课外做调研的时候使用或参与教学实践。

第四,鼓励教师主动开设通识课程。学校对于教授通识教育核心课程的教师并无额外津贴,且学校为通识教育核心课程发放的经费也不多,因此老师为学生讲授通识教育核心课程主要是精神层面的原因,认为通过讨论的形式与学生交流上课并逐步见证学生的成长具有成就感和归属感,所以就不在乎劳累和钱财。此外,复旦大学本科生学习氛围浓厚,学习通识教育核心课程效果好,这对授课老师也是一种激励,更加激发了其讲授课程的热情。复旦学院还鼓励教授课外组织读书小组,开展读书活动。

第五,注重助教在通识教育中的重要作用。复旦学院几乎每一门通识教育核心课程的主讲人老师都会配有助教,助教一般由主讲人从具有专业背景的硕士生和博士生中选拔,助教津贴由学校发放。助教的主要工作是协助主讲人完成核心课程,为学生的平时表现打分。由于每门核心课程都要开展小班讨论,因此这个工作也要由助教来负责,通过引导每位同学参与讨论,带动小班同学学习。助教在核心课程中起着关键作用,是复旦学院跟学生之间的联系人,因此复旦学院对助教的要求很高。每学期学院都要进行若干场助教培训。

第六,学生管理独具一格。复旦学院对于学生的管理主要采取书院式的管理模式,前面部分已经介绍,故不再赘述。在此主要介绍学生读书兴趣小组以及辅导员制度这两部分的特点。复旦学院特别注重书院生活方式和读书氛围的营造。学生自发组建读书小组,一般为 15 人左右一组,邀请心仪的老师带领阅读经典。学生通过读书小组的方式让学生在学校的生活不只是住宿和上课,而是与学习和读书密切相关的。关于复旦学院学生辅导员的选拔是由学校学生工作部负责的,通过"复旦大学人才工程"从大四的学生中选拔,并给予保送研究生资格条件。此外,还有少量青年教师也兼任辅导员职务。每个辅导员管理 80 个左右学生,由于学生在学院只待一年,故辅导员也是一年一换。辅导员还担任其他职能工作,如党支部书记、分团委书记等。在辅导员的选拔中,最重要的环节是对辅导员进行通识教育的培训工作,让辅导员了解和熟知通识教育的理念和精神,能更好开展学生工作。自 2009 年开始,辅导员都要在复旦学院接受一年通识教育,然后才有资格上岗。所有的辅导员第一年都在复旦学院学习培训带学生,故第一年对辅导员的考核、津贴发放和团训均由复旦学院负责。辅导员第二年分到各个学院带各自专业的学生,由各个院系管理。

(2)复旦学院通识教育模式的评价

在通识教育的开展过程中,复旦学院比较注重的是通识教育理念的推广和普及、通识教育核心课程的建设以及对学生的管理。复旦学院所贯彻的是一种全面的、广泛的博雅教育,其接受教育的对象为复旦大学所有本科生,复旦学院所追求的并不是学生能掌握某一门或者某几门其专业之外的知识或技能,而是希望通过通识教育的普及,培养学生的健全人格,使学生能成为独立思考、视野开阔、具有批判性思维的人才。故为实现这个培养目标,复旦学院通过系统研究精心打造了一套体系完备的通识教育核心课程,其所包含的六大模块分别从六个领域展示人类的基础性学问,引导学生启迪思维,培养学生读书和学习的兴趣。为了充分配合学院普及通识教育,复旦学院采取书院式的学生管理模式,注重读书氛围的营造,使学生在学院的生活不仅限于住宿和上课,而是与学习和读书密切相关。

目前,复旦学院在通识教育的开展上也遇到了一些困难,主要体现在三个方面:

第一,教务沟通协调方面。教务方面的困难是目前复旦学院所面临的最突出的困难。复旦学院作为复旦大学教育体制改革的试点,是突破现有体制下的新事物,其在发展过程中需要与学校其他部门和相关院系进行大量的沟通协调工作,而其单独的培养方案和课程安排也与全校的教务系统格格不入,需要不厌其烦地与学校教务部门协调和沟通。且复旦学院没有自己独立的老师,故学院教务办公室的教务人员还承担着与学校其他院系的教师做好沟通工作,鼓励、安排其教授通识课程的繁重任务。

第二,拔尖人才培养方面。由于复旦学院没有自己的学生,仅仅全面推广和普及通识教育理念很难立竿见影,这与学校希望能尽快出成绩出效果的愿望相悖,故复旦学院近年来也在思考进行拔尖人才的培养。2011年成立希德学院,进行小班教学,力图让通识教育尽快出成绩。

第三,教学形式方面。复旦学院的通识教育核心课程是以一种公选课的形式向全校学生开放,学生必须修足够的学分。但在实际操作中就会出现这样的情况,对于有的课程,学生比较感兴趣,选课的就会多,一节课有200多人上课;而对于有的课程,感兴趣的学生不多,选课的只有几个人。对于几百人的课程,老师上课不能够顾及每一位同学的实际状况,只能以灌输式的方式讲授课程,而对于只有几个人选的通识课程,上课的时候老师就可以充分利用人数少的优势积极展开讨论,上课形式更加灵活。这样一来,这些选课人数较多的课程就会不利于学生跟老师间的交流探讨,这与通识教育的教学理念产生冲突,使通识教育流于形式。

(五)中山大学博雅学院

中山大学通识教育的展开是由国内最先推动通识教育的甘阳教授一手策划、实施的。因此,中山大学的通识教育实践最能为我们提供学习、考察的范本。

中山大学为了保证学校通识教育的顺利进行,新成立了三个部门:一个是博雅学院,另外一个是通识教育部,还有一个是人文高等研究院。这三个部门职能不同,在对外宣传上各有一个网站,但其实是由甘阳老师领导下的一套班子,一套人马在负责各项工作。

1. 博雅学院

中山大学博雅学院的主要功能,是以单独学院的形式负责对四年制的通识教育(或称为"博雅教育")进行探索。也就是说,真正绝对意义上的通识教育,四年制的博雅人才的培养,在目前中国大学还很难向所有学生推广,所以这属于小的实验班的性质。

中山大学每年的入学新生在收到录取通知书时,都会附带收到一份关于博雅学院的介绍。在这些新生入学报到后不久,有志于进入博雅学院学习的新生,就可以写申请参加博雅学院组织的二次遴选。因此,博雅学院的学生是从全校所有的科系(包括理工科)的入学新生中,通过学生自由申请并进行二次遴选的方式招募的,每年大概30名。2011级有一个男生,是学理出身,他当时就是为了上博雅学院,才报考了中山大学。高考时,他随便挑了一个理工科的系去报,一到中山大学就写申请,要上博雅学院。其实认同这种教育理念的理工科学生一般都是比较优秀和出色的,这是特别需要强调的一点。这些学生写了申请,申请的内容就是对博雅教育的认识,写完申请以后,由甘阳教授亲自面试、敲定,进入博雅学院进行四年制的通识教育的培养。到 2011 年 10 月份,博雅学院有三届学生在读。

除了国家规定的公共必修课之外,博雅学院为学生开设的课程主要分为五个部分:第一部分是"经典学习"。他们开过的课程包括《荷马史诗》、《史记》、"四书"等,这都是最经典的经典学习。第二部分是"古典语言",包括一年级的拉丁文、二年级的希腊文以及贯穿始终的古代汉语的学习。学院有的时候会开专门的古代文字的课,有的时候会借助经典的学习,比如《诗经》的学习、《左传》的学习,学习古代汉语的课程。这是博雅学院比较突出的特点,也即甘阳老师非常强调古典语言的学习在博雅教育中的重要意义。除此之外,博雅学院要求学生在毕业时具有最基本的英语研究能力,所以在学校的公共英语之外他们特别为博雅学生开设了学术翻译课程,作业量是每周翻译五页的内容,由任课老师进行逐字逐句的批改,这是特色。第三部分是"古典研究",开设过的课程包括"古代希伯来文明"、"古代中国文明"、"古典政治哲学"、"佛教治国与教化传统"等课程。第四部分课程是"现代人文与社会科学研究",开过的课程包括"民主与爱欲"等。前四个部分在博雅学院的宣传册上都有介绍。没有列在宣传册上,但也非常重要的第五部分课程,就是博雅学院非常强调学生的艺术修养,有许多艺术修养课程,包括"书法课",每个学生每周都要写书法作业,有老师批改。另外还有"外国美术史"、"绘画技法",还有"电影欣赏"等修养课程。

另外,除了这些算学分的课程之外,博雅学院对它的学生还有一些特别的要求。博雅学院在课程的开设之外,特别强调从三个方面培养学生。第一是讨论,它的所有课程都要包括小组讨论,频率大概是一学期内每门课进行 4—5 次。除了课程的讨论之外,学院还会定期举办课外沙龙,这是培养学生独立思考能力、独立科研能力的一个非常好的方式。第二是强调课外阅读和写作。博雅学院开设的这些课程对学生的阅读量都有一个要求。除了正常课程作业之外,博雅学院规定每一个学生每个月都要交一篇5000字以上的读书报告,读书的内容可以由学生自由选定,但是学院会提供指导。第三是强调对学生公民德行的培养,即要求每个学生每年——主要是利用暑假——都要提交一篇对他出生成长的城市的社会调查报告。报告的主题可以是关于环境污染,也可以是关于社会不公,即要写作一份真正的社会调查报告。而且学院会组织学生暑期进行社会实践活动。这是博雅学院对学生公民德行的特别培养。

中山大学博雅学院虽然由甘阳教授领衔主持,但在现行的教育体制下,仍然面临许多困境。第一是师资力量,现在学院开设的课程还不是非常稳定,基本处于有什么老师过来,就先开什么课的状态。虽然四大类(或五大类)课程每个学期都有,不过这次开了《荷马史诗》,第二年就没有开,这是一个问题。另外一个问题来自于过大的校区。现在中山大学有四个校区,博雅学院的学生是集中在本部学习和生活的。但是到了三年级,当学生开始选择较为具体的专业方向进行学习时,就会发现,有的专业是不在本部上课的。例如,三年级有一个女生,她想学文学专业,但是文学专业在珠海校区上课,这基本上是难以实现的愿望。另外,由于他们只有三年级的学生,还没有毕业生,所以保送研究生的问题和就业的问题,现在还没有凸显出来。北京大学元培学院的学生是有这个问题的。元培的学生在保研的时候会受到专业院系的歧视,因为不是本专业培养出来的,所以非常麻烦。学生会有很大的委屈感,他会觉得学院没有能力来保护他们正常的升学的公平性。这是博雅学院的问题。

2. 通识教育部与通识教育共同核心课程方案

通过以上简单的介绍,读者可以看出,博雅学院培养每届30人左右的学生,成本是非常之高的,尤其是它那么强调古典语言的训练,也不是适合所有大学生的教育。所以中山大学为了给所有的大学生必要的通识教育,特别成立了中山大学通识教育指导委员会和通识教育部来负责推进中山大学全体学生的通识教育工作。通识教育部和教务处进行协调,负责全校的通识教育,通识教育部受大学通识教育指导委员会的领导。

中山大学新成立的大学通识教育委员会是由相关的学院院长、职能部门的各负责人和各学科的专家组成,由校长亲任委员会的主任委员,甘阳教授担任通识教育的总监。

通识教育部负责全校的通识教育,从 2009 学年度开始,学校推行通识教育共同核心课程方案,试图取代原来的全校的公选课,规定全校本科生必须选修 16 学分的通识教育共同核心课程。也就是说,这个课程体系基本可以取代原来的全校公选课。通识教育部的一个主要职能就是负责审核全校通识教育核心课程。授课老师向通识教育部提交课程的教学方案,通识教育部、通识教育委员会审核该老师是否有这个资格、有这个能力给全校学生开共同核心课程,该课程是否符合共同核心课程的各项要求等。如果被批准为核心通识课程,每一门课程有 2 万元的启动资金。中山大学教务部门曾组织专家对 2010 年上报的公选课进行遴选,竟然有 50 多门公选课落选,改变了以往只要申报就能开课的状况,大大提高了公选课的质量。

中山大学通识教育共同核心课程方案的具体实施有几个特点。

第一个特点是,正在实施的新通识教育方案,采取新的通识课程分类方法,共同核心课程分为以下四大类,包括"中国文明"、"全球视野"、"科技经济社会"、"人类基础与经典阅读",要求每个学生在每类中选修 4 个学分,每一类都不能落下,一共 16 学分。比如"中国文明"大类,包括中国古今的哲学、文学、历史、经济、政治、法律等相关课程。"全球视野"大类,包括世界体系与资本主义、宗教信仰与国别冲突、国际法等。"科技经济社会"类，会包括理工科方面的课程，比如说生物化学的最新发展、现代政治、生命科学史这类课程。第四方面是最重要的课程，就是"人类基础与经典阅读"，包括中西方经典著作的学习。

第二个特点是，采用双重编码的课程，即将各院系部分优质的专业基础课向外专业本科生开放。这当然是一个可以解决核心通识课程开课数量不够的方法。但是，"双重编码课程"最重要的意义在于，专业基础课向外专业的开放，既可以保证外专业的同学亲身了解其他学科的思维方式与研究方法，也可以做到不会因为有大量的非本专业的学生选课而降低授课及作业难度，这点非常重要。也就是说，对全体选课学生采取同本专业一样的教学难度，一样的作业要求和一样的评分标准。这是中山大学非常好的方法，因为中山大学的资源是很丰富的，好的专业课是非常多的，所以把优质专业课纳入到通识教育共同核心课程中，就丰富了开课的内容。

第三个特点是，它实行了博士研究生担任课程助教的制度，也就是说中山大学所有博士生都被学校要求担任本科教学的助教工作。这成为博士研究生阶段必须对学校服务的一个内容，这样就解决了助教少的困难。这当然是中山大学的有利资源。

第四个特点是，推行小班讨论制，博士生担任助教主要是为了执行小班讨论制，例如300人上大课，要求配备至少10名博士生助教。也就是说，每个助教负责30个学生的课下讨论，而这30个学生又被分为两个小班，每个班在15—20人，而且每次讨论两个小时。学校希望通识教育课能够为每30—40名学生配一名助教。除了大班教学之外，这些助教还负责批改学生的读书报告，负责每3—4周安排小班讨论，这是现在正在执行的一种制度。

其实各个大学推行通识教育最大的困难就是在于现在所谓的通识教育常常游离于学校的主体课程之外，最终就被慢慢边缘化，慢慢成为那些讲课讲得最不好、最难以保证教学质量的课程，也就是学生通常所谓的"水课"。中山大学通识教育核心课程最大的特点是确定了核心课程审批制度，而且确立了助教制度，确立了写作业制度，推广了小班讨论制度。中山大学通识教育核心课程一般会为学生提供相应的课外阅读材料，要求学生提交阅读报告，每学期三到四篇报告，而且要计入期末的总成绩，要求老师最好能够批改作业。这些制度化的保障就可以确保上课的质量，这是非常重要的制度设计。而且中山大学通识教育可持续性发展的最大优势在于它采取了国内外大学通常采用的双重编码制度，可以把若干院系最核心的主干基础课程作为通识教育课程。比如历史系的徐坚老师开的"中国古代史：先秦、秦汉"课程，原本是历史系本科生必修课，现在也是通识教育的核心选修课。

从实施层面看，中山大学目前能真正达到通识教育共同核心课程要求的老师和课程不足 60%，即使中山大学这样的学校也是这样的状况，大多数老师目前来说还没能达到、没能完成上述要求。所以每学期，通识教育部会组织"通识核心课程培训交流会"，请符合要求的老师向开课老师介绍经验。具体来说，由于目前中山大学的通识教育核心课程数量不够，所以当前的通识课程分为两个级别：一个是核心课程，这是基本符合甘阳教授要求的课程；另外还有一些质量还可以保证的课程成为通识教育的普通课程、一般课程。中山大学现在要求学生在 16 学分的通识课程中，至少有 12 个学分是核心课程，另外 4 个学分可以是普通课程。

笔者按照中山大学通识教育的理想的制度设计，给他们算了一下：以一个新生年级 3000 名学生来计算，每人要修 16 个学分的通识核心课程，每门课 2 学分，一门课 300 人选，3000 人需要开设 80 门课，每门课需要 10 人次助教，共需要 800 人次助教（1 名博士生可担任 2 门以上的助教任务），这对任何一个大学都是非常大的挑战！

3. 人文高等研究院

除了博雅学院和通识教育部之外，中山大学还特别成立了人文高等研究院，用以沟通古典与现代、沟通中学与西学、沟通人文社会自然诸学科，并致力于推动跨学科跨领域的学术前沿研究。当然，放到中山大学通识教育的视域下来看，人文高等研究院最主要的功能，其实就是为博雅学院和通识教育共同核心课程提供、储备师资力量。

目前，中山人文高等研究院已有七八位在编的研究人员。甘阳教授对他们的要求是，所有学中学的老师，不管其原来是学考古学出身、学历史学出身、学哲学出身、学文学出身，在今后的两年当中，都必须能够给学生开出"四书"的课程。通过这种方式，人文高等研究院不但培养了师资队伍，使这些受专业教育出身的老师具有了实施通识教育的能力，而且更为重要的是，这种要求打破了各个老师原来形成的专业壁垒，在老师中间形成了一种通识的氛围，推动了学术共同体的建设。这是中山大学人文高等研究院很重要的一个部分。

中山大学人文高等研究院当然还开展了各种各样的学术活动，如博雅讲座、学术沙龙等。另外高研院除了专职的研究人员外，还设立了驻院访问学人的制度，也就是说邀请海内外大学和研究机构的学者，包括国外大学获得博士资格候选人的学人、研究人员进行驻院访问，进行学术交流及合作。驻院学人同时会为博雅学院和学校的学生开课，中山大学提供一定的资助。

以上为中山大学推行通识教育的几个机构，以及它们所采用的方法。虽然就目前来说，中大推行通识教育还有这样那样的问题，但是各方面的制度安排，以及全面而周详的制度设计，基本可以保证通识教育的实践会朝着越来越好的方向前进。

(六) 清华大学

清华大学有着理工科大学的传统与背景,但在改革开放以来的发展中明确开展了面向综合性大学的教育结构转型,通识教育就是其教育转型的重要内容。

民国时期的清华大学是一所综合性大学,其国学院具有雄厚的实力和较大的影响。1952 年,国家进行院系调整,清华大学成为一所多科性工科大学,文科各系之发展遂告中断。师生分别转入北京大学等兄弟院校或其他学术单位。1978 年以来,清华大学先后恢复和建立了外语系、社会科学系、中国语言文学系、思想文化研究所、教育研究所、科学技术与社会研究室和艺术教育中心。1993 年 12月,成立了人文社会科学学院,并陆续组建了国际问题研究所、政治学系、社会学系等单位,学院的发展取得了引人注目的成绩。[1]

清华大学的通识教育主要是通过人文社会科学学院来组织实施的。这种模式具有两个层次:一是独立招收人文科学实验班和社会科学实验班,开展通识教育[2];二是面向全校学生开设具有通识教育性质的人文社会科学课程[3]。

1. 人文科学实验班

这个实验班的培养目标确定为:培养和造就具有宽厚扎实的人文学科知识、较强的外语能力,能够运用所学知识从事人文学科的基础研究,跨文化、跨学科研究,以及国际文化交流、新闻出版等相关专业工作的复合型、创新型人才。

---

① http://www.rwxy.tsinghua.edu.cn/publishshss1789/index.html。

② http://www.tsinghua.edu.cn/publishshss1807/index.html。

③ 孙洋洋:"我国大学通识教育的现状问题与对策",http://jypls.zjnu.cn/show.asp? id=1712。

培养理念：注重经典研读，关注学术前沿和社会现实，注意学科的综合交叉，强调人文精神传递和科学精神的培育。

培养方式：学生入学后第一至三个学期，实行不分专业的通识教育，通过经典研读、名家系列讲座等课程以及系统的英语学习，培养解读中外经典著作的能力，了解学科前沿的知识和发展趋向，打好专业学习基础。自第四学期开始，分别开设中国语言文学、历史学、哲学等专业课程，实施双向选择，学生可根据自己的兴趣和愿望，经过必要的考核，于文、史、哲三个专业中选择其中之一作为主修的专业方向，同时选修其他两个专业和社会科学实验班的相关课程。人文科学实验班为学生的专业选择与个性发展提供了充分广阔的空间。

培养特色：首先是大类招生、大类培养；其次是贯彻"通识教育基础上的宽口径专业教育"的基本培养理念，通过实施体现多学科通识、学科交叉、专业训练三者结合的培养设计，以达成培养文科复合型人才的培养目标；再次是在培养过程中，抓住重点环节，例如名师授课、社会实践、综合论文训练等，辅以有效措施，例如"新生导师制"等，严格要求和管理，以保证和提高培养质量。

2. 社会科学实验班

社会科学实验班相对于人文科学实验班，在通识教育强度与幅度上有所弱化，主要体现在专业基础课程相对前置、更加重视社会科学方法论的教育和研究技能的培养。显然这也是适应社会科学研究之应用性与技术性的要求，与较为单纯的人文教育有所不同。

社会科学实验班确定的培养目标是：培养具有较为宽博扎实的社会科学知识和理论，较全面掌握社会科学的基本方法和技能，既具国际视野又具有本土意识，未来能够从事社会学、经济学、国际政治等专业研究及从事其他社会科学研究与实际工作的复合型高素质人才。

培养理念：采用厚基础、宽口径的培养模式，重视专业基本方法和技能的掌握。各专业的课程设置少而精，对于方法的强调高于对知识面的强调，重视学术研究训练，强调打好数学和社会科学研究方法的基础。

培养方式：学生入学后第一至三个学期，学习基础课程，尤其注重打好数学和方法的基础，同时也接触专业基础课程，以便同学确定自己的学科兴趣，寻找到符合自己的发展方向。自第四学期始，学生按照自己的兴趣以及专业的要求通过双向选择，分流到社会学、经济学、国际关系三个专业方向学习。学生在确定专业后，还需选修其他两个专业方向和人文科学实验班的课程。

培养特色：第一，社会科学实验班宽口径的通识教育为学生提供了良好的社会科学基础知识；第二，小班化教学，学生与名师直接、有效地沟通；第三，强调老师与学生平时的沟通与互动，将通识教育向课堂外延伸；第四，便捷优质的国际化交流，开拓学生的国际化视野。

可见，社会科学实验班与人文科学实验班尽管分享了通识教育的诸多共同理念与经验，但在课程设置与培养体系上却有所不同，最大的不同体现在社会科学实验班专业基础课程的前置上。这种差别是有其合理性的。前述中山大学博雅学院的通识教育模式更类似于这里的人文科学实验班，实行"大人文入口，文史哲出口"，总体范围限定在人文学科谱系内部。而以下将要介绍的北京航空航天大学知行实验班似乎更接近于这里的社会科学实验班，实行"文史哲入口，社会科学出口"模式，在课程设置与培养体系上都注重专业基础课程的前置安排和早期介入，以便训练学生以人文基础涵养社会科学的实际经验，为最终的专业选择与通识教育效果的远程发挥提供有效的前期准备机制。

3. 全校通识课

清华大学的通识教育模式除了精品实验班之外,还包括面向全校本科生的全校通识课,这是扩大通识教育受惠面、营造学校整体人文氛围的重要机制,也是国内高校深化通识教育改革的难点之一。

国内倡导通识教育并最终领衔于中山大学博雅学院的甘阳老师曾基于特定的通识教育理念而于 2006 年受邀在清华大学进行通识教育示范性教学,为清华大学本科生开设全校通识课"莎士比亚政治哲学"。甘阳奉行的通识教育核心理念集中表达于 2005 年的首届中国文化论坛之上:中国大学的通识教育不是要盲目模仿美国大学的外在形式,而是要学习美国大学对学生从严要求的实质,特别要抓住经典阅读与小班讨论这两个基本点;要让本科生直接研习中外经典,改变以往的概论课;提倡学生小班讨论和助教制度,改变以前只是老师满堂灌的状况,推动学生围绕经典展开自由讨论,并且让研究生通过担任助教获得多方面锻炼。[①] 此次通识教育示范性教学中担任甘阳老师助教的是清华大学法学院的赵晓力老师和北京大学哲学系的吴飞老师,有关的经验总结收入了甘阳于 2012 年年初出版的《文明·国家·大学》之中。[②]

(七)上海交通大学

2009 年起,上海交通大学成立以党委副书记徐飞教授为主任的"通识教育委员会",并从"985"经费中拨出专款,在全校范围内推行

---

① 参见豆瓣网甘阳读书小组的介绍,http://www.douban.com/group/21831/。

② 参见赵晓力、吴飞:《〈莎士比亚的政治哲学〉:一次以经典细读和小班讨论为核心的通识课程试验》,载甘阳:《文明·国家·大学》,三联书店 2012 年版。

通识教育,经过两年的初步实践,已经形成人文、社科、工程和数理四大门类 150 多门通识教育课程,惠及学生三万多人次。上海交通大学的通识教育模式的特色就在于其数量庞大的课程体系设计与管理。下面就重点介绍上海交通大学的通识教育课程体系。[①]

1. 通识教育理念与课程

上海交通大学通识教育委员会将通识教育界定为:面向不同学科背景学生开展的,着力于教育对象精神成长、能力提高和知识结构优化的非专业教育,其目的是把学生培养成和谐发展的人。

上海交通大学将本科教育定位为通识教育基础上的宽口径专业教育,多年来,为摆脱狭窄的专业教育,培养更多全面发展的人才,开展了一系列的通识教育探索,并从 2009 级开始,推出通识教育核心课程。

2. 通识教育核心课程模块结构

上海交通大学通识教育委员会将通识教育核心课程分为四大模块:

(1)人文学科课程——主要涵盖文学、历史学、哲学和艺术学等学科领域,培养学生对文学艺术作品的理解能力和审美情趣;使学生学会用历史的方法、以历史的眼光认识事物;使学生了解哲学分析的方法,培养思辨能力;提升学生的鉴赏力、想象力、表现力、沟通和交流能力。

(2)社会科学课程——主要涵盖政治、经济、法学、管理学等学科领域,使学生熟悉社会科学的一些主要概念和方法,以加强对当代人类行为的理解,正确认识和处理现代社会面临的问题。教学方法上,应借助于某个学科的某些片断,通过短暂的学术探索,让学生

---

① 主要资料来源:《上海交通大学通识教育核心课程选课手册》(2011—2012)。

接触到这个学科的研究方法,而不是要学生学习经过简化的、较为完整的学科概论或常识。

(3)自然科学与工程技术课程——主要涵盖物理、化学、生物等自然科学学科和众多的工程技术领域,使学生通过对所涉领域的总体上的理解,认识自然科学与工程技术对于人类社会的重要性。此类课程的教学内容应与社会和个人生活紧密联系,帮助学生提高科学素养和工程意识。

(4)数学或逻辑学课程——数学教学的重点是数学思想和思想方法。要使学生了解数学发展中的重大事件及数学家的创见和发明,了解数学的文化功能和思想价值,以及对科技进步和社会发展的意义,尤其要注重培养学生的数学思维能力。逻辑学教学要使学生学会如何正确地进行推理和论证,并能够识别和反驳错误的推理和论证,提高思辨能力。

3. 通识教育核心课程的学分安排

上海交通大学通识教育委员会在设计完成所有的一百多门通识教育核心课程之后,对不同系科的学生制定了通识教育核心课程学分要求,具体如下:

序号	学院(专业)	通识教育核心课程学分要求			
		人文学科	社会科学	自然科学与工程技术	数学或逻辑学
1	船舶海洋与建筑工程学院	8	4	9	0
2	机械与动力工程学院	8	4	2①+7	0
3	电子信息与电气工程学院	8	4	4②+5	0
4	信息安全学院	8	4	9	0
5	软件学院	8	4	9	0
6	材料科学与工程学院	8	4	9	0

续表

序号	学院(专业)	通识教育核心课程学分要求			
		人文学科	社会科学	自然科学与工程技术	数学或逻辑学
7	数学系	8	4	9	0
8	物理系	8	4	9	0
9	生命科学与技术学院	8	4	9	0
10	汉语言文学专业	6	4	9	3
11	应用化学专业	8	4	9	0
12	化工专业	8	4	9	0
13	安泰经管学院	8	4	9	0
14	国际与公共事务学院	8	4	9	0
15	英语专业	8	4	9	0
16	日语专业	8	4	9	0
17	德语专业	8	4	9	0
18	农业与生物学院	8	4	9	0
19	环境科学与工程学院	8	4	9	0
20	药学院	8	4	9	0
21	法学院	8	4	9	5
22	传播学专业	8	4	9	5
23	工业设计专业	8	4	9	0
24	艺术设计专业	8	4	9	5
25	公共事业管理专业	8	4	9	0
26	广播影视编导专业	6	4	9	
27	微电子学院	8	4	4[②]+5	0
28	航空航天学院	8	4	2[①]+7	0

注:①:该2学分为指定选修的"大学化学"。

②:该4学分为指定选修的"程序设计思想与方法"。

总体而言,上海交通大学的通识教育模式也遇到了一些困境:(1)通识教育的"选修课化",导致学生之间难以分享真正的"通识";(2)师资的逆向选择,即缺乏有效激励保障开设通识教育核心课程的教师均为各院系最为优秀的教师且对通识教育具有认同和奉献精神。当然,这是目前国内通识教育改革遭遇的普遍困境,即局限于小班的纯粹通识教育容易成功,但扩展至全校范围的准通识教育则较少成功的范例。对该问题的深入研究、试验与成功解决将构成国内理工科大学通识教育改革乃至于高等教育体制创新的一个关键性维度。

(八)北京航空航天大学

为了落实"精品文科"战略,北京航空航天大学于 2010 年春天开始筹建知行文科实验班,由人文社会科学学院、法学院、外国语学院和新媒体与艺术设计学院共建,每年从大一文科新生中遴选 30人,尝试全新的课程体系,探索新的本科生培养方案。经过半年多的实践,为了进一步深化知行文科实验班的建设和管理,2010 年年底成立跨学科的人文与社会科学高等研究院,负责知行文科实验班的日常教学,探索通识教育与专业教育相结合的培养方案和课程体系,并组织交叉学科研究。经过知行文科实验班一年的实验,从2011 年秋季学期起,北京航空航天大学文科四个院系在高考招生时,统一以"社会科学实验班"的名义招生,入校后进行为期一个月的"通识教育"之旅,然后学生在选择进入各个专业院系和知行文科实验班。从 2012 年秋季学期起,文科仍然统一以"社会科学实验班"的名义招生,但新生入校后将进行为期一年的通识教育和交叉学科大类平台课教育,一年后再分专业,进入到专业院系和知行文科实验班学习。为了配合"社会科学实验班"的招生和大文科的学生培养,北航将于 2012 年秋季学期成立全部文科院系共建的知行书院,文科生将开启书院式的生活。与此同时,理工科院系也在探索理工科院系的通识教育,并将 2012 年秋季学期建立三个试点书院,至此,北京航空航天大学开始了全校范围内的通识教育探索。

北京航空航天大学的通识教育实际上是在这三个层面上逐步展开的:第一是知行文科实验班,作为先行者,负责整个通识教育模式的探索,并将成功经验在全校范围内推行;第二是整个文科共建的社会科学实验班和知行书院,高考招生时不分专业,入校后进行为期一年的通识教育和交叉学科大类平台课教育,算作文科内部的通识教育探索;第三个层面是理工科院系的通识教育探索,实际上也是全校范围内的通识教育,目前刚刚处于起步阶段,教务处已经做了大量的调研,并开始了试点。这里需要说明的是,和其他学校一样,北京航空航天大学的通识教育尚处在试验阶段,每年都会根据过往的经验和新的情况略作调整。

1. 知行文科实验班

(1)基本理念:通识教育+精英教育

知行文科实验班的办学,始终贯彻通识教育与精英教育相结合的理念,并且通识教育服从服务于精英教育,这使得知行文科实验班与中山大学博雅学院的偏向古典教育不同,与中国人民大学国学院的单一国学教育也不同,虽然通识教育在某种程度上意味着古典教育,虽然知行文科实验班也强调古典教育,但这里的古典教育,目的是培养学生的公民健全人格和自由品性,为精英教育的开展奠定基础。知行文科实验班的重点落在精英教育上,实际上也就是提升现有的专业教育,培养政经法三个方面的经世致用人才。这里特别强调经世致用,一方面所谓的大师是可遇而不可求的,高等教育的目标不应该是培养大师,而应该致力于培养健全的"人"和经世致用的"材";另一方面也跟政经法等社会科学的品性有关,这些学科毕业的学生,绝大部分要从事社会工作,经世致用是必然要求。

知行文科实验班在精英教育方面主要有三方面的措施:其一是作为基础的通识教育,具体如何实现,下面会谈到,这里暂且不谈;其二是强调交叉学科,不将本科生过早地局限在狭窄的专业领域内,知行文科实验班开设大类平台课教育,强调政经法的融合;其三是改革本科生的培养方式,小班教学当然很重要,但只是手段,知行文科实验班特别强调学生的阅读和写作,每一门课都有大量的阅读和作业,学生必须专注于读与写,而非泛泛而谈,现在被很多人津津乐道的所谓启发式教学,如果不建立在大量阅读和认真写作的基础上,则容易流于空洞的讨论。

总结来说,通识教育与精英教育的结合,是知行文科实验班的基本理念和特色,但这也涉及教学体系设计上的一个重大问题,也是中国搞通识教育普遍面临的问题,就是通识教育如何与专业教育相结合,毕竟专业教育已经发展出非常成熟和稳固的模式,通识教育能够促进而非破坏原有的专业教育体系,并且使得通识教育和专业教育能够融合在一起,而非两张皮,这就需要完善的课程体系设计。

(2)基本思路:文史哲为起点,政经法为出路

与"通识教育+专业教育"相结合的基本理念相配套,知行文科实验班基本的培养思路是"文史哲为起点,政经法为出路"。北京航空航天大学已经有了人文社会科学学院和法学院,它们也培养政经法专业人才,知行文科实验班也培养政经法三个专业的经世致用人材,那么如何能够体现出知行文科实验班的优势呢?这就涉及这个基本的办学思路。学生在四年本科学习过程中,前期偏重文史哲,辅之以政经法基本原理课程,后期偏重政经法专业课程,但仍延续文史哲经典阅读。整个体系是文史哲开始,但课程量由多渐少,政

经法为出路,但课程量由少渐多。

这个基本思路也符合学科发展的历史脉络,从古典时期的经典作品开始,中经近代早期学科分化前后的经典社会科学理论,再到现代学科分化后的专业教育。古典作品的研读旨在培养健全且自由的人格,并打下扎实的学术功底,如对《论语》、《理想国》、《孟子》、《尼各马可伦理学》的研读;近代早期社会科学经典理论著作的研读,旨在打下交叉学科的基础,让学生体味学科分化前的学术理路,如对《国富论》、《论法的精神》的研读;至于专业课程的学习,则按照专业课既有的模式进行,尽量不去破坏,只是增加阅读和写作。按照这个思路,学生本科四年下来,将对整个学术发展脉络有个整体的认识,这将有助于对专业知识的理解,特别是对专业知识限度的理解。

特别需要说明的是,文史哲的起点和政经法的出路都不是绝对的,绝不意味着前面只学文史哲,后面只学政经法。经过知行文科实验班两年的实践发现,如果前期只安排文史哲课程,很多学生会产生畏惧心理,迟迟不能进入状态,课程的安排应该每学期文史哲至少各安排一门,同时至少安排一两门专业基础课,如果每门课之间能够有所照应,学生在这门课上学到的知识,能够在其他课上得到验证,那么会激发学生极大的学习兴趣和热情。因此,这个基本思路的实现,最终要具体落实到每学期的课程安排上,靠一门门具体的课程来体现,下面将详细说明。

(3)课程体系:"1+1+2"模式

这里的"1+1+2"模式要做两个层次的理解,首先"1"意指一年的通识教育和一年的交叉学科大类平台课教育,"2"意指两年的专业教育。其次,所谓的一年或两年,不是指没学年这样的时间概念,实际上是指的是一学年的学分,在24个学分上下。也就是说,如果将学生本科四年的核心课程分成四份,那么通识教育占四分之一,交叉学科大类平台课占四分之一,专业课程占二分之一。其中大类平台课程兼具通识教育和专业教育的性质,是通识教育与专业教育相互衔接的关键所在。因此,下面所说的一年两年是学分的意义上说的。

知行文科实验班一年的通识课程主要分三部分:第一是各4学分的中国文明文化史和西方文明文化史,旨在让学生对中西文明的发展历程有个整体的理解;第二是各16学分的中国经典研读和西方经典研读,各读8本经典著作,每学期中西各一本,经典著作的选择偏古典时期和近代早期,旨在培养学生解读文本和书写的能力;第三是4学分的艺术史与现代艺术,以中西绘画为主,旁及摄影、建筑、陶艺等,旨在培养学生的审美情趣和艺术想象力。通识教育课程是知行文科实验班最核心的课程,特别强调最经典的阅读、阐述和读书报告的书写,可以概括为以阅读经典为核心的通识教育课程体系。

交叉学科大类平台课共12门,所有的学生同时学习政治经济法律三个专业的基本理论,以求能够打通三个专业各自为政的壁垒,为学生奠定宽厚的专业基础。大类平台课既是通识教育的延续(局部的通识),又是从通识教育到专业教育的过渡,在授课方式上仍强调对经典文本的阅读。经过这两年的学习,学生不仅在人文素养上有很大的提升,而且专业知识口径宽、视野广,同时基本上形成了自己的专业倾向,可以在政治经济法律三个方向上选择一个具体的专业。第二年的大类平台课包括政治学课程:政治学原理、西方政治制度、古典社会理论、国际政治与国际关系;经济学课程有:经济学原理、宏观经济学、微观经济学、制度经济学;法学课程有:法理学、宪法学、民法总论、刑法总论。所有的课程都按照专业课的难度开课,并强调对相关学科经典学术著作的直接阅读。

专业课程分三个方向,包括行政管理、经济学和法学,学生只要修够三个专业最低的学分要求,即可以取得相应学位。在这个课程体系中,经典文献的阅读构成"点",中西文明文化史构成"线",文史哲、政经法的结合构成了"面",四年培养下来,为学生成为复合型人才打下了坚实基础。课程体系结构图如下：

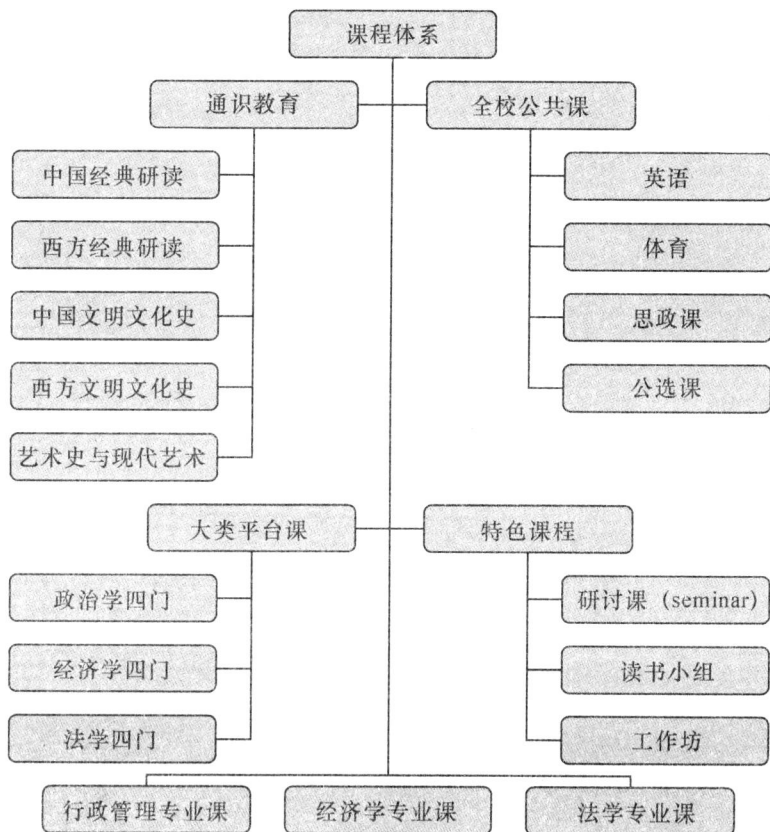

```
                    ┌──────────┐
                    │ 课程体系 │
                    └────┬─────┘
          ┌──────────────┴──────────────┐
    ┌──────────┐                   ┌──────────┐
    │ 通识教育 │                   │ 全校公共课 │
    └────┬─────┘                   └────┬─────┘
 ┌─────────────┐                    ┌────────┐
 │ 中国经典研读 │                    │  英语  │
 └─────────────┘                    └────────┘
 ┌─────────────┐                    ┌────────┐
 │ 西方经典研读 │                    │  体育  │
 └─────────────┘                    └────────┘
 ┌─────────────┐                    ┌────────┐
 │ 中国文明文化史│                   │ 思政课 │
 └─────────────┘                    └────────┘
 ┌─────────────┐                    ┌────────┐
 │ 西方文明文化史│                   │ 公选课 │
 └─────────────┘                    └────────┘
 ┌──────────────┐
 │艺术史与现代艺术│
 └──────────────┘

    ┌──────────┐                   ┌──────────┐
    │ 大类平台课 │                   │ 特色课程 │
    └────┬─────┘                   └────┬─────┘
 ┌─────────────┐                 ┌────────────────┐
 │ 政治学四门  │                 │ 研讨课（seminar）│
 └─────────────┘                 └────────────────┘
 ┌─────────────┐                 ┌────────────┐
 │ 经济学四门  │                 │ 读书小组   │
 └─────────────┘                 └────────────┘
 ┌─────────────┐                 ┌────────────┐
 │  法学四门   │                 │  工作坊    │
 └─────────────┘                 └────────────┘
┌──────────────┐ ┌──────────────┐ ┌────────────┐
│行政管理专业课│ │ 经济学专业课 │ │ 法学专业课 │
└──────────────┘ └──────────────┘ └────────────┘
```

（4）师资配备：讲课教授＋助理教授

课程体系设计终究要优秀的老师来落实，鉴于北京航空航天大学文科师资的薄弱，知行文科实验班采取"讲课教授＋助理教授"相结合的师资配备，讲课教授大部分是外请的知名教授或北京航空航天大学自己的知名教授，助理教授由北京航空航天大学年轻的副教授、讲师以及博士生担任。讲课教授负责核心课程的讲授，助理教授与讲课教授一起上课，课后辅导学生读书和写作业，同时承担非核心课程并带领读书小组。之所以采取这样的方式，实际上是为了培养北京航空航天大学文科师资,助理教授通过与讲课教授一起上课,不断地锻炼和提高自己,两三年之后,即可独立承担核心课程的讲授了。

讲课教授大部分是外请的知名老师,已经为实验班开课的老师有:清华大学历史系主任刘北成教授、政治学系谈火生副教授,《读书》杂志主编王焱先生,北京大学哲学系吴飞、李猛、吴增定副教授,中国人民大学文学院雷立柏教授、国学院梁涛教授、陈璧生副教授、哲学系周濂副教授、国际关系学院任锋副教授、吴征宇副教授,自由学者秋风先生,社科院社会学所赵立玮研究员,中国科学院自然科学史所所长张柏春教授,中国政法大学赵雪纲副教授、李筠副教授、首都经贸大学刘业进副教授,北京工业大学莫志宏副教授等。

此外,人文与社会科学高等研究院还聘请一些学者担任讲席教授,指导知行文科实验班的课程设计与教学安排,讲席教授包括:李强(北京大学政府管理学院教授)、周其仁(北京大学国家发展研究院教授)、张维迎(北京大学光华经济管理学院教授)、刘东(清华大学国学院教授)、许章润(清华大学法学院教授)、王焱(《读书》杂志执行主编)、任剑涛(中国人民大学国际关系学院教授)。

(5)培养方式

知行文科实验班的学生培养,贯彻北京航空航天大学的"一制三化"原则,即导师制、小班化、个性化、国际化。知行文科实验班学生入校后便可以选择一名通识教育导师,并且一直持续到本科毕业,待进入专业学习后,每位学生还会选择一名专业导师,实际上每位学生最后都会有两位导师。导师制的建立,落实了学生的个性化培养,导师可以根据学生的兴趣和特长,帮助学生制定个性化的培养方案,并监督、辅助学生落实。当然,个性化并非学生完全自主,个性化只是意味着学生在必修课之外,有更多的自主权。由于知行文科实验班每届只有30名学生,完全可以做到小班教学,老师学生围坐在一起,讲授、讨论都很方便。每门核心课程都配有助理教授,辅导学生读书和写作。小班化教学特别强调学生对经典文本的直接阅读、撰写读书报告、课堂讨论和课后作业,在学生阅读、书写、表达的各个环节,培养学生批判思维能力。这里需要特别强调一下,知行文科实验班重视讨论,但更重视阅读和写作,这是北京航空航天大学通识教育比较特别的一个方面,大量的阅读和写作,可以促进学生深入思考,避免空洞的泛泛而谈。高研院聘请外教为学生开课,并积极推进与国外高校的学生交流以及合作办学。

2. 社会科学实验班

从 2011 年起,北京航空航天大学开始尝试文科大类招生,高考招生时不分专业,统一以"社会科学实验班"名义招生。2012 年北京航空航天大学进一步完善了社会科学实验班招生和培养方案,简单介绍如下:

北京航空航天大学文科每年招生 240—250 人,所有学生填报高考志愿时都报考社会科学实验班,学生入校后,统一由知行书院管理,分成 8 个班级,进行为期一年的通识教育和大类平台课教育。通识教育课程包括所有学生必修的为期一年的中国文明文化史、西方文明文化史、中国经典研读、西方经典研读、艺术史与现代艺术,其中两个文明史集中授课,课后分小班讨论。中国经典研读和西方经典研读,完全小班化教学。大类平台课由各专业院系开设,其中经济学、法学、管理学各一门必修课,同时三个专业开设不少于 12 学分的选修课套餐,准备申请某专业的学生,必须在该专业开设的套餐中选修一半以上的课程。比如经济学专业开设 12 个学分 4—6 门专业套餐课,预备一年后修经济学专业的学生,必须选修其中至少 6 学分的课程。

一年的通识教育和大类平台课教育之后,学生根据各自的兴趣和一年来选课情况,除 30 名学生先行经过遴选进入知行文科实验班后,其他学生在外语、经济学、行政管理学、法学、心理学五个专业中,申请一个专业,经过专业院系考核后进入专业院系学习。此后,知行文科实验班按照上述知行文科实验班的培养方案和课程体系开展教学,专业院系的学生除了按照专业院系的课程体系学习外,继续参加学校层面的通识教育课程,目前还是全校通选课,但将来会升级改造为通识教育共同核心课。

3. 知行书院

(1)知行书院概述

本着为学生提供更好的教育、塑造学生健全的人格、增强北京航空航天大学文科竞争力的宗旨,在学校相关政策方针的指导下,从 2012 年秋季学期开始,所有新入校的文科生将以"社会科学实验班"的名义接受一年的通识教育。为了更好地服务和管理学生,由人文社会科学学院、外国语学院、法学院、人文与社会科学高等研究院共同成立知行书院,旨在通过书院制这种全新的模式营造博雅教育的氛围,协助并促进学校通识教育的开展。

知行书院以博雅教育为基础,以人文素养为轴线,充分利用社会科学实验班的通识课程和各类学术活动的优势,系统组织学生进行课外研读、讨论和交流等各类活动,重视对中西文明文化的传承与交流,营造自由、开放的学习氛围和人文气息。

书院侧重学生做人的培养,注重"大写之人"的养成,旨在专业教育之外提供一种更为开阔宏大的教育视野。通过传授人文知识,引导学生关注德行之养成、礼仪之训练、知识视野之扩展、艺文鉴赏力之培养,从而使学生发现和完善内在之德,更为优美地生活,并积极地服务社会。学识上,将以"学贯中西,博通古今"作为最高追求,力图让学生在不断增进学识、开阔视野的同时掌握为人、为学的优良方法,通过对"古今中西问题"的思考,培养一种站在"文化的枝头"的视角和心怀天下的关切,使学生真正做到"德才兼备"。

(2)知行书院与各专业学院之间的关系

知行书院与各相关专业学院应当是一种相辅相成、互相配合、互相协作的关系。知行书院的设立是为了更好地辅助和促进各专业学院人才培养工作的开展。同时,知行书院又与各专业学院扮演着不同的角色,并且在分工上和职能上有着明确的区分。

在角色定位上,学院是父亲,书院是母亲。学院作为教学科研单位,更注重的应当是自身发展和教学科研实力的提高,其宗旨应当倾向于大学的功利价值,注重对学生专业知识的教授、工作技能的培养、就业出路的推荐等;而知行书院作为学生工作单位,则是本着服务于学生的宗旨,注重大学的非功利价值,立足于提高学生的自我修养,塑造学生的健全人格,培育学生的伟大心灵。

在职能分工上,学院是以学科专业为本,书院则是以学生为本。在书院制的大背景下,各专业学院今后的工作重心应放在教学计划的制定与安排、教学质量的提高、学科的建设以及导师的配备上;而知行书院的工作则主要是学生工作方面,负责学生的班建、党建、团建、评奖评优、心理辅导、生涯规划等日常工作以及特色活动。

四、中国通识教育评估与展望

（一）基本模式

    中国通识教育，起步很晚，从 1999 年教育部（国家教委）推行"文化素质教育课程"算起，不过十多年。"文化素质教育课程"实际上就是今天各学校的全校通选课，由各专业院系老师申请，学校通过后，面向全校学生开放选修，内容通常浅显易懂。但全校公选课开设十多年来，并不成功，早已成为学生逃课混学分的主要对象。不仅如此，"文化素质教育课程"并不是真正意义上的通识教育，仅仅是专业教育课后的一点"甜点"，弥补自中小学起就严重缺失的人文情怀、审美情操和艺术修养，与真正的通识教育理念尚有差距。正因如此，近些年来一些高校开始探索在本科培养中开展真正的通识教育，并作出一些初步探索。虽然这些仅仅是雏形，尚未形成成熟的模式，但从中也可以看出基本的价值取向和模式选择,做一个初步的梳理、比较和评估,对于进一步探索未来中国的通识教育的基本模式,有重要的参考意义。

前面调查的几所学校的通识教育模式各具特色,有在全校范围内铺开的,也有在特殊学院内试点的,有部分打破专业界限实行大类培养的,也有改造升级原有文化素质教育课程的,因此很难找出一个恰当的标准来论断谁优谁劣,但纵览这些学校的通识教育模式,还是可以发现一些值得探讨的共同的问题。

第一,中国高校专业院系分立已经根深蒂固,并且各自形成非常成熟稳固的教学模式。目前通识教育根本无法突破专业院系的划分,因此无论是复旦学院还是浙江大学本科学院,都无法取代专业院系,无法整合成国外大学的文理学院(本科学院)模式。特别是国外一些专业性非常强的学院,如法学院、经管学院、行政管理学院,都是研究生教育,文理学院中不会涉及这些专业,但在我国,这些专业都有本科教育,且教学任务非常专业和繁重,很难整合在文理学院和通识教育中。因此,中国目前的通识教育,都是在专业院系和专业教育的基础上,单独设立另外一个通识教育系统,独立进行通识教育的,这实际上仍然只是文化素质教育课程的延续和改进,未能与专业教育整合到一起,形成完整的本科教育培养方案和课程体系。这是中国通识教育生存的客观环境,决定了通识教育目前只能是夹缝中求生存。由此带来了师资、课程设置、学生管理等诸多问题,这些问题实际上都跟整个本科教育专业化这个大的架构息息相关。通识教育最终的完善,必然会触及整个本科教育的改革,但在中国通识教育起步阶段,不去大规模撤并专业院系,而是从外围开始,通过设立试点学院或其他独立机构进行,在积累经验的基础上稳步推进,慢慢向文理学院模式过渡,不但是客观环境下的不得不然,也是改革代价最小、最稳妥、最可取的选择。在此基础上纵览中国的通识教育,可以说大略形成了两种改革模式:一种是以复旦大学和浙江大学为代表,设立本科学院,在全校低年级开展通识教育,改革的步子比较大,牵涉的问题也比较多。一种以中山大学和北京航空航天大学为代表,这种模式两条腿走路:一方面设立试点学院,在小范围内按照国外文理学院的模式办学;一方面改造原来的全校通选课,建立共同核心课,在全校范围内小规模开展通识教育。试点学院不断为全校的通识教育输送师资和开设核心课程。

第二,在复旦大学和浙江大学的模式下,本科统一招生或按大类招生,学生入校后不分具体专业,由复旦学院和浙江大学本科学院统一管理,进行通识教育,一年或一年半后再通过学生与学院的双向选择,将学生分配到各专业院系接受专业教育,实际上是将原部分专业教育课时或公选课课时集中起来进行通识教育。这一模式虽然并未打破专业院系的分立,但至少在一年级实现了学生的统一管理和通识教育,让学生有机会通过一段时间的大学学习,再按照兴趣并通过竞争选择自己喜欢的专业。但复旦学院和浙江大学本科学院都没有独立的师资,课程实际上仍由各个专业院系开设。然而,通识教育不等于专业教育的大杂混,专业院系的教师,特别是专业性非常强的专业的教师,如何能够开设符合通识教育要求的课程,如何避免通识教育成为专业教育的大拼盘,是值得认真思考的。事实上,通过调查发现,这种模式下面临着普遍的师资困难问题,面对着每年三四千的本科生,在原有师资不变的情况下,集中一年进行通识教育,基本上是无法完成的任务,其结果是通识教育课程的质量很难保障。因此值得反思的问题是,在师资力量有限而学生数量又非常大的情况下,集中一年进行通识教育是否合理?将通识教育与专业教育截然分开是否合理?这其实涉及我们对通识教育到底是什么,以及通识教育与专业教育的关系的理解,如果通识教育并非专业教育的基础和必然前提,那么集中一年进行通识教育的必要性又何在呢？将通识教育分散到四年中，通识教育与专业教育同时进行，是否可行和稳妥？由于复旦大学和浙江大学的通识教育模式都起步不久，现在还无法作出客观的评价，只能就此提出一些值得进一步思考的问题。这些问题不仅是理念上的问题，也是客观条件制约下不得不面对的问题。

第三，在中山大学的模式下，本科招生仍按专业招生，学生高考填报志愿时直接选择专业，入校后除了极少数学生通过遴选进入博雅学院接受特殊的通识教育外，其他学生直接接受专业教育，但学校设立通识教育指导委员会和通识教育部，改造原来的全校通选课，通过层层遴选，开设"通识教育共同核心课"，在学生接受专业教育的同时，选修一定数量的"通识教育共同核心课"，接受通识教育。为了弥补师资和课程不足问题，一些专业院系的专业课采取双重编码的方式，在保证本专业学生优先选课的同时，开放给外院系的学生，作为通识课程的一部分。与此同时，博雅学院针对少数学生，按照国外文理学院的模式，进行完整的通识教育课程，培养师资，积累经验。

北京航空航天大学的模式与中山大学类似，但又有差别。北京航空航天大学的通识教育比中山大学更进一步，在三个层面上开展：第一层是知行文科实验班，每年从文科生中遴选30名学生，前两年偏重通识教育，后两年偏重专业教育，前两年不分专业，后两年分为行政管理、经济学、法学三个专业。知行文科实验班的设置，主要是为了探索通识教育与专业教育相结合的培养方案和课程体系，同时进行通识教育师资的培育。第二层是社会科学实验班，由于北京航空航天大学文科每年招生规模在240—250人之间，因此从2010年起，文科招生统一以社会科学实验班的名义招生，不分专业。2012年起，学生入校后统一由知行书院管理，进行为期一年的通识教育和大类平台课教育，一年后学生经过遴选，再进入专业院系学习专业课程。因此北京航空航天大学社会科学实验班有点类似于复旦大学和浙江大学模式,但仅限于文科小范围内,整合起来相对要容易很多。第三层是全校范围内的通识教育课程,这方面尚在论证和探索阶段,基本模式类似中山大学的"通识教育共同核心课",一方面改造全校通选课,由边缘化的选修课改造为"通识教育共同核心课";另一方面将一些院系的专业课采取双重编码的方式,开放给全校学生,作为通识课程的一部分。

第四,客观地讲,上述各种通识教育模式,都不是成熟完善的模式,由于受到专业分化、师资、学生管理、课程设置等诸多方面的限制,上述模式都是在有限的空间和条件下的一种探索和尝试。而且,从国外通识教育的历史和现状来看,也没有一个固定的模式,每个学校,特别是一流学校,都会根据各自的办学理念创设自己独特的模式,中国通识教育的发展,应该鼓励不同模式的探索,避免照抄照搬和千篇一律,只有在不同模式的相互竞争中,中国通识教育才能不断得到发展和完善。

但对于任何一种通识教育来说,模式的选择都不是决定性的,真正具有决定性意义的实际上是课程体系设计和教学质量。在某种程度上,课程体系的科学合理能够弥补模式上的不足,特别是对于中国通识教育,由于专业院系分化的条块限制,合理的模式一时难以建立,这时课程体系的设计更具有了决定性的意义。下面根据我们的调查情况,对几所学校的通识教育课程体系设计进行一个简单的评估。

(二)课程体系

通识教育的基本理念,最终需要落实为通识教育的基本模式和课程体系,上文已经分析过,比起基本模式来,课程体系具有更为根本的意义,可以说课程体系是通识教育的核心。不同的课程体系反映了不同的通识教育理念,也必然与不同的通识教育模式有所关联,纵览调查中的几所学校,可谓课程体系各有特色,从中也反映出不同学校在通识教育模式、规模以及学校自身条件上的差异,一个横向的比较缺少共同的平台,因此本评估综合各个学校的课程体系,探讨中国通识教育课程体系设计中的一些困境以及可行性方案。

第一,中山大学和北京航空航天大学在课程体系设计上特别强调对经典著作的阅读,可谓借鉴了国外通识教育中的"巨作"(Great Books)方案,这也是古典自由教育的传统,常常被视为通识教育中最为核心的部分。与经典阅读相配套的是古典语言的学习,主要是古代汉语和拉丁语、希腊语的学习,中山大学尤其注重语言的训练,单独开设古典语言课,北京航空航天大学则将古代汉语的学习融入到中国古典研读中。经典阅读课的开设,对于培养和锻炼学生的阅读、思考、评判、表达和写作能力有非常显著的成效,对于落实通识教育的基本理念也是最行之有效的办法。但经典阅读课的开设成本非常高,因为这类课程只能小班开设,而且通常需要辅之以额外的讨论课,小班人数以 30 人为限,至少需要一名教师一名助教。如果一所大学一年新生有 3000 人,在保证每名学生每学期修一门经典阅读课的情况下,仍需要开设 100 门次经典阅读课,这几乎是不可能实现的。因此,经典阅读课只适合小范围内开设,很难在全校范围内推行,如果要推行,也只能以选修课的形式,保证一部分有兴趣的学生有机会选修经典阅读课,但这对于实现通识教育的目标就要打些折扣了。不过,鉴于经典阅读课对于文科生的重要意义,学校最好能够多开设一些经典阅读课,以使得每名文科学生在四年学习中,至少能选修过两门经典阅读课。

经典阅读课最重要的是师资问题,不过只要学校大力推行经典阅读课,师资可以慢慢培育,甚至可以办一些师资培训班,如果经过三五年的师资培育，每名老师都能够开设一门经典阅读课，那么就基本上能够初步落实全校范围内的经典阅读课了。经典不限于古代经典，人类文明史中的各类经典著作，均在可读之列，而每个学科发展历史上，都会形成诸多经典，因此培育师资可以从各个老师自己专业领域内挖掘。而这个师资培育过程，也是老师接受通识教育的过程，因为今天的大部分老师在自己读书时，就没有接受过通识教育，也存在着补课的需要。

第二，几乎所有学校通识教育课中都有文明文化类课程，特别是中国文明文化课程，实际上国外通识教育，也主要以文明文化类课程为核心，无论从培养完整的人和自由的公民来说，还是从传承文明和凝聚社会共识来说，文明文化类课程都是必需的选择。这类课程应该至少占到通识教育一半以上的课时量，上述经典阅读课程，实际上是文明文化类课程的一部分。除了经典阅读课，这类课程的开设，通常有两种方式：其一是文明文化史，这是芝加哥大学通识教育最出名的课程，北京航空航天大学也开设了为期一年的中国文明文化史和西方文明文化史，但如果文明文化史是开给全部学生的，那么只能是大课堂讲授了，但为了保证课程的质量，大课堂讲授外，需要辅之以助教带领的小班讨论课，因此文明文化史类的课程，需要有一个教学团队才能完成，如果仅仅是老师课上随便讲讲，学生随便听听，则失去了其作为通识教育核心课程的意义。其二是各种文史哲专题课程，比如秦汉史、宋明理学等，鉴于这类课程不适合完全大课堂讲授，又无法完全小班化教学，因此中山大学的"双重编码"方式值得借鉴，就是将部分文史哲专业的专业课程，拿出一部分选课名额，开放给全校学生，作为通识教育的一部分课程。由于这类课程本身是专业课程，课程深度和质量都有保障，因此可以成为通识教育核心课程的一部分。对于以文史哲见长的学校来说，"双重编码"课可以解决一大部分通识教育课。而对于传统的理工科学校,开设文明文化类课程便面临严重的师资问题,因此就需要像开设经典阅读课一样,需要一个师资培育过程。

第三,全校范围内的通识课程,通常都要进行课程分类,如复旦大学分为六大类:文史经典与文化传承、哲学智慧与批判性思维、文明对话与世界视野、科技进步与科学精神、生态环境与生命关怀、艺术鉴赏与艺术创作,学生必须在每一模块中选修一门课程,计2个学分,学生本科毕业之前要修够12学分。中山大学分为四大类:中国文明、全球视野、科技经济社会、人类基础与经典阅读,要求每个学生在每类中选修4个学分,一共16学分。这个学分要求,基本上与之前的全校通选课的学分要求差不多(教育部规定最低10学分),且这类课程基本上也是原来全校通选课升级改造而来的。因此这类通识教育课就涉及如下问题:其一,这些课程能否形成一个体系,是否有一个核心,还是仅仅是各类改头换面的专业课大拼盘?如果说文明文化类课程是通识教育的核心,那么无论这些课程如何分类,都应该至少保证学生选修的课程中有一半以上的文明文化类课程,特别是对于理工科类见长的学生,更应该加重文明文化类课程的比重。其二,这些课程在本科的培养计划中占据何种地位,是整个培养计划的核心,还是仅仅是专业课外的一点补充?这些课程的分类,无疑是受到国外大学通识教育课程分类的影响,特别是哈佛模式的影响,但对于国外大学的本科教育来说,这些课程是核心课程,是整个培养计划的中流砥柱,而我们仅仅将其作为专业课之外的补充,因此仍未脱离原来文化素质教育课程的窠臼。由于这些课程地位有限,因此很难完整地落实通识教育的理念。其三,学校通常要求学生选修10多个学分的这类课程,在整个本科课程量中,基本上不到十分之一,如此少的课程量,再加上仍然是边缘化的地位,这些课程设置基本上无法实现通识教育的预期目标。综合上述三方面的问题,是否有高水平的老师愿意持久地开设这类课程呢?

这类课程的质量又如何能够持久地保持高水平呢？特别是当这些课程是学生可以任选的课程时，很多学生自然会选择容易通过容易拿到学分的课程，这又迫使老师要降低要求，否则没有学生来选课，课程质量很难保证。因此，全校范围内的通识教育课程，仍然是今天中国大学通识教育面临的最大挑战，目前尚无一个切实可行又能实现通识教育预期目标的方案。

第四，通识教育课程的设计，面临师资、专业课挤压等诸多问题，在培育出足够多的师资和彻底改革本科培养模式之前，几乎无法设计出一套行之有效的方案，因此只能在现有条件下设计出一套最不差的方案。这套方案的设计，需要考虑下面几个问题：其一，既然文理分科是无法改变的事实，那么全校范围内的通识教育课程设计，应该考虑到文理科的不同情况，分别设计。理科中强化文明文化类课程，而文科中适当增加一些与社会和人伦相关的自然科学课程。其二，课程设计不应该过分追求分类的完美和数量的庞大，应该集中有限的资源，从一些特别需要的核心课开始建设，而且某类课程对于某些学生，不应该是选修，而应该是必修。以前有一个误区，总以为通识教育要给学生选课的自由，学生自愿选择，但如果我们承认通识教育承担这人格培养和文化传统的功能，那么有些课程就必须是必修课。当这些课程是必修课时，学生自然不敢怠慢，老师也会认真对待。其三，在建立一些必修的核心课后，可以在一定范围内开设一些大类平台课，既作为通识教育的一部分，又作为专业课的交叉基础，而且能够实现从通识教育对专业教育的自然过渡，一举两得。比如在文史哲专业之间，可以开设一些大类平台课，在政经法等社会科学之间，可以开设一些大类平台课，这样的交叉学科平台课程，有助于学生打下宽厚的基础。其四，通识教育课程，必须置于本科培养计划的核心和基础，课程量可以不多，但要求必须要比专业课还严格，不仅是对老师授课质量的要求，也是对学生学习的要求,在对老师和学生的考核中,可以将通识教育纳入到考核项目中,从而使得老师和学生都能重视起通识教育来。

(三)师资队伍

当下中国各高校所推行的通识教育改革,既切中 1952 年院系调整后中国大学教育制度的要害,同时也严重受制于 1952 年院系调整后的整个大学教育制度的现实,其中最典型的体现,就是通识教育的师资问题。1952 年院系调整的核心内容就是将综合性大学拆分成一个个专业的院系,取消了大学通识教育的可能性。客观来讲,这样一种强调专业教育的高等教育模式,无论是对新中国成立后的工业化建设还是改革开放后的中国经济发展总体战略,都是有贡献的。例如,改革开放后,这种以培养"专家"为战略目标的高等教育体系,为中国的经济建设提供了大量的中等技术人才,最大限度地支持了中国经济的腾飞。然而,随着中国改革开放的深化,尤其是中国加入 WTO 后,更深程度地参与到全球范围的经济、科技与文化的竞争之后,这种以培养中等程度的专家为特色的高等教育体制的弊端就体现出来了。更高层次的具有创造力和适应能力的创新型领军人才,需要具有更宽和更厚的基础理论的能力与综合能力,通识教育的重要性就凸显出来。此外,中国社会正处于激烈变革阶段,社会关系日益变得复杂、多元,如何面对社会转型期的各种光怪陆离的现象,正确处理大变革时期人与人、人与社会、个人与国家的关系,树立正确的世界观和人生观,就成了一个很重要的问题。因此,虽然目前国内各著名高校的通识教育改革正处于各自探索阶段,各有理解,也各有侧重,但有一点倒是相当一致,便是通识教育改革势在必行。

然而,仍然在发挥作用的 1952 年的高等教育体制,以及以为市场提供中等专业技术人才为导向的实用型高等教育模式,极大地限制了中国通识教育改革的推进。一方面,大量的优秀的高中毕业生在实用和就业的导向下,选择了诸如工程技术、会计、法律、管理和经济等应用学科,文史哲、物理和化学等基础学科则少有人问津,在办学经费支持等方面,与其他热门的应用学科相比,也处于绝对的劣势,这一局面造成了中国高等教育的基础理论学科处于不断的萎缩状态。另一方面,通识教育要取得良好的效果,一支高素质的,并且对通识教育的理念与实践有着良好理解与热情的师资队伍又显得相当重要。例如,郝钦斯在芝加哥大学推行通识教育改革,虽然遭遇到种种的误解和阻力,但由于有一批来自全世界各地的认同通识教育理念的青年教师队伍,仍然能够很强有力地推进芝加哥大学的通识教育改革。在很大程度上,通识教育改革成功的关键,不在于教育理念的更新,更在于贯彻这种新的教育理念的实践能力。例如,通识教育的一个重要内容,就是小班教学,而这种小班教学必然要求大量的师资资源的支持。又例如,对经典文本的分析、阐释的能力,这对教师自身的学术修养、分析和阐释的能力的要求是相当高的。而在既有的旧教育模式下培育出来的师资,很多并不具有这样的能力。当然,这是一种结构性的分析,并不表明事实上中国的各名牌高校不存在拥有通识教育能力的教师。笔者只是说,由 1952 年院系调整所形成的整个高等教育体制,以及整个中国教育的大环境,其本身是与通识教育理念背道而驰的。而这个旧体制已经存在并运转了 60 年,由这个旧体制生产出来的标准产品,恐怕与通识教育的实践所提出的要求相比,还是有差距的。但这是在假设这个体制完全正常运转,并且没有其他渠道产生符合通识教育所需要的师资人才的情况下。事实上,在正式的教育体制之外,还存在着各种各样的非政治的教育体制、学术传统在发挥作用,这在某种意义上会抵消旧体制的消极作用,并且产出符合甚至远超过通识教育标准的人才。

虽然在师资方面,存在着如上所述的严重制约,但并不表明通识教育改革完全无能为力。对旧体制弊病的分析,主要是为了让我们更清醒地看清形势。因地制宜,通识教育改革仍然大有可为。尤其是如北京大学、浙江大学、复旦大学、中山大学等传统的综合性大学,在中国新一轮的通识教育改革中,仍然占据了一定的优势。一方面,这些学校的学科门类齐全,并且各个学科都有着相对悠久的历史,因此往往存在着一定的学术文化的积累和传承,这就保证了这些大学的传统文史哲、物理、化学等基础理论学科,仍然能够保持比较高的教育水准。这些传统的基础理论学科的教育资源经过适当的改造和强化,就可以转变成全校师生受益的通识教育课程。事实上,目前这些综合性大学所推行的通识教育改革,也主要是依托各专业院系,尤其是文史哲、物理、数学等各基础理论学科提供的本学科的基础理论课程进行。一般来讲,这些综合性大学都会采取哈佛大学的核心课程模式,将这些基础理论学科的基础理论课改造成核心公选课,从而快速地形成一套完整的全校性的通识教育课程体系。

此外,最近 10 多年中国的基础理论学科,事实上仍然在快速地前进,这可能受益于更加开放和宽松的学术环境,以及学术研究本身的进步。因此,全国范围内,每年都有相当数量的从事基本理论研究的优秀的博士毕业生充实到大学教师队伍。这批优秀的年轻人,是最具发展潜力的未来中国通识教育改革的主力军。然而,这批年轻的教师虽然已经通过博士论文写作,获得了基本的学术研究的训练,但是如何开展通识教育,仍然需要培训和引导。另外,由于目前中国高校系统存在着激烈的学术竞争和数字化的绩效考核机制,而通识教育实践在这套绩效考核机制中并不占据重要地位,因此如何通过制度化的设置,激励这些青年教师投身通识教育实践中,仍然是需要解决的一个重要问题。

　　与综合性大学相比,单科性大学,尤其是理工科大学的通识教育,在师资问题上面临着更严重的障碍。一方面,通识教育强调对人类历史上最重要的经典著作的研读,而这些经典著作多数仍然是人文和社会科学的。但受制于旧体制,传统的理工科院校的文科发展相对落后,缺乏一支高质量的人文与社会科学的教师队伍。虽然,多数的理工科名校为了提高学校的整体竞争力,最近这些年也在大力发展文科,但多数理工科院校往往选择优先发展法律、经济、管理等应用性学科,因为这些学科建设较少地取决于历史文化传统,与工科的思维有相通之处,因此见效也更快。这就造成虽然有些理工科院校在社会科学的应用性学科建设方面取得了良好的效果,但是基础性学科的发展,仍然举步维艰。而通识教育恰恰高度依赖于人文与社会科学中的一些基础性学科,例如文学、历史学与哲学等。这就对传统的理工科院校的通识教育提出了新的挑战。

　　当然,挑战未必是坏事,同时也意味着机遇。对于传统的理工科名校来说,恰恰可以借通识教育改革的契机,全面地提升本校的人文与社会科学基础学科的发展水平。一个比较可行的方法是设立通识教育的实验班,然后通过为通识教育实验班设计专门的通识教育课程配备专门的师资,从而为全校的通识教育乃至全校的人文与社会科学基础学科的发展提供一个样板,并以此为基础逐步扩展成为全校的通识教育体系。目前北京航空航天大学设立知行文科实验班,并在此基础上设立人文与社会科学高等研究院,在全国范围内挑选优秀的人文与社会科学基础学科的博士毕业生,打造通识教育的年轻人队伍,就是一个不错的尝试和良好的开端。另外,传统的理工科名校所处的地理位置,往往是国内高校比较集中的地区,例如北京航空航天大学、北京理工大学、北京邮电大学等传统理工科名校,都集中在北京海淀区,周围有北京大学、中国人民大学、清华大学、中国政法大学等人文传统积淀比较深厚的综合性大学或文科院校。此外,北京的一些著名的科研机构、著名的杂志社等也积累了人文与社会科学领域的一些重要学者。因此,这些理工科院校完全可以通过外聘的方式,适当利用这些综合性大学或者文科名校的富裕教育资源。在这方面,北京航空航天大学的人文与社会科学高等研究院也进行了不错的尝试,通过聘请《读书》杂志主编王焱,北京大学哲学系李猛、吴飞、吴增定,中国人民大学国学院的梁涛等国内一流学者,利用业余时间参与北京航空航天大学知行文科实验班的通识教育实践,取得了良好的教学效果。北京航空航天大学人文与社会科学高等研究院的另外一个做法,也很值得借鉴,就是通过为外聘知名教授配备本院年轻教师为助教的做法,增加年轻教授与知名教授的接触、观摩和交流通识教育的机会,提高本院青年教师的水准。

鉴于中国通识教育师资严重匮乏这一现实,目前中国各高校相互之间应该克制门派意识,互通有无,互相借鉴,互相支持,最大限度地利用目前有限的通识教育的师资资源,并且积极探索各种克服师资困难的方法。例如,中山大学提供了另外一种克服师资匮乏的思路,就是由学校提供一笔资金,用来在全国甚至全球范围内招募从事一个学期或者一年通识教育的人才。这其实是创造性地运用了访问学者制度,只是来校访问的访问学者重点不在于学术研究,而是通识教育的实践。或者说,来校访问的学者不但要从事学术研究,还必须满足一定量的通识教育课程的任务。对于教师来说,教学是本分工作,访问过程中,除了与对方学校的学者进行学术交流之外,还能够与该校优秀的学生进行教学的互动,其实也是完全可以接受的一个条件。目前,该制度运作良好,并且取得了相当不错的效果。另外,中山大学为了解决师资问题可谓绞尽脑汁,最后还对周边院校在读的博士研究生动起了脑筋,只要能够验证周边高校或者本校的在读博士研究生有良好的学术研究能力和人文社会科学的功底,并且口才良好,认真负责,就可以给他提供一笔经费和短期培训,聘请该博士生来学校讲授一门通识教育课程。对于优秀的博士研究生来说,这样一个讲授通识课程的机会,既提前为他提供了从事大学教育的机会,锻炼了能力,同时也为未来的职业发展增添了一个重要的履历,因此他们也非常有动力和热情参与这个工作。有部分讲课效果良好的博士生,博士毕业后就顺理成章地进入中山大学的人文与社会科学高等研究院,成为该校的正式通识教育的授课教师。另外,该校还创造性地引进哈佛、耶鲁、香港大学等国外或者港、澳、台地区的知名高校的博士候选人,在他们完成博士的基本课程,进入论文写作或者学术假期时到中山大学讲授通识教育课程,享受访问学者的基本待遇。这些都是在不得已的条件下发挥主观能动性的创举,很值得其他大学的通识教育改革借鉴。

当然,无论是综合性大学还是单科性大学,成熟的通识教育的师资仍然是有限的。因此,除了最大限度地挖掘通识教育的师资之外,还必须想办法培育通识教育的师资人才。这一方面牵涉到中国目前博士生教学和培养的机制,同时也涉及对现有教师队伍的改造和培训。一个方法是在各校现有的教师资源中,挑选基础比较好、有潜力成为通识教育师资的各院系的现有人才,通过集中的培训,使他们成长为通识教育的师资。这种培训既可以是全校范围的,也可以是全国范围的;培训的方式,既可以是集中授课和经验介绍,也可以是教学观摩,同时也包括学术共同体的建设等。在这方面,无论是各个高校内部,还是全国范围,仍然有许多工作值得去做,却仍然没有做。

(四)学生管理

中国高校正对本科生教育的改革进行积极热烈的探讨、摸索、改革,以及试验,"通识教育"的理念和精神不仅体现在课程设置、教学模式、授课内容,也进一步渗透进学生管理模式之中。与其通识教育的改革步伐一致,在学生管理方面,诸高校也对学生管理体制进行着或大胆、或保守、或复古传统、或师法西方的改革和试验。中国高校关于通识教育的"百家争鸣"和积极探索为当下的高教改革积累了宝贵的经验财富,在学生管理方面,也围绕北京大学、复旦大学、浙江大学等几大重镇形成了几种不同的模式,作出了许多有益有效的探索。本文将对这三个高校的学生管理方案进行介绍和探讨,试图以管窥豹,以达以点及面之功。

1. 北京大学元培学院

元培计划是北京大学在创建世界一流大学过程中,为了适应新时期发展需要,建立面向世界、面向未来、面向现代化的本科人才培养模式的一次成功探索。改革计划以北京大学老校长蔡元培先生的名字命名,任务是:继续贯彻"加强基础、淡化专业、因材施教、分流培养"的十六字方针,尊重学生的兴趣与选择,尊重学生个体化差异,积极稳妥地推进北京大学本科教育教学改革,借鉴世界优秀大学的成功经验,建立适合中国和北京大学实际的本科人才培养模式和管理体制,更好地实现北京大学的人才培养目标。2001 年 9 月学校成立元培计划管理委员会,负责全面推进全校范围的本科教学改革;与此同时,设立了元培计划执行委员会和实验班,开展人才培养模式的探索与实践;2007 年北京大学第一个非专业类本科学院"元培学院"正式成立,标志着北京大学本科教育改革进入一个新阶段。

元培计划实行以自由选课为基础的学分制、导师全程指导制、3—5 年的弹性学制和原则上自由选择专业制。

学分制:其基础是在教学计划框架内由导师指导学生自由选课。学生完成教学计划所设置的科目,修满规定的学分,即可毕业,并获得所学专业的学士学位。

导师制:学生在整个学习期间得到由来自文、理科各院系资深或有经验的教授组成的学生学习指导委员会的全面指导。每位导师对各自的指导对象进行选课、选专业、学习内容、学习计划及学习方法等具体指导。导师由相关院系推荐,校长聘任。

弹性学制:学生可在导师指导下根据自己的情况安排3—5年的学习计划,少则3年即可毕业。若在4年内仍未完成本科阶段的学习任务,则第5年仍可继续修读(视同正常修读),直至修满学分,获得毕业证书。

自由选择专业制:元培计划实验班学生原则上可自由选择专业。学生进校时只按文、理科分类,不分专业。低年级主要进行通识教育。在他们对北京大学的学科状况、专业设置、培养目标以及其他情况有了进一步了解后,可根据自己的志趣于第二学期末提出专业选择意向,一般在第三学期末确定专业。但每个学生所选专业的最后确定还必须考虑相关专业的教学资源是否充足以及学生本人的综合条件。

导师制:学校从各院系聘请资深教授作为导师,通过讲座、座谈等活动开阔学生的学术视野,对学生选课、选专业、学习内容及方法、科研活动等方向进行指导。另外,元培学院邀请到了一些各领域内的佼佼者,聘任他们担任元培学院学生课外导师。他们将用各具特色的方式,为同学们指点人生、启迪智慧,帮助元培学院乃至北京大学的学生全面发展,健康成才。

混合住宿、全程管理:文、理科学生混合分班,混合住宿,为不同专业同学之间的交流和学习提供条件。同时对学生在校四年的学习、思想政治教育、党团活动、生活管理等实行全程管理。

学生进入专业学习后,学籍仍在元培计划管理委员会。管理委员会将全程负责他们的思想政治教育,党团活动,日常学习、生活及行为管理,学籍管理,选课及成绩管理,评奖评优,违纪处理等。推荐免试研究生工作由院系和元培计划管理委员会共同完成。毕业及授予学位的审查工作,以院系为主,元培计划管理委员会参与进行。

2. 求是学院与浙江大学的"一横多纵"

浙江大学从 2006 年起实行按大类招生。随着改革的不断深入,浙江大学感到,传统的高校教育教学管理模式因各学院和部门分线管理、职能单一,难以适应新形势下拔尖创新人才培养要求,必须改革教学管理模式,增强面向学生的教学服务功能。通过近一年的深入调研和广泛征求意见,浙江大学决定建立本科生院,探索构建一流大学的本科教育教学体系。

浙江大学新组建的本科生院以"院务委员会"为最高决策机构,"本科专业与课程教学委员会"、"本科生素质发展与奖惩工作委员会"和"本科生院本科教学督导委员会"3 个委员会分别承担不同职责范围的规范制定,是院务委员会的咨询及执行监督机构。本科生院下设求是学院,专门负责大类招生后,一年级新生及专业确认前学生的通识教育培养。

浙江大学副校长兼本科生院院长姒健敏教授把新的浙江大学本科教育教学管理模式称之为"一横多纵"。"一横"就是新生进校之后,在主修专业确认之前的通识教育培养阶段,以本科生院的求是学院负责管理为主,专业学院协助管理为辅;"多纵"是指本科生在主修专业确认之后,回到各专业学院管理。新生入学后,按大类入住不同的学园,学生按所住学园编班,3 至 4 个寝室为 1 个小班,每个班级的规模在 20 到 30 人左右,以利于教学互动。

从 2007 年起,浙江大学将开设一系列"荣誉课程",并由学校最优秀师资施教,该课程共有 40 多门,分人文、社科、自然和工科 4 大门类进行系统化设计。"荣誉课程"着重激发学生探究知识的兴趣，强化学生的基础知识和创造力以及运用科学方法解决复杂问题的能力，"荣誉课程"面向全体本科生开放。

求是学院成立于2008年7月，是浙江大学"一横多纵"学生教育管理体制的重要组成部分，是具有思想政治教育与教学管理职能的大类学生教育管理单位。

求是学院实行的以学园为核心的属地化学生管理模式，下设丹阳青溪学园、紫云碧峰学园和蓝田学园。各学园配备正副主任、辅导员、班主任、学长以及少量的导师，开展各项具体学生管理工作。

求是学院设有党委委员会，日常事务由党政办公室负责处理。三个学园分别成立有相应的学园党总支委员会，在求是学院党委的统一指导下相对独立地开展学生管理工作。三个学园还建立了分团委和学生会，通过这些机构实现对住宿地学生的有效管理与服务。各学园还建立了新四军教育基地、励志与发展中心、写作中心、语言学习中心、体育锻炼中心、职业生涯规划基地等教育辅导机构。

求是学院自成立以来，践行"以学生为中心"的教育理念，认真实施新生始业教育，积极配合学校人武部、学工部组织学生参加军训；积极开展学生学业指导工作，配合专业院系开展专业介绍、专业引导工作，辅导学生开展主修专业确认；主动开展学业规划竞赛等学业辅导工作，帮助学生提升学业水平；积极开展学生党建和团建工作，引导学生积极向党组织靠拢；支持学生开展社团活动和各类文化体育与社会实践活动，各学园的学生业余生活丰富多彩。

3. 复旦学院的书院生活

（1）复旦学院及书院式学生管理体制简介

2005年9月，复旦大学成立复旦学院。复旦学院是学校实施通识教育的教学、研究和管理机构。学院汲取国内外一流大学本科生培养的经验,始终坚持以培养全面发展的高素质创新型人才为目标,对本科教育的改革起着探索和推进作用。目前负责全校本科一年级和部分二年级学生教育教学管理工作。

承续中国传统书院教育文化资源和复旦文化精神,借鉴世界一流高校住宿学院管理体制和优势,复旦学院构建了书院制学生管理体制,根据专业、国别地域、民族分散的原则编班和安排宿舍,鼓励不同背景的学生互相学习交流,创造师生多元文化交流的环境。学院分别以马相伯、李登辉、颜福庆和陈望道四位复旦历史上德高望重的老校长的名或字命名,建成志德、腾飞、克卿和任重四个书院。每个书院均有各自的院徽、院匾、院训楹联、院旗、院歌、书院主题色等。老校长的冠名串连起了复旦校史的演变,书院的门匾楹联字体的演变标志着中国以文字为载体的文化发展历程。

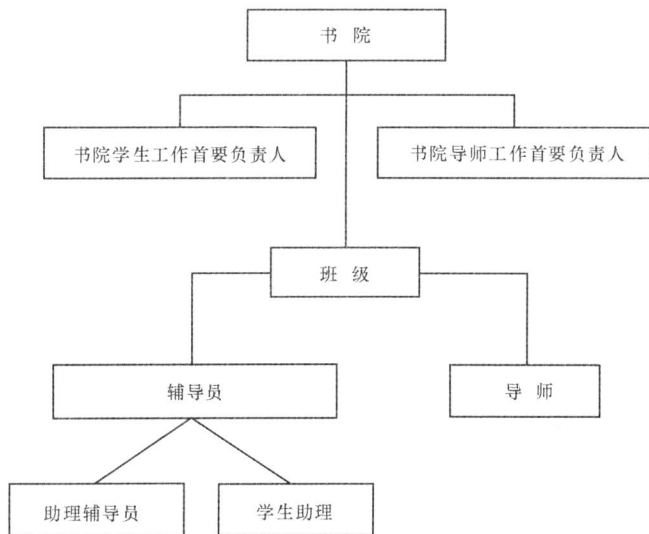

(2)各书院的特色活动

至德书院

——志德讲会:讲会是传统书院学术演讲和交流的重要形式,志德讲会是在通识教育理念下传承书院传统的一个具体体现。每个月 1—2 次,面向全体书院学生,由书院各类组织自主申报承担设计,主题围绕理解大学、理解学习和人生等专题。

内容包括:辅导员团队谈大学适应;导师团队谈人生规划;学长学习经验谈;导师谈学习研究方法;学工组长谈学术科创;与虹口区癌症俱乐部共建:联合主题演讲会;志德中学行:通识教育宣讲行动等。

——志德书院日:以复旦大学创始人老校长马相伯先生的生辰日 7 日作为每个月的书院日,开展结合学校学院要求和节日契机的书院特色主题活动。一方面加深同学们对书院精神的理解与传承;另一方面加深对老校长精神的学习。同时为书院文化的积淀和书院内各班之间的交流提供平台。"书院日"每月一次,面向全书院同学,每次由两个班负责设计、组织和协调。诸如"书院大扫除日"、"书院体育比赛"、"上海/校园定向"、"学雷锋"等主题活动。

——四月追风主题月:以复旦大学创始人老校长马相伯诞辰日(4 月 7 日)为契机,开展主题学习活动。四月追风,正如其名字所期望的那样,希望学生在春天这个充满朝气的时节,从先人身上汲取力量,不断向前进取,存志于心,德怀天下!院团学组织具体实施落实,各班配合参与,活动持续 1 个月,面向书院全体师生。内容包括清明祭扫缅怀老校长、围绕学习老校长事迹而开展的读书活动、"追风晨跑"、"志德游园会"、"志德诗文化节",以及各班级的主题班会等。

腾飞书院

——腾飞论坛:邀请资深教授、著名学者、优秀学长、成功人士等与同学面对面地交流,内容包括人文科学、自然科学与成功经验等学生感兴趣的主题,帮助同学们汲取处世之道、人生真谛,从中体会前人给我们所创造的一层又一层复旦精神的积淀,为打造腾飞精神带来经验。

——腾飞书院日:以老校长李登辉先生生辰日 18 日所在的周

二作为腾飞书院日,开展一系列活动,包括常规的学长咨询会、大扫除活动以及一些特色活动。旨在促进学生对腾飞书院文化的进一步了解,加强学生对书院"学而时习斋"各种功能的了解和使用,加强书院学生之间的沟通交流及团队协作,增强学生作为书院一员的归属感和责任感,并通过学长咨询和朋辈交流活动促进学生对大学生活的了解、明确自我定位和发展方向。参加对象包括腾飞书院导师、辅导员、学生和历届腾飞人。

——腾飞主题月:于学年第二学期3月18日开幕,4月18日李登辉老校长诞辰日闭幕。举办彰显腾飞精神及展现腾飞学子青春活力的各类活动,包括老校长小故事、祭扫、书院篮球赛、腾飞歌手大赛等,纪念李登辉老校长诞辰,探寻"腾飞"二字的过去、当代的意义,以及未来的启示,并给自己的腾飞精神添上浓墨重彩的一笔。由腾飞书院团学联组织,书院全体师生参加。

——书院院刊《非文》:记录腾飞书院的点点滴滴,透射一丝一毫的腾飞精神,通过书面的载体,让越来越多的同学加入到腾飞精神的观察、记录和传承中来,使得腾飞精神越发丰富,代代相传。书院院刊接受全体师生投稿,第二学期14周左右正式印发全书院。

克卿书院

——克卿人节:将视线聚焦于汲取中国文化、传承书院精神,以严谨与活泼并重的形式开展各类活动,提供学生一个走近历史、交流思想、感受文化的大平台,引导学生以自己独立的视角思考问题,探讨、追寻、弘扬克卿书院文化、精神的内涵,从中学会认知、学会做事、学会共同生活、学会生存,同时加强学生对于中国文化的鉴赏与解读能力、对于书院精神的独立思考与传承能力。每年十一月揭开序幕,持续一个月左右,包括学术讲座、考察实践、书画展示、体育竞技等参与式互动活动,面向克卿书院全体师生。

——克卿峰会:通过调研,总结学生最关心的问题,组织灵活生动的峰会形式,由辅导员面向全体书院学生分专题解答,从而做到全书院信息共享,成为克卿学子全方位了解大学学习生活、学校政策等相关信息的平台。内容包括学校资源利用、职业生涯计划、生活技能指导、人生规划以及文化礼仪等。

——书院院刊《新卿年》:始编于书院创立之初,在内容与排版上力求创新,专题式地记载历届克卿学子在校内、校外的出色表现、核心课程的设置、通识教育各类活动、通识教育模式下学生的心声等内容,举隅式地勾勒出复旦学院通识教育的成果。一般每学期编辑完成一期,版面内容包含学生风采、经典品读、文化赏析、新闻娱乐、生活提示等。

任重书院

——任重沙龙:自 2005 年 10 月 12 日创办以来,任重沙龙已经陪伴两届任重学子走过两年多岁月。任重沙龙活动的理念和目标是讨论同学们感兴趣的话题、实现全书院信息共享。今天的任重沙龙,已经成为一个拥有整体标识、固定工作团队以及具体工作流程的任重书院"人气颇高"的名牌活动,甚至也经常吸引了很多其他书院的学生一同来参加。每周三中午举办,每学期共计 12—15 次,分为学习篇和生活篇。学习篇:解答大学新生在初入大学所面对的学习转型、实践创新、研读经典等问题。生活篇:解答大学生在初入大学阶段面对的身份转型、校园生活、自我定位、心理和感情调适等问题,并给予学生与学校学院老师和领导接触交流的机会。参加对象为任重书院全体学生以及其他书院感兴趣的学生,无需报名,可以根据海报指示时间地点自行选择感兴趣的话题前往参加。

——任重年华系列活动:旨在一学年中一个集中的时段给予任重书院所有学生一个集体展示的平台和机会。通过文艺活动、表彰纪念等方式展示任重书院学生和班级的风采和成果。过去四年(2005—2008)书院都在临近学年末分别举行了以"任重年华"为题的 2005 年度颁奖晚会,以"任重嘉年华"为题的 2006 年度系列离院活动,以"畅想双十年华"为题的 2007 级书院集体二十岁生日晚会和以"任重 orz"为主题的 2008 年度结业晚会,这些活动都是回顾和总结书院生活,通过传承活动的设计、颁奖晚会的形式,任重书院全体成员又一次认识自我和身边人,也给任重书院留下了很多精彩的回忆和纪念。

——书院院刊《任行》:记录任重书院学生、老师的学习和生活状态,展示各项工作团队的工作成果,发表任重书院学生的精彩论述和文章。每学期出版一期。长期接受各班级和学生的投稿。

随着中国高教改革的不断推进,通识教育除了在教学理念、专业培养、课程设置、教学方式等上层领域得到贯彻实施之外,对于学生的生活、学籍管理等下层领域也必然要求作出相应调整。当高等教育不再被理解为信息的简单传递、工具技能的简单授予,而更注重人格的塑造、才德和精神品质的培育,那么学生管理自然也列入教育的重要方面。北京大学、浙江大学、复旦大学等高校在实行通识教育改革过程中采取的措施和实践为高教改革的未来之路积累了宝贵的经验。

通识教育致力于打破智识上的专业壁垒和专业局限。为了实现此目的,中国高校目前采取了两种方式:授予部分学生自由选择专业和课程的权力,限于学校通识教育改革部署的试验阶段,典型代表为北京大学元培学院和浙江大学竺可桢学院;另一种方式为通识教育与专业教育相接合,即新生入学之后,前两年不分专业,破除专业局限,进行理论基础教育,第三年开始分入专业学院进行专业课程学习,以复旦大学为典型。既然在课程上致力于突破专业局限,那么在学生管理的层面上,各学校也力图突破专业界限。学生的住宿、学籍管理不再交付于传统的专业学院。在既有的改革探索中,各高校一致将学生的学习与生活区分开,专业学院为学生提供

"思想家园",而管理学院则为之提供"生活家园":课程的教授由专业学院担纲,但学生的生活、学籍管理、党团活动则交由另外的专门机构统一管理,比如复旦学院、浙江大学求是学院、元培学生管理委员会等。在这种模式中,"学院"的功能更为专门和集中,致力于科研和教学,党团、学生生活管理等相对繁琐的行政工作则与之脱离,将之解放出来。学生之间的相互交往、交流则较传统方式大大拓宽拓深。同学之间的学术交流、友谊不再局限于专业班级之中,而是需要接触不同专业背景下的思想方式,从而帮助完善自己的人格,并拓展自己的知识视野。

总而言之,在学生管理方面,北京大学、复旦大学等高校作出了颇有价值的探索。

(五)学术共同体建设

与专业教育不同,通识教育的目标并不在于训练技能,而是对"人"的培育。因此,通识教育与中西方传统的教育方法,有许多共通之处,不但强调言传,而且强调身教。这就意味着,除了课堂教学之外,通识教育必须营造一种特殊的氛围,形成一种教育的传统,让教师和学生在教和学的过程中,时时感受到这种传统和氛围,并将这种传统内化到个人的思想和行动之中。这就是通识教育的学术共同体建设。之所以将这个共同体定位成学术的,乃是因为这个共同体并不仅仅是一个生活共同体,而是一个教育的共同体,联系这个共同体的纽带是教育的内容和目标,乃是一种纯粹的知识和学问的追求。

这样一个学术共同体建设,对于当下中国的通识教育尤其必要。目前中国社会正处于激烈的转型阶段,大学教育也受到这种转型的激烈冲击,尤其是就业方面,受到的冲击尤甚。学生身处大学与社会之间,一方面在物质方面受到社会的强烈刺激;另外一方面,就业市场竞争激烈,学生在求学期间时常处于一种焦虑状态。在此种诱惑与压力之下,学生往往对所学理论知识的实用性产生怀疑,而去追求一些短平快的应用型知识,甚至在人格方面也产生扭曲。为了应对此一现象,首先要大力加强通识教育课程和专业课程的含金量,通过丰富而深刻的课程教学内容让学生明白,无论将来从事何种领域的工作,开拓的视野、丰富的心灵、自由的想象力、科学的思维方式、工作方法和步骤都是必要的。而最能够帮助他们训练这些能力的,恰恰是那些看起来并不那么实用的课程。但除此之外,在课外,学校的老师之间、老师与学生之间是否能够形成一种丰富而温馨的学术共同体,让学生通过学术共同体这个中介感受到学术的魅力,从中得到鼓励和安慰,也是非常重要的。

要营建这样一个学术共同体,一个重要的步骤就是打破专业的局限,形成跨学科的交流。学科的自主性当然有其存在的必要性,但如果学科的自主性演变成条块分割的体制,形成不同学科之间的教师和科研人员老死不相往来,闭目塞听,就得不偿失了。芝加哥大学有一门通识教育的明星课,叫做《社会与政治思想经典》,每学期要开十多个小班,每个班级配备一个教师,这十多个教师来自不同的专业和学科,有政治系、社会思想委员会、哲学系、历史系、社会学系等,但讲授的核心内容基本上是一样的。这些来自不同专业的授课老师,以及同样来自不同学科背景的助教们,每个星期都必须出席午餐聚会,讨论课程的设计、筹划和组织问题。一方面,不同学科背景的人,必定将本学科的问题意识和专业训练带到这门课程的讲授中,给不同的学术以不同的训练,另一方面,不同学科围绕同样授课内容所进行的交流和沟通,又能够大大促进教师们对彼此学科背景及其独特思维方式的理解,从而形成一种科际整合的效果。

目前,国内的一些从事通识教育改革的大学,也在有意识地做

139

这方面的尝试。例如,北京航空航天大学人文与社会科学高等研究院,虽然无法像芝加哥大学的《社会与政治思想经典》课程那样做到每个星期召集教师就教学问题交流一次,但每学期都会召集所有任课教师就课程设计、筹划、组织、教学过程中出现的问题、授课的经验和教训等,进行交流。这样的活动,一般每学期至少组织两到三次,一次是开学前,一次是期中,一次是期末。不同学科的老师,虽然讲授的内容有差异,但是都面向同一批学生,而且都涉及通识教育的课程,不同课程之间的内在联系也非常紧密,因此交流的效果也非常好。每次交流时,各个授课老师都必须出示自己设计的课程大纲,并且制作专门的 PPT 进行展示。通过这种交流过程,教师相互之间互通信息,并且根据其他老师的授课情况,对自己的授课大纲和授课方式做适度调整。这些措施对于学术共同体建设都是很有帮助的,值得推广。据笔者所知,目前中山大学人文与社会科学高等研究院也有类似做法,取得了非常不错的效果。

构建学术共同体,除了在教学方面帮助教师打破学科之间的界限,形成定期的跨学科的交流之外,更重要的是要帮助教师在学术研究方面形成跨学科的交流。科研与教学之间,虽然在时间和精力方面形成一定的冲突,但两者之间的内在一致性更重要。学术研究的水平,是衡量一个教师的天分与能力的最重要的指标。教师自己一定要有卓越的判断力与理解力,在学术研究中展现出非凡的天赋和创造性,才能够真正激发出学术的天赋和潜能。因此,虽然通识教育重视学生的培育,但并不表明教师的培育就不重要,相反,对教师学术能力的培育占据着前提性的重要地位。就目前恶劣的学术研究环境而言,整个量化考核的学术体制和功利化的社会环境,对于人文与社会科学的学者,坚持独立而自由的研究,关注一些综合性的基础理论问题研究,是相当不利的。人文与社会科学的教师要坚持自由的人文研究,就必须拥有"天命在我"的担当精神,互相鼓励,互相刺激,形成学术共同体滋养自己。这一点对于年轻学者尤其必要。

在这些方面,北京航空航天大学的人文与社会科学高等研究院也在有限的条件下,做了很多努力。首先,北京航空航天大学人文与社会科学高等研究院鼓励年轻教师成立工作坊,每个年轻教师都可以提出自己感兴趣的特定选题,获批后,北京航空航天大学人文与社会科学高等研究院会提供 1 万元左右的运作经费。拿着这笔经费,该教师就可以围绕该选题,邀请院内和院外的年轻学者参加读书小组,在一年时间内策划四次左右的学术讨论会,组织相关领域的年轻学者共同参与,最后形成一组专题性的论文。高研院另外专门划拨经费,筹划设立《经济与社会》、《政治与法律》、《思想与人文》三个刊物,因此这些读书会和讨论会所形成的成果,可以作为专题发表在这些学术刊物上面。另外,高等研究院也资助一些运作良好,且已经取得重要成果的读书小组,例如中国社会科学院渠敬东老师组织的跨高校、跨学科的"社会理论读书小组",同样是跨高校的"新法学读书小组",以北京航空航天大学人文与社会科学高等研究院为平台,开展专题性的学术讨论会和读书交流活动。另外,高研院也与法学院合作创办北京航空航天大学法学沙龙,定期就某些重要的学术议题,召集北京范围内法学、政治学、社会学等各学科的中青年学者,展开讨论,在学界已经形成了重要的影响力。高研院也鼓励本院的老师积极参加这些活动,通过这些学术交流平台,融入更大的学术共同体建设中,锻炼能力,增加知名度,改善学术研究的环境。此外,北京航空航天大学人文与社会科学高等研究院院长高全喜教授,定期抽时间与院内年轻教师做定向交流,在学术规划和职业规划方面,与每位教师进行探讨,形成针对每位教师的未来学术发展的规划,并且根据这个规划方案,形成对每个教师特定化的支持方式。这种个性化的教师培育方式,也是很值得推广和学习的。

　　除了老师之间的交流,老师与学生之间的交流,学生与各个学科知名学者之间的交流,也是学术共同体建设的重要组成部分。为了增进这方面的交流,形成良好的学术风气和学术传统,北京航空航天大学专门成立了书院制度,专门负责学生课外的学术活动。目前,书院刚刚成立,已经开始策划一系列重量级的讲座。在书院成立之前,北航高研院也定期邀请国内外相关领域中比较有创造力和冲击力的年轻学者来给学生做讲座,与学生座谈。这样既是对年轻学者的肯定,更是通过引入年轻有活力的学者,来激发学生的学术兴趣与创造力。将来通过书院这个平台,邀请各个领域的学术大家到北京航空航天大学做讲座,两个系列的讲座就可以形成良好的配合作用。除了讲座系列之外,北京航空航天大学人文与社会科学高等研究院的老师,也抽出业余时间,带领学生组建各种形式的读书小组,阅读经典著作,巩固和拓展通识教育课程的学习成果。例如,李昊老师带领学生组建民法读书小组,泮伟江老师带领学生组建亚里士多德《尼各马可伦理学》读书小组,康子兴老师带领学生组建政治学读书小组,都起到了良好的效果。读书小组的方式,既拉近了老师与学生的距离,同时也提供了学生在课外与老师进行深入交流的机会,老师更是借助这个机会,巩固课堂教学的成果,弥补课堂教学的不足,进一步鼓励和帮助有兴趣的学生培养阅读兴趣。通过一起阅读经典作品,师生兴趣盎然,其乐融融,慢慢地就形成了一种良好的学术氛围。当然,带领读书小组,老师在时间和精力方面所做的牺牲还是比较大的,但培育人才的乐趣,足以弥补这种时间和精力方面的牺牲。据笔者所知,目前北京大学、中国人民大学、华东师范大学国际关系研究院、中山大学人文与社会科学高等研究院等各高校,都有许多老师和学生自发组织的读书小组,对于培育学生,建设学术共同体,都有良好的促进作用,也进一步巩固了教师的职业荣誉感和奉献精神。如何将这种民间自发的读书小组纳入体制内,提供一些制度性的支持,或许是今后通识教育设计和改革过程中值得注意的一个问题。

总之,良好的学术共同体培育,无论是对通识教育的推进,学生的全面培养,教师力量的成长,甚至是克服大学过度的行政化和形式化趋势,都是有重要意义的。建设学术共同体的工作,涉及方方面面的许多具体工作,需要依据不同学校的具体情况,对症下药,具体问题具体分析。但有一点是根本的,也是任何一个学校的学术共同体建设都必须要遵守的核心原则,就是任何学术共同体建设都必须是在尊重学术,尊重学者"独立之精神,自由之意志"的前提下进行,必须重视学术的真内容,而不能变成一种形式主义的东西。

附录 1

通识教育核心课程体系研讨会
会议记录

时间:2011 年 12 月 17 日

地点:北京航空航天大学新主楼第三会议室/如心楼 206 会议室

主办方:北京航空航天大学人文与社会科学高等研究院(会议记录中简称北航高研院、高研院)

[简明议程]

上午:第一单元:通识教育调研报告与模式反思

　　　康子兴:北京大学元培学院、浙江大学竺可桢学院调研报告

　　　李　静:中山大学博雅学院调研报告

　　　李　昊:复旦大学复旦学院调研报告

　　　翟志勇:北京航空航天大学知行文科实验班课程体系
　　　　　　　介绍

　　　第二单元:中国通识教育模式的批判性反思

上午:下午:通识教育核心课程体系比较与设计

晚上:通识教育中的师资建设与学术共同体培育

上午:第一单元:通识教育调研报告与模式反思

高全喜:北京航空航天大学人文与社会科学高等研究院"通识教育核心课程体系研讨会"现在开始。关于北航的通识教育,通过两年的试验,我们自己探索出一个相对来说还有一定实践意义的课程体系。前不久我们高研院又派诸位老师到中国各个大学,到那些目前在通识教育上积累了一定经验、有一定模式的学校分别做了一些调研。结合全国高校通识教育的经验教训,尤其结合我们自己这两年的通识教育教学,我们今天召开这个会议,目的在于总结与提升。

首先对大家的到来表示感谢。通识教育在中国目前的高教改革中非常重要。但何为通识教育?尤其通识教育的课程体系应该怎么设置?这都是值得研究的课题。我们北航这两年通识教育的课程设置以请诸位老师讲课为主,这个我们还是有一定特色的。我们想利用这次会议把我们通识教育两年探索的经验呈现给大家。这次会议的主要内容就是通识教育的课程体系,而不是探讨通识教育的理念是什么,主要是落实到课程体系,尤其是本科生的通识教育,通过什么课程来体现,这是这次会议的主旨。我简单说这么多,下面咱们进入具体议题。

第一单元是通识教育的调研报告,诸位可能都知道,通识教育在中国已经开展了若干年,大家的理解以及实验方式各有不同。因为各个学校情况不一样,目前国内通识教育这一块形成了不同的模式,带有模式或者经验的有好多所大学。我们前期挑选了几个主要的、最有影响的大学,分别做了实地调研。我们这单元主要是有请几位负责调研的老师就通识教育的调研情况做个简单汇报,作为本次研讨会的一个讨论基础。首先请我们的助理教授康子兴介绍北京大学元培学院和浙江大学竺可桢学院的有关情况。

康子兴:北京大学元培学院、浙江大学竺可桢学院调研报告

康子兴:大家好,很荣幸坐在这里给大家报告我的调研成果。我先把情况简单介绍一下。我 11 月份在北京大学元培学院(以下简称元培学院)和浙江大学竺可桢学院(以下简称竺院)分别做了通识教育的调研,我会把这两个放在一起讲,结合北航高研院和元培学院、竺院之间的联系谈一谈,请各位老师批评。

首先介绍一下北京大学元培学院和浙江大学竺可桢学院的情况。北京大学与浙江大学均设立专门机构或试点单位探索适合于各自校情的通识教育模式:元培学院、竺院。2008 年,浙江大学成立了"本科学院",将竺院的通识教育模式向全校推广。无论是元培学院、竺院,还是后来的"本科学院",这三种模式具有相同或者类似的结构与功能,并有着内在的亲缘关系。首先它们都不从事教学工作,主要功能表现为跨学科的课程组织和管理,没有自己专门的师资,在这种模式下,它们的通识教育或多或少表现为学生对专业的自主选择,学校会设通识教育课程,但内容很空洞,内容泛泛,不能起到应有的效果。

元培学院只对本科生开放,不招研究生。在四年本科学习期间,参加元培计划的学生由元培学院统一管理,最终由元培学院颁发毕业证和学位证书,但学院没有学位委员会,没有自主授予学位的权力。元培学院没有自己的教师,但有专门的教务人员负责与各专业学院的协调工作以及日常的学生培养工作。

元培学院的学生可以自主选择课程和专业。从现有经验来看,学生一般在大一时根据自身的特点和兴趣自由选择通识教育课和(大类)平台课,在对自身特点、北京大学学科状况、专业设置、培养

目标以及其他情况有了进一步了解后,选择进一步学习的专业领域。学生在第二学期期末提出专业意向申请,第三学期期末确定最终的专业方向,之后在专业学院选课,修学各专业教学计划规定的专业必修课和任意选修课。除了个别热门专业(如光华、经济、数学)需要单独考试和面试之外,几乎每位同学都能进入自己喜欢的专业。

元培学院学制为 3—6 年,只要修满相关专业要求的学分便可毕业。

浙江大学竺可桢学院与此类似,但旨在实施英才教育,培养拔尖创新人才,因此可以挑选最优秀的学生,配备最精良的师资,进行"特别培养"和"精英培养"。学生在竺院按照理科、工科、文科大类平台上进行培养,一、二年级不分专业,主要修习全校通识课和大类基础课,学生可以按照个人性格和特性自主选择专业,三、四年级按照各专业的课程体系进行专业学习。毕业时由学校颁发两证(毕业证和学位证),竺院另外颁发荣誉证。

下面我简单谈一谈我总结出来的几点经验和教训。

第一,元培学院、竺院只涉及本科生教育,并均在大学四年中对学生进行统一管理,即便在大三分专业之后,学生学籍依然隶属于元培或者竺院。学生毕业时,元培学院自主颁发毕业证与学位证;竺院学生的两证则由专业学院颁发,但竺院会另外颁发一个"学院荣誉证书"。正因为对学生的统一管理,两院学生对本学院都有很高的认可度和归属感。与元培学院、竺院不同,北航高研院将开展研究生教育,为了保证生源质量,以及学生对本院的认可,学生的统一管理更显得必要。即便不能自主颁发两证,亦可借鉴浙江大学经验,高研院可为自己的毕业生另行颁发"资格证书"。

第二,为了配合学校通识教育,浙江大学本科学院精心打造了30 门核心课程,虽然内容较为粗糙,但其机制却有值得借鉴之处。

首先,本科学院站在学校层面,有利于汇集、整合全校资源开展通识教育工作,在人力、物力上给予大力支持。其次,本科学院以组织者和协调者的身份,全面负责课程的设计、建设、跟踪、监督。再次,通识课程采用"大堂讲授+小堂讨论"的模式,学生必须参加两个模块的学习才能获得学位。本科学院负责甄选通识课程教师,教师提议助教人选,本科学院面试考核选定助教。本科学院对通识课程给予资金支持,比如每个助教每学期可获得4000元劳务费(浙江大学本科为四学期制,即每学期只有两个月)。

第三,北京大学、浙江大学虽然设立专门机构进行通识教育,但它们均无专门师资进行此项工作,因此,两校在通识教育的推广上仍然面临着很大的阻力,通识课程设置具有很大的随意性和任意性,并且内容较为浮泛,这一点在浙江大学身上表现尤为明显。若将通识教育定位成培养具有"独立之人格、自由之思想"的全人,北京大学、浙江大学均无真正意义上的通识教育,而只有相对宽泛的专业教育。它们致力于培养的学生并非"通才",而只不过是具有交叉学科背景的"复合型专业人才"。

第四,通识课程的核心在于教师和课程配置,两校虽有元培学院、竺院的机制创新和支持,但并未在理念上认识"通识教育"真正内涵与意义,亦未给予相应的人才配备和支持,最终使通识教育流于形式,变成了另一类的"专业教育"。而学生必须修习的"通识课程"也仅限于外语、计算机等基本技能,以及政治思想等意识形态训练。与之相比,北航的高研院、中山大学的博雅学院则能够弥补此一方面的缺陷,找到通往通识的正途。

第五,在与两校的教师、学生的交谈之中,他们均认为通识教育应注重阅读原典,但在哪些典籍可以称为"经典"(或正典)以及应该阅读哪些"经典"方面则是模糊的、混淆的,因此,在实质上,这种通识教育也往往是失败的。如果通识教育的可行方案为"正典教育",

那么,与之相应,一校的通识教育应有深受正典滋养的资深学者来组织设计,并招聘对中西方正典有专门研究的教师来执行。

这是我的几点调研意见。

李　静:中山大学博雅学院调研报告

高全喜:下面请李静介绍一下中山大学的情况。

李　静:各位老师,今天非常高兴能在这里向大家汇报我对中山大学的调研。我是在今年 11 月底到 12 月初,和我们学院的洋老师一起去广东中山大学进行通识教育调研的。下面就将调研结果向大会汇报。

中山大学为了保证学校通识教育的顺利进行,新成立了三个部门,一个是人文高等研究院,还有一个是博雅学院,另外一个是通识教育部。关于这三个机构具体的职能,我过一会儿具体解释。这三个部门职能不同,在对外宣传上各有一个网站,但其实是一套班子,一套人马。通识教育部和教务处进行协调,负责全校的通识教育,在通识教育部之上还有一个大学通识教育指导委员会。

我先介绍一下人文高等研究院的情况。中山大学的人文高等研究院以沟通古典与现代、中学与西学、人文社会自然诸学科为宗旨,致力于推动跨学科跨领域的学术前沿研究。在我看来,人文高等研究院最主要的功能其实就是为博雅学院提供师资力量,这是最重要的一个功能。在我考察的过程当中,正好参加了中山大学举办的两岸三地"四书"教学研讨会。在会下的聊天当中,我发现高研院的院长甘阳老师手下已有七八位研究人员,他要求所有学中学的老师,不管你是学考古出身、学历史出身、学哲学出身、学文学出身,在今后的两年当中,都必须能够给学生开出"四书"的课程。通过这种方式,不但培养了师资队伍,使这些受专业教育出身的老师具有了实施通识教育的能力,而且更为重要的是,打破了各个老师原来形成的专业壁垒,在老师中间形成一种通识的氛围,推动了学术共同体的建设(这一点是我们晚上的主要议题)。这是中山人文高等研究院很重要的一个部分。高研院当然还会开展各种各样的学术活动,如博雅讲座、学术沙龙等活动。另外高研院除了专职的研究人员之外,还设立了驻院访问学人的制度,也就是说邀请海内外大学和研究机构的学者,也包括国外大学获得博士资格候选人的学人、研究人员进行驻院访问,进行学术交流及合作。驻院学人同时会为博雅学院和学校的学生开课,中山大学提供一定的资助。以上是中山大学人文高等研究院的主要情况。

下面我介绍一下博雅学院的情况。中山大学的博雅学院的主要功能,是以单独学院的形式负责对四年制的通识教育进行探索。也就是说,真正绝对意义上的通识教育,在目前中国大学很难向所有学生推广,所以这属于小的实验班的性质,它进行四年制的通识教育。它的学生的遴选机制是每年通过学生自由申请并进行二次遴选的方式,从全校所有的科系(包括理工科)的入学新生中招收 30 名左右的学生。我去调查的时候,曾经和一个大一的学生有过比较深入的交谈,他就是理工科的,而且他当时报中山大学就是因为想上博雅学院,所以他才随便挑了一个理工科的系去报,一到中山大学就写申请,要上博雅学院。其实认同这个教育的理工科学生一般都是比较优秀和出色的学生,这是特别需要强调的一点。这些学生写了申请,申请的内容就是对博雅教育的认识,写完申请以后,由甘阳老师亲自面试、敲定,进入博雅学院进行四年制的通识教育的培养。现在博雅学院有三届学生在读。

下面介绍一下博雅学院的课程部分,这应该是大家最关心的部分。①

高全喜:经费方面有没有资金支持?

李　静:如果被批准为核心通识课程,每一门课程有两万元的启动资金,助教没有,这是对博士生的要求,这是课业之外的要求。

其实各个大学推行通识教育最大的困难就是在于现在所谓的通识教育常常游离于学校的主体课程之外,最终就被慢慢边缘化,慢慢成为那些讲课讲得最不好、最难以保证教学质量的课程,也就是学生通常所谓的"水课"。中山大学通识教育核心课程最大的特点是确定了核心课程审批制度,而且确立了助教制度,确立了写作业制度,确定了推广小班讨论制度,这些制度化的保障就可以确定上课的质量,这是非常重要的部分。而且我觉得中山大学通识教育最可持续性的发展、最大的优势在于它采取了国内外大学通常采用的双重编码制度,可以把若干院系最核心的主干基础课程作为通识教育课程,比如历史系的徐坚老师开的中国古代史先秦、秦汉课程,这是历史系本科生的必修课,但现在成为通识教育的选修课。通识教育一般对学生提供相应的课外阅读材料,要求提交阅读报告,每学期三到四篇报告,而且要计入期末的总成绩,老师最好能够批改作业。这些对通识教育课的质量提高有很大帮助。

另外据我了解,中山大学目前能真正达到这些要求的老师和课程不足60%,即使中山大学这样的学校也是这样的状况,大多数老师目前来说还没能达到、没能完成上述要求,所以每学期由通识教育部组织通识核心课程培训交流会,请符合要求的老师向开课老师

---

① 有关博雅学院的课程及其特点,详见本书第90—94页,此处发言删去。

介绍经验。具体来说,现在中山大学的通识教育核心课程还开不出那么多课来,所以现在分为两个级别:一个是核心课程,基本符合甘阳老师的具体要求;另外的那些质量还可以保证的课程变成通识教育的普通课程、一般课程。但现在要求16学分当中至少有12个学分要修核心课程,另外4个学分可以修普通课程。我给他们算了一下,比如说以一个年级3000个学生来说,每人要修16个学分的通识核心课程,每门课两学分,一门课300人选,3000人需要开设80门课,每门课需要10名助教,那就需要800名助教,这对任何一个大学都是非常大的挑战。我想中山大学正在向这个方向努力,它的努力也可以成为进行通识教育改革的借鉴。

我的报告就到这里,谢谢大家。

李　昊:复旦大学复旦学院调研报告

高全喜:李静老师讲得很清楚、很明白。下面请李昊介绍一下复旦大学的有关情况。

李　昊:因为复旦大学没有拔尖人才的培养中心,它是由统一的复旦学院搞全校的通识教育,这有点像李静介绍的中山大学搞的那套模式。另外复旦大学最大的特点是把哈佛大学的核心课程模式搬过来了,我简单给大家说一下情况。

复旦大学开始通识教育,最早的校长马相伯就是这样的,后来校长李登辉也是这样,之后80年代的校长提出要加强学科之间的横向联系,实行通才教育和二类教学。21世纪,复旦大学正式面向全校开展通识教育,2005年9月正式成立复旦学院,11月成立了复旦大学通识教育研究中心。复旦学院现在是准实体机构,通识教育研究中心是学术性的虚体机构。

它的体系架构大家可以简单看一下。复旦学院在体制上是一个准实体化单位,是整个学校实施通识教育的教学研究和管理机构。它的职能第一个是管理,就是课程的管理、课程的设置。第二个主要是进行通识教育研究,因此它是集教学、管理和通识教育研究于一身的机构,实际上它本身又在一定程度上承担了学校教务处的职能,而虚体机构——通识教育研究中心——主要是研究怎么设置通识教育课程、培养方案、学生管理体制等,开展理论指导。因此它的结构是以复旦学院为上层,并行的是虚体的通识教育研究中心。复旦学院由于主要是学生管理和教务管理的机构,因此下面可以看到,教务管理主要是教学办公室,学生管理是学生工作办公室,每个学生都会有一个导师,因此有一个导师工作办公室,最后是一个综合办公室,负责日常行政。复旦学院设立五个书院,前四个是2005年开始设立的,是以四个校长的字号来命名,希德是2011年设立的。四个书院的特点是:所有学生入校以后,不分专业,大类招生,分别进入四个书院学习。第一年都在书院管理,第二年以后分到各个专业去学习。跟中山大学一样,复旦大学也是四个校区,虽然都在上海,但也是复杂的。2011年成立希德书院,是在邯郸校区,四个专业的学生四年全部由希德书院管理,希德书院有可能是将来复旦大学推行的主要模式。学校校长想法非常大,以后取消各个专业学院教务管理,本科教务统一由复旦学院管理,专业学院不再有本科教务。

从人员上,也可以简单说一下。复旦学院是教务管理和学生管理机构,因此也没有独立的教师编制,所有核心课程开设都是依托专业院系的教师,这是一个问题。复旦学院本身有单独的行政编制,目前党委书记一名,副书记一名,副院长2名,院长好像一直没有,原来有一个,但可能是挂名的,教务人员6名,专职辅导员6名,这是整个组织机构的模式。

关于通识教育培养计划,新生实行大类招生,秋季入学,开学不进入各个专业院系,直接分入四个书院,接受一年的通识教育,二年级以后再进入各个学院,也就是进入四个校区。他们强调在第一年要对学生进行整体的人格塑造。

关于核心课程体系,它的通识教育核心课程设置了六大模块,跟哈佛很类似。第一模块称为文化经典与文化传承,第二模块是哲学智慧与批判性思维,第三模块是文明对话与世界视野,第四模块是科技进步与科学精神,第五模块是生态环境与生命关怀,第六模块是艺术创作与审美体验。前三个侧重文史哲的结构,四五主要是理科和工科,第六个是艺术门类。

第一模块主要涉及中国文学经典和中国史学经典方面研讨性的课程。文学经典主要包括中国古典文学和中国当代文学两个方面。史学经典指的是历史上重要史学家的经典作品。

第二模块涉及哲学与思想经典,主要研究中国哲学经典和西方哲学经典,设计的宗旨是帮助学生找到一条进入哲学家思想的门路。

第三是文明对话与世界视野,主要是研究西方文明与其他重要文明的讨论性课程,重在打开学生在文明比较方面的视野,从而深入了解人类文明的历史演变、文化多元发展、冲突整合以及在当代的意义。

第四主要是科技进步,关于科学与技术的思想基础和历史进程的研讨性课程,包括数学思想,因为他们的校长是搞数学的。自然科学思想史和技术原理史,主要帮助学生领会数学和科学思想的要点,侧重思想性,培养科学探索和技术创新思想。

第五是生态环境与生命关怀,复旦大学的生命科学学院应该还是实力很强的,探讨环境与人类生活的关系,特别是人类生命科学和伦理问题,从而包括环境科学、生命科学、医学和生命伦理这样一个模块。

最后一个模块称为艺术创作与审美体验,包括艺术鉴赏、艺术创作相关的课程,如音乐、戏曲表演、绘画、雕塑、陶艺、影视、书法、话剧和朗诵,等等。

目前复旦大学这样一个模块涉及 600 门课程,这是我从它那儿拿到的课表,通识教育课程也是设计了核心课程,每门课都有一个简介、老师的团队、课程要阅读的书、授课特点和泛读的书目,每门课都有固定老师来主讲。因此课程设置主要是四大特点,第一个是核心课程 PL 制,有一个通识教育核心课程模块研究和建设专家小组,研究哪些课程能够进入核心课程,鼓励全校申报,申报以后,确定考察老师有没有能力来开,如果能开的话,主讲老师成为核心课程主要负责人。它鼓励团队教学,比如朱教授都七八十岁了,他带历史系团队来教一门课,核心课程负责人就是朱教授,他的职责是选聘教师担任课程小组成员,负责本课程的教学管理、教学评估工作,申报本课程的教学改革项目,对课程小组成员的履职情况进行考核,统筹使用教学建设经费,因此它强调一个核心团队,每门课程有一个核心团队,当然团队并不一定都能实现,也是面临困境。它大概有 200 门课程,每个课程都有一个团队,全校老师全包括进去,这也是不现实的。第二个,一会儿我会讲面临的困境,虽然有 200 门课程,但学校每年六七千本科生,有的课程特别受欢迎,200 人来上,那课下怎么办呢? 需要小班讨论,实行的就是核心课程的助教制,一个是由任课老师推荐,因为任课老师一般是博导、硕导,推荐相应的老师和学生;另一个,复旦学院本身会有选聘的过程,每门课程有一到两名在读本专业的硕士或者博士研究生来作为课程助教,主要职责包括随堂辅助教学,协助教师编写教材、电子教案。每门核心课程都有一个网页,因此这个网页建设、课程辅导、指导以及组织讨论、最后教学资料记录和保存全部由助教完成。因为博士生上三四年就毕业,特别是硕士生两年就毕业,怎么保持持续性? 我两年带出来,这个人就毕业了,所以一定要有一个核心主讲教授,以前的助教要对新的助教进行培训,有一个定期的培训制,但是效果如何,因为没有实际考察难下论断,但它是有这样一个制度的。第三个,核心课程讨论班的制度,因为大课不可能讨论,因此核心课程根据授课情况要开小班讨论课,讨论课主要是小班教学,每班人数不多于 20 人,每次不少于两个课时,到底开课次数有多少,由主讲教师根据选课人数和教学情况自行设定,每个学生每学期至少参与一次讨论。另外还有核心课程系列教材,出的第一本是数学教材,主要是数学思想的教材。这是核心课程体系的四个特点。

还有一个特点,通识教育不仅仅是教学,还有学生管理,学生日常管理属于书院式生活,这是延续了哈佛大学和牛津大学的书院模式。一个是新生入学分别划入四个书院,每个书院 800 人左右,分为 10 个小班,每个小班配 1 名辅导员及 5 至 8 名辅导员助理负责学生在书院的日常生活管理。另一个是,有专门的导师,导师是专职的,可能是退休的教师或者其他在编的教师,每个书院配备 2 名导师,负责所有学生的辅导,包括学习和学习上的疑难解答等。书院生活一年以后,进入各个专业开始专业学习。每个书院都是单独一栋楼,每个书院楼底下有一个图书室,比如想开读书会都在图书室里开。党团工作方面有分团委和学生党支部,分团委书记由辅导员兼任。党团工作,所有的助教、辅导员,跟我们学校遴选辅导员一样,给他保研一年,第一年他的保研资格保留,他一定要回复旦学院给我当辅导员,因为他已经在复旦学院受过教育,他是认同复旦学院的教育理念的,选拔以后,他带学生逐渐进入学习的状态。这是学生的日常管理。

对它的评价,复旦大学的通识教育是面向全校全面普及,当然实施效果有待考察,这是一个特点。第二,它真的是综合性大学,理科、文科比较齐全,工科弱一点,因此课程开设门类是很多样化的,但核心课程一定由管理委员会来确定以后,才能够开设,而不是随意都能开设,一定要经过申报。到底开设哪些,它还是做了很多前期调研工作,比如复旦学院教务人员要听课,下来要对学生进行访谈,进行问卷调查,保证课程的质量,如果课程不合适就会取消,有一个监督机制。第三,课程开设方式是多样化的,小班容纳不了时会有大课,名教授来开课学生都爱听,肯定还是要满足学生的要求。大课的效果就是串讲一遍,每个学生都不知道是谁,下面肯定要有小课讨论。资金方面就是一次性给一笔建设经费,每门课大概一万块钱的建设经费。助教是由学校单独给予经费补贴的。现在面临的问题是通识教育课怎么能让老师主动开设呢?第一年课程是通识教育,但这个通识教育课程不仅仅面向一年级学生,学生在四年里边选够 16 学分,每个模块 2 个学分,12 个学分要选够,四年都可以选,任意选。因此怎么鼓励老师主动开设这个课程,虽有一万块钱的建设经费,但老师们说开设这个课程还是很辛苦的,怎么保证呢?因为这些学生很优秀,鼓励老师的主要是精神层面的因素。此外,复旦本科生素质还是非常好的,学生好,老师还是有动力的,老师愿意把自己的研究给学生讲授。他们开的课程有单独的《诗经》和《史记》,这是导读课,老师有自己的研究在里边,还是有一点经典导读的意思。另外课外组织学生读书小组,这里有两类:一个是课堂上的讨论班,每个学生至少参加一次讨论,要发言;第二是鼓励老师带读书小组,每个老师可以带 10 个、20 个学生,主动开展读书活动。第四,助教起了很大的作用,复旦的学生,博士、硕士每年加起来几千人,难度还是相对好一点,而且全校统一给助教配发经费。复旦想打造本科学院,整个专业学院就负责研究生院里的专业课程设置,将来各个学院没有专门的本科教务,全部本科教务都是由复旦学院来管的,像教务处和复旦学院相当于是一个合体的机构,这样的话助教经费基本能够保障。助教也要带学生,给学生打分,带学生讨论,它是复旦学院跟学生之间的课程联络人,以及跟老师的联络人,同时助教每年、每学期都要进行定期培训才能上岗。

最后是书院生活,这也是复旦的最大特点,就是书院制和导师制,都是教授担任导师,有专任导师和兼任导师。书院生活主要是鼓励学生独自的生活方式,以及读书氛围,学生自发组建读书小组,15人一组,邀请自己心仪的老师阅读经典,讨论风气还是不错的。

它遇到的困难,第一是和各个学院以及学校教务部门之间的沟通,所有核心课程,包括专业课,一定是专业学院的教务来设置的,因此教务之间开展最大量的工作就是怎样让各个学院推荐最好的老师来教通识课程,沟通过程是非常困难的。但目前由于学校推动力度非常大,这个协调还好,培养方案基本都成形了,可以得到保证。第二,通识教育不仅仅是阅读经典的小班教学,因为它毕竟要让所有大学生有一个读经典的氛围,因此在人才培养方面有一点弱势,但希德书院的成立,面向四个专业,主要是邯郸校区的四个专业,也在探索这个问题。第三是教学形式方面,大课跟小班教学之间怎么协调,比如说我的课程都是在复旦大学邯郸校区开,二年级以后学生分到其他三个校区,学生就算想来上课,跑到邯郸校区也会很辛苦。一会儿超星也会谈视频课程,在邯郸校区的课程会视频投影到其他校区,但这个没有讨论效果,这也是面临的最大的困难。

最后做一个简单的总结。第一,对我们有点意义的方面,包括跟中山大学一样,一定是学校成立通识教育委员会,学校层面统筹管理通识教育,下面还有一个通识教育研究中心,因此是统筹管理。第二,它的整合,对我们来说是要整合全校的资源,所有专业学院必须包括进来,提供最好的通识教育核心课程。第三,通识教育不仅仅是经典教育,经典教育面向再大也就是30个人,我们更多的是要营造一个氛围,就是怎么能够把这个氛围调动起来,让学生真正理解通识教育的理念。第四,就是中山大学的模式,第一个要有一定的普及性,全面推广通识教育,同时也要适当注意拔尖人才,不是所有学生都适合读经典,对于哪些学生要进入经典教育里作为拔尖人才培养需要有分别,还要求学生对人类文明有一个理解,培养他的修养,全面推广,要达到这一目的。这是我暂时想到的四点,它的内容非常细致,吴飞老师对哈佛大学这块了解很多,是不是移过来以后变味了,我确实没有时间去实地调查,下面再进一步观察吧。这是我提供的一个报告。

翟志勇:北京航空航天大学知行文科实验班课程体系介绍

高全喜:李昊介绍的复旦学院,是咱们国家改革力度比较大的,搞六个模块,勇气可嘉,效果再探讨。下面请高研院的翟志勇老师来介绍一下文科实验班这两年的探索。

翟志勇:谢谢各位老师。因为各位老师大部分都给我们上过课的,或者是即将给我们上课的老师,对我们整个课程体系有一个初步的了解,但系统的介绍还是有必要的,尤其是需要跟其他学校作一个对比。我先给各位老师解释一下人文与社会科学高等研究院知行文科实验班。我们之前成立了知行文科实验班,本来是由法学院、外语学院和新媒体学院等共建的实验班,因为在管理上协调的问题,后来又成立了高等研究院,现在基本确定就是高等研究院,它是作为一个完全的实体专门来负责文科实验班教学的问题。我们整个机构设置刚刚开始,但课程是先行的,我这个介绍只能涉及课程的问题。

和中山大学、复旦大学不同的是,我们文科实验班的教学,学校给我们要求是精英教育。我们感觉精英教育需要以通识教育作为前提或者基础,而且我们刚刚开始两年,这两年主要关注通识教育的问题,精英教育的问题我们还没有开始关注。基于这样一个考虑,我们文科实验班不仅强调通识教育,而且强调精英教育,这就是专业课的问题。我们主要是以文史哲为起点,培养的不是古典学的人才,而是政经法的人才,这是基本的思路。整个课程体系贯穿着的1+1+1的模式,第一学年是通识教育,第二学年是基础教育,第三、四年是专业教育。

通识教育我们已经有两年的经验,基础教育2011年已经开始,主要是政经法的基础课。三、四年级的专业教育课,因为学生刚刚二年级还没有涉及,但开完这个会以后,我们就会涉及。点线面结合,跟李静老师介绍的中山大学模式有很强的对应性,比如强调对于经典著作的阅读,我们文明史是一条线,把我们所读的经典著作串联起来,政经法的专业课程,使学生的视野不是局限在经典和古代,而是对人类社会有一个全面的认识。

我们颇具特色的就是通识教育、基础教育、专业教育相结合。特色课程就是有一些小班的课,请外边的老师来讲课,时间不能长,一般是两周时间,作为专业课程设置。第一年通识教育,我们开设五门核心课,中国古典研读、西方古典研读一年要上四次;两个文明文化史要上两次,也是一年的时间;艺术史与现代艺术,像李静老师讲的中山大学培养修养的课,原来设置也是两年的课程,但沙河校区硬件还跟不上,所以第一年只能开两次课。我们新媒体配了最好的老师来负责。这是我们的通识教育课,每年相当于是七门核心课,包括艺术史与现代艺术,两门中国古典、两门西方古典,还有中国文明文化史、西方文明文化史。这七门课我们是固定的,每学期会开。除此之外,我们有可能开科学大观、科学史等。

第二年基础课我们是这么考虑的,因为将来学生会分政、经、法三个专业,进入具体专业学习的时候,我们会有一个基础教育,每个学期有六门的基础课。我们之前担心学生是不是会感觉每门课都学一点,会不会不满意,但反应还是非常好的。

学生感觉这个并不是很孤立,他们会感觉二年级课程比一年级收获更大,这是我们四年的基础课。比如政治学类我们开了政治学原理、西方政治制度、古典社会理论、国际政治与国际关系,经济学类是经济学原理、宏观经济学、微观经济学、政治经济学,法学类是法理学、宪法理论、民法总论、刑法总论。

到了第三、四年就是专业教育,这些学生要拿政、经、法本科学位,所以要开满足教育部规定的最低要求的各个专业的课程,三个专业都是55学分的专业课程的学习,课程数在15到17门之间,这是三、四年要开的。因为学生还没有到这个阶段,所以下一阶段再具体讨论。

高全喜:两个古典的课还是再稍微细化介绍一下。

翟志勇:我们古典课程是以阅读古典原著作为核心的教育模式,我再解释一下。中国古典研读我们是以经学为主,开了《礼记》《孟子》《荀子》《诗经》《尚书》是以先秦经学为主,不能保证每个学期开的课是一样的,但基本是在这个范围内,根据我们请的老师来选择。西方古典研读,主要是希腊,像柏拉图、亚里士多德、奥古斯丁,我们也讲西塞罗。我们西方古典涉及希腊的传统,还有中世纪传统,能够接到希伯来的传统,涵盖西方文明三大传统,早期的基本著作都能够有基本的涉猎。

高全喜:我觉得我们北航文科实验班有点类似于中山大学的,我们也是在学习,在学习过程中有两个不同的特点。第一个,我们培养的方向是有明确定位的,就是以通识教育、精英教育、古典教育、经典教育为基础,我们培养的人才是在政经法方向,是经世致用的。北航是理工科见长的大学,培养了很多科学家、工程师,这样一个实验班的探讨,能够培养出社会科学研究的著名学者,甚至不排除经世致用的学者。第二点,从课程设置来说,我想在四年课程中大体上有这样一个逻辑层次，第一年偏重文、史、哲，以中国经学为主，兼修西方经典。第二年开三个方面的原理课，不是按教材讲，而是 15 到 18 世纪时每门学科的创始之作，是真正的原理。

各个学院都有原理课，那原理课就是本本，但我们的不一样，是现代古典，三个原理各指向一本经典著作。

李　静：我补充一点，学生到了三年级开始进行具体的专业学习，比如说他会在政经法里面选一个，但是二年级教育，无论学生将来选哪一个具体的专业，在二年级都需要对政经法最基本的核心的原理和精神有一个通贯的了解，当他真正进入专业学习的时候，他会有一个比较广泛的学术研究的视野和思考，这是我们现在的特点。

翟志勇：刚才李静老师讲，我们学生到三年级开始分专业，一、二年级不分专业，虽然我们开课程会有不同的课程，但是不分专业。有的学生一门心思想学经济学，但上了之后，他发现不适合学经济学，数学始终学不会。更多学生是因为父母希望他学经济学，他上完以后，他的兴趣可能在政治学、法学，所以学生在三年级会有比较理智的选择。还有刚才高老师讲的二年级的基础课，以早期学科分化时候的基本著作为主。如果从时间顺序来理解，比如第一年讲古典，可能讲古典或者中世纪早期，第二年讲中世纪晚期，到第三年讲分化成熟之后的著作，有一个时间顺序。还有一个，比如今年经济学专业本科生第一学年只授一门专业课，法学院学生也是，周一到周五，除了周三下午没课，其他时间课满，但法学院真正的专业课也就是三门，其他的课数学要上六节，还有选修课、大学语文，虽然各个专业的学生从一年级开始学，但一年级很多时间也没有学专业课，而是学其他的课。

李　静：虽然我们现在才实践了两年，但是看出了一点点效果，因为我星期三上课，跟学生中午吃饭聊天。他说他们的师兄、师姐，开始上法学专业课的时候，上课回答问题，我们文科实验班的学生回答完问题,别的学生就不要再说了,到后来老师就规定文科实验班的学生最后发表意见。

第二单元:中国通识教育模式的批判性反思

高全喜:下面进入第二个单元,中国通识教育的批判性反思。这是内部会议,要开诚布公。关于通识教育的执行方案,目前全国有各种探索,都有优点和缺点,大家尖锐一点,进行批判性反思,把问题呈现出来,首先请吴飞教授发言。

吴　飞:因为最开始的时候给我的议程,我记得上面是让我来介绍美国通识教育的情况,我基本上就按照那个主题准备的。其实还是有关系的,我还是按照我准备的来讲,我介绍一下哈佛大学的情况,也基本上是对国内的一种反思。虽然对哈佛大学有一些感情,但认为哈佛大学的通识教育模式并不成功,在美国来说基本是失败的。刚才看到几位老师介绍国内的情况,我看到哈佛大学影响的痕迹很重,特别是刚才李昊老师谈到的复旦大学,基本完全拷贝了哈佛大学的模式。因为在美国的几种通识教育的模式,哈佛大学和芝加哥大学正好形成了比较鲜明的对照,但是现在对国内来说,对芝加哥大学的模式其实了解很少,比较盲目地来拷贝哈佛大学的模式,这里会存在很大的问题。

我做了一个简单的 PPT,这里面的内容大家基本可以找到,关涉今年哈佛大学的核心课程体系,我基本上把它主要的部分拷贝到这里,做一些解释。因为我们谈的是核心课程体系,所以有一些其他的方面没有涉及,比如说很重要的学院制度,我们见到的几所学校这方面比较相似,英美,无论是英国的主要大学里面,还是在美国,但我想这方面做得最成功的其实是耶鲁大学。每一个学院会有自己的文化,几十年,本科生都是按照学院的模式来管理,学院的管理者是研究生。刚才大家在复旦大学那里看到的基本就是这个情况,这个我不多说,这其实也有很多问题,还是主要集中在核心课程这个主题上吧。

因为哈佛模式代表一种影响非常大的模式,国内在理解美国的通识教育或者西方通识教育的时候,很大程度上都是采取了这样一个样本来参照,或者说努力在学习。但是相对而言,我认为在这些年里面其实哈佛模式遇到了非常大的问题,目前看起来效果并不理想。

它的主要特点和问题都是在于哈佛大学的核心课程体系的设计上面,至于学院的模式又是另外的问题,就是书院和学院的管理,我觉得需要另外来讨论,可能跟我们的情况不是那么一样。

我们来看哈佛的七个模块,这和刚才说的复旦大学非常相似,后来加上的是第一个 Foreign Cultures,前面三个是人文方面的,第四个 Moral Reasoning 和 Social Analysis 是社会方面的,其他是数理的模式和自然科学。大家可以看到七个模块的划分,其实最开始的人文是集中在第二和第三个模块,也就是历史和文学艺术。Foreign Cultures 是后来在全球化趋势越来越明显之后加进去的。后面这六个基本是两门人文、两门社会科学和两门理科。

我简要对每一个做一个介绍。Foreign Cultures,这是 2011 年教学大纲上面对这个的规定,大家可以看一下。简单来说,Foreign Cultures 是相对于英语文明而言的,除了美国、英国、加拿大、澳大利亚、新西兰之外的那些文明。本来 Foreign Cultures 应该是集中于我们通常所说的亚非拉文明,欧美都不算,但这些年会把一些欧洲的其他语言的文化也放进来,这是国外文化。

第二个模块,历史研究的基本目的是要发展学生对于历史学的历史方法和历史理论的这样一个理解。在历史类的课程里面,它又分成两部分,第一个是 Historical Study A,帮助学生来理解当代世界中主要问题的背景和发展,它是比较宽泛的历史问题,或者集中于问题的,它主要不是集中于文化或者国别,或者说一些历史理论等,而且它比较偏重于和当前一些问题、现实文化的关联、历史根源等等这方面的课程。Historical Study B 里面是集中于核心的历史事件,或者说在更久远的时代的一些重大的变迁,目的是要形成对于人类世界的复杂性和经济文化、宗教、政治各方面的力量之间的互动等方面的认知。历史研究比较重要的课程、比较有意思的课程是在第二部分,就是 Historical Study B,会有古代文明的一些课程,像希腊、罗马等等,主要集中在这个方面。它也有一些对于一个时期或者对于某一个核心事件(比如对于罗马帝国、文艺复兴)的分析,这是更偏重于历史本身的一些课程,是在 B 里面。

第三部分,就是文学与艺术。这跟历史研究一样,是最重要的部分,文学与艺术应该说在主要的大学核心课程体系里面都应该是最重要的部分,因为它不仅仅是对文学本身的研究或者艺术本身的研究,它有对文学艺术的研究,对于文化的各个方面,会有更加深入的了解。在这里面分成三部分,三类课程。第一类是集中于文本分析,会有关于文学不同的批评方式或者是分析方式,集中的问题是说文学是怎样起作用的,不同的文体和不同的文学传统是怎样形成、怎样转换的,像作者、读者、文本,以及语境之间它的关系是如何形成的,等等。其实这一类不是文本本身,虽然它强调对文本的阅读,但主要是文学理论,和刚才我们说历史的第一类是比较对应的,是比较宽泛的文艺理论这方面的课程。第二类会让学生进入非文本的表达,比如视觉艺术、听觉艺术、音乐、美术,这主要是在 Arts 方面,会有看和听这方面的训练,等等。我们看到这一部分主要是艺术类,或者说前面是文学理论、文艺理论,第二部分主要是艺术类。第三部分是最核心的,是文本阅读,在历史上原创性的文化阶段,这些作品在社会中是怎样发生作用的,会集中于比较重要的时期、风格或者一些文学运动,等等,这个在文学与艺术里面其实是最核心的课程。我们看到在文学艺术里面分成这三部分,第一部分是文艺理论,第二部分是艺术,就是视觉艺术和听觉艺术,第三部分是文学文本和对文学文本的具体分析。这是最重要的两块。

后面就是 Moral Reasoning,在整个核心课程体系里面,我在的时候,人们并不是很重视,在这里面开出来的课程并不是很多,像以前政治哲学的课或者社会理论的课会放在这里,像人类平等与不平等这类课,就是集中于比较重要的现实问题。再比如以前罗尔斯的正义论,有时候也会放在这里面。这些年里面,这一类课程被削减得比较厉害,而且感觉学生对这部分兴趣也并不是很大。

然后是 Quantitative Reasoning,就是定量分析,提到量化的一些思考方式,我觉得这方面就是失败的,很难吸引学生。相对 Science 来说,它和 Quantitative Reasoning 是比较类似的,但是 Science 反而比定量的稍微成功一些,因为它有科学的常识性的课程,学生还是比较重视的。这里分成两类,第一类主要是集中于物理科学或者自然现象,通过定量化的描述和综合分析来进行,主要是科学理论、科学常识等一些课程;第二类就是比较具体的,集中于像生物学、进化论、环境等这些比较具体的问题上面,这是 Science 这部分。

最后一部分主要是社会学的课,关于社会科学的主要概念、主要方法。我曾经参与这里面的一门课,我的导师有一门课是社会苦难,是在这类里面的。Social Analysis 是对于社会现象的分析,社会理论的一些东西会放在里面,主要是集中于美国一些现实问题的研究,会放在这里。

我很简单地把七个模块作了一个介绍。稍微总结一下它的主要特点和问题,分成这七块基本是原则上的要求,但是它会有更加具体的规定,学生在前两年主要修这些课,基本每一个模块都要上若干门课,第三年、第四年进入到专业学习。当然在前面会有一些侧重,比如本来就是文史专业的学生,前面两门就可以少选,会有替代性的课程。另外像大家刚才提到的,比如文学系的一些课跟本科生的专业课有些也会替代。它的主要特点和问题就是模块分得过碎,相当于各个领域的老师都来这里讲一讲,它的理念是强调跨专业的知识培养,强调学生对于每一个领域都要有一定的知识,但是结果是变成对每一个领域都不会很深入。我们说通识教育不是培养通才,不能把它理解成你掌握更多的专业,通识教育就成功了。它的结果,从教师角度来说,教师讲的是自己专业知识的通俗版本,或者说是自己低级的版本,使得各个专业最好的老师不愿意上这个课。我跟我导师做的社会苦难的那门课,本来在人类学系是一门专业的课,也是对本科生的专门课,它把那门变成通识课,就是要降低难度,上得也没有动力。学生的专业知识学得并不是很扎实,只是在各个专业之间都有一些尝试,都会涉猎一些知识,但是每一门都不很专业。无论对教师还是对学生来说,不是很理想。最后我们看到复旦大学的情况,甚至于刚才说中山大学,我觉得它的课程没有我原来想象得好,好像也有往这方面走的倾向,这个我反而觉得是要极力避免的。无论是哪样的一种通识教育的模式,它面临的问题都在于你在现在的市场模式之下,学生有很大的自由度,你很难给他一个强制性的要求,让他读什么书,让他被灌输一种什么样的思维方式。在这样一种情况下,你怎样还能够让他掌握一些对于现代自由民主社会来说非常重要的理念? 在这种市场模式之下,还能否传达一些基本的理念? 我非常同意刚才高老师所说的,并不见得只是培养高等的学者,即使不培养精英的学者、人才,但他也有一些知识是必须要懂得的。这样的模块无法保证最基本的一些书他都读,而是对每一个学科分工有一个了解,对每个学科的内容有一个了

167

解。如果把这种模式引入中国,就是现在正在做的,我觉得是比较成问题的,恐怕会带来相当大的一些问题。我就讲这么多,谢谢大家。

高全喜:我比较赞同吴飞的观点,我们以前在《经济观察报》探讨过有关观点,他谈到通识教育主要是塑造自由人格。教育,特别是在本科阶段,不是市场行为,学生自由选择,而是如何塑造你成为自由人的不自由的教育。在你有能力选择自由教育之前,学校给你指定性的教育,最后使你成为一个自由人格,这是教育的内在逻辑。这个说起来挺绕口,但通识教育有这样一个面向。下面由李猛发言。

李　猛:我接着吴飞老师的讲法补充一下。确实像高老师说的,国内对通识教育越来越重视,但是整个通识教育的讨论,都认为以前管得太死,现在应完全放开,尽可能放开。哈佛大学的主要问题是,它实际上是整体的选修课模式。选修课的整个思路是误导性的理念。刚才吴飞老师谈的情况不改善,这个问题是解决不了的。上北京大学、复旦大学、中山大学、北京航空航天大学这五六个学校的学生都是中国最好的学生。我们要培养他们自主学习的能力,提供基本的训练。尤其在一、二年级的通识教育真正需要解决的不是多么广阔的学习视野,而是基本的学习能力,就是读一本书,你能不能读下来,这是进入各个专业学习最重要的基础。理工科都有这个经验,首先要学数学,不然别的学不了。文科生,最基本的阅读、理解、写作能力。哪怕以后不是做学者,即使在政治、经济和新闻领域,这些基本能力都是最重要的。而基本能力的下降和基本学习训练的下降有关系。

基本能力的培养主要靠阅读文本、写作业,一步步地深化。咱们能在一年级更强调写论文,这就是最基本的训练。通的能力就是说,他具备一个基本的学术训练的能力、文本阅读的能力。你教他《孟子》,就是说《孟子》这本书比其他书更重要吗?不是。你学会读这本书,也可以去读其他的书。另外一点,在初始部分的教育里头,我比较同意高老师说的,不要太早带进 19 世纪之后的专业学科分工,因为文献阅读的坏毛病往往是从这儿来的,每周读十篇、二十篇的文献,他就会像翻报纸一样阅读,很快就学会了这种不良的阅读习惯。

另外,通过上当代专业分工形成之前的经典文本课,不同研究领域的老师可以触及各学科的基本问题。通过这样的课程,让他的注意力回到各社会科学在最初建立的时候面临的问题,有助于学者和学者之间的真正对话。

其实,无论多糟的课程设置,只要老师好,学生就能学到东西。我们一定要适应学校的特点,理念了解得越粗越好。最后提两点。一点是,不能完全抛弃原有体制中的传统。其实各专业的本科训练还是很扎实的,如果把这个全部扔掉,另搞一套,那就是破坏工作。这点恐怕要保守些。第二点,人才很重要,通过上这些课程,通过给他们创造最好的研究和教学条件,培养出大眼光的学者,这些学者就是好老师。他将来哪怕不留在北航,去任何别的学校,也是我们这个学校的贡献。中国最好的学校应该不是搞竞争,而是看谁能够培养最好的老师。

高全喜:我们北航通过两年的探索,我们不像复旦大学那么综合,但我们歪打正着。下面请邱立波发言,他所在的华东师范大学国关学院也在作一番大的探索,力度也很大。

邱立波:我所在的华东师范大学国际关系与地区发展研究院情况有些特殊,这个学院借助与国家开发银行的合作,在原有学院组织架构和学术资源之外,衍生出若干新的增长点,目前正在进行的教学和课程体制改革,只是其中比较突出的方面。特别值得一提的是:代表国家开发银行与原华东师范大学国际关系学院合作的于向东先生,此前虽并无在高校工作的经验,却对现有中国大学体制有敏锐而清晰的直感:眼光清晰,把握问题准确,从而把华东师范大学的国际政治研究推进到一个崭新层面。

华东师范大学国际关系研究的专长原来是苏联东欧研究,近些年则有向其他研究领域的逐步扩展。向东来工作后,除继续原有学科扩展态势外,更全盘结合对现有高校科研—人事体制的诊断,提出一个整体的、全新的关于国际政治学科的设想。我不妨结合诸位讨论的课程体系设置问题,谈谈国关院目前的做法。

这个课程体系,被于向东归纳为"1+3+3"。

"1"指的是借助教育部统一规定的研究生公共政治课,设置马克思原著选读课。应该看到,随着近百年学术和政治实践,马克思主义已相当深刻地嵌入到现代中国的学术体制和思想资源当中,已内在地成为现代中国思想—学术资源的一个组成部分,无法忽视。近代中国人的世界历史观念,相当意义上与中国人对马克思主义的理解有关。因此,抱有人类文明关怀的中国的国际政治研究,应该合理而善意地使用这一资源。比较国内常见的做法,国院关系学院的主要特点是强调原著选读,回归原点,启发学生站在马克思本人的问题意识上阅读马克思本人的著作。另外,这门课的任课教师由学院专业课老师担任,以便做到"有体有用",避免空谈。

第一个"3"指的是学科基础和格局的重整。众所周知,中国国际政治研究长期以来除原有国际共运史研究外,学科积累相对单薄,知识基础也比较薄弱;学生在新鲜刺激的即时政治报道和政治权术分析外,难得形成某种可与其他学科媲美的理论素养和观察角度。针对这个普遍存在的缺陷,我们学科重置的第一方面工作就是加强对西方思想大传统的研究,以此推进不仅对某个国家更是对欧美的文明关怀。讨论过程中我们逐渐意识到:像中国这样必将在世界政治舞台展现其重要影响的政治—文明体,折冲樽俎式的、纵横家式的国际政治研究势必肤浅;而现已成熟的欧美国际政治学科又因其过度成熟的学科品性,实难与当前中国日益紧迫的国际政治研究需求相匹配。让人欣慰的是,这几十年无论中国学界曾经有过何种颠簸,对西方大传统的认识始终是中国学人不绝如缕的学问主线,人才和学术积累极其丰厚。一段时间以来,我们也就此谋划过跟这些学者的合作,从讲课方法到书目选定等,都听取过不少学人的意见。目前形成的格局是几位年轻老师(崇明、周保巍和邱立波)一起上课,以原典串讲为主,要求学生务必熟悉原典。另外为了推进学科知识积累,我们打算做多种书目多种指导思想的轮换尝试。比如今年由我召集几个人上课,书目由我确定,思路也以我为主;明年则由比如李猛确定书目,提出构想。诸如此类。因为在这过程中学生会有更迭,会受我们某段时间知识局限的约束,但就这个学科而言,最要紧的是授课者自己得到锻炼——当然也不是所有书目在每个年份都换,或许给定足够时间,我们几个授课者在书目上思路上便会表现出某种稳定性。我们是否可以大胆设想,由此而形成一个代表性的思想史学派呢?

经过近一个学年的尝试,这门课的优点已初步显现。过去老师们普遍反映,从未仔细念过《利维坦》;以前为发文章看过很多关于《利维坦》或霍布斯的研究,但对《利维坦》本身如何,霍布斯本身如何,却是在授课过程中第一次有了个虽然粗略但却全景式的改观。这种硬功夫是授课者本人欠缺的,看来这种课程安排会加强相关老师的素养。

时间毕竟有限,一个学年的政治哲学名著选读,只能选八到十本著作,难免遗珠之憾,对此老师们会通过各自组织小型读书班邀集有兴趣的同学会读相关著作。

学科重置的第二个科目是世界经济史。这里有国际关系学院现有学科积累的考虑,也是国际政治学科的内在要求使然。现在不少中国传统儒学的研究者总喜欢高高在上地批评学者言利,以为先有君子,后有利益,也喜欢说什么经济学是"经世济民之学"的空话,讳言利益本身。但不少学生学经济学,的确是想得利:对这个想法不能简单违拗,而是要想想能不能顺着利往下讲。一百万元或许是单纯经济问题,一百亿恐怕就是政治问题了吧,"放于利而行",政治自然产生。尤其是,我们得适时地注意到:经济事实在某段时间以后,已成为国际政治研究的基本事实,而中国近三十年来对世界经济格局的改变、在未来相当长时间内对世界经济格局的塑造,本身隐含着极其重大的政治问题,无法回避,必须直面。国际政治研究不照顾这类事实没法想象。

学科重置的第三个考虑是,理论准备和现实作为一定要与某个法学结构作为基盘、结构或结果,所以引入国际法。按照现有人员配置,我们请林国华先生通过格劳修斯《战争法权与和平法权》的讲授引导学生熟悉现代国际法权的一般观念,请李永晶先生通过梳理中国 19 世纪中叶以后与现代国际秩序的相互作用过程,实证地探究中国在现代世界的位置问题。

至于第二个"3",则主要考虑利用国际关系学院现有学科基础,开设"国家发展研究"、"国别研究"和"欧洲研究"等三门专业课,目前尚在探索和筹备之中。

刚刚李猛先生提到课程设置简单,下真工夫读书难。的确如此。任何课程设置,必须落实为踏实稳健的读书功夫和品性涵养。通识教育的内容,必须要某种基本共识;认真读书,涵养德性,在我们看来应该是第一共识。西方高度专业化的知识积累和进步,相当意义是靠良风美俗来支撑的。中国学界恰恰缺少这种醇厚丰满的风俗,最大的表现是:自己不会讲自己的话,不会管理自己,只能被管理被发动。基于这种认识,我们希望通过某些活动或组织形式,探索某种全新的师生关系和同事关系。这就是为什么我们在上西方名著选读等专业课的同时,还是要把比如"四书"等这类文献拿出来念的原因。这些毕竟是离我们最近的传统,时至今日仍活在人们的日常生活和语言当中。有意识地接续这个传统,涵养这种民情,实在是学术自立的根基所在。

这方面的意图我们目前主要通过每周一次的"复性书院"读书班(在"豆瓣读书小组"可以找到)来贯彻。文本目前是"四书",日后当然会有扩展。做法不是老师讲解,而是由参与者各自解读,交流体验;读书班也不列入课程,而是几位老师为主,学术来去自由。最终我们是想形成某种稳固的学术共同体。外在的万事万物可以变化,但这种共同体一旦形成,就可以形成真正属于读书人的不随外界变化而变化的东西。我们想:这样一种生活方式的培育,或许是学界第一要务吧。

高全喜:立波强调的是两点,一点就是他们那边特殊的通识教育核心课程有三块,那是由于一个有钱的主,投了一笔钱,强行改变他们专业制式的构造,强调核心思想性,不光是思想性,还有专业性,这是一块内容。第二块内容更重要,就是因为你的提议,把这个问题放在晚上讨论,因为我们一天的会是精神共同体的塑造,我们的通识教育某种意义来说就是道德、德行问题。通识教育跟修德还是有关的,就是作为人文的基本德。下面请王永涛先生讲,他是超星一个部门的业务经理。

王永涛:我们也在做跟通识教育相关的事情,把我们的一些做法跟大家做个汇报,也希望大家能够给我们做一些指正。我的报告分三个部分,第一个是目前开设通识课的困境。我们也做了很多调研,国内通识课,主要是资源不足,开课数量、质量远远不能满足学生的需要,要不然所有学生都来学了,内容比较杂、结构比较乱,甚至说没有结构,质量非常差。再就是人文、社会科学与自然科学教育严重失衡,无法达到通识教育的需要。第三个是学科机制无法满足学生个性化需求,学生只能凭一面之词来选课,选的可能不是他想上的课。再就是通识课都是采取大班授课,很难进行讨论和个性化辅导,影响教学效果和质量。课程学习受到时间和空间的限制,特别是在专业教育的大背景下,受到大量专业课、实践课,甚至还有实习的挤压,通识课的课时和学分是十分有限的。像复旦有 16 个学分已经是很高的学分了。

总结来说,我们认为高校开展通识教育面临的核心问题主要是优秀教师短缺和优质课程短缺。我们认为采用现代技术手段开设网络通识课是有效的途径。

我介绍一下尔雅网络通识课。开设网络通识课要有优质的教学资源,再有一个自主学习的修学分的平台。优质教学资源包括优质师资、优质教学视频、优质教学资料。我们尔雅网络通识课有名校的名师,都是泰斗级的人物,这些老师讲授的都是研究的精华。尔雅通识课现在有 55 门,这都是国内 30 所知名院校 100 位老师讲授的。包括北京师范大学的"中国文化概论",复旦大学的"明史十讲",还有北京师范大学的"从爱因斯坦到霍金的宇宙"等,这是我们课程其中之一。除了把名师课程拍摄下来,我们还把讲义视频剪接下来,还有相关的课程、相关的讲座。

下面介绍一下自主学习的修学分的平台。这个非常自助、灵活,学生在学习这个课程的时候可以视听,这是不是我喜欢的,我想上的课,想学再上。它不占用你上课的时间,都是在课余时间学习。学生怎么学习呢?通过视频点播听课,在上面可以做作业、考试、阅读相关的资料,也可以与同学进行讨论,有问题可以向老师进行提问,同时对自己的学习进行管理。学生怎么听课呢?学生选完课到这个平台之后,只要输入学号和密码就可以进入,可以看到有多少作业没做、课程有多长时间结业、还有多少考试没考。我们还可以对视频播放进度记忆,防止快进。再一个对视频顺序锁定,防止跳集观看。再就是当前活动窗口探测,防止观看时从事别的事情。我们可以把它装到校园网里看,既可以在校园网看,也可以在校外看,也可以听相关的讲座,可以下载相关的教材书,进行同学讨论、提问,等等。

了解中国自己的文化和历史,然后才能传承和创新,这是我们的核心,所以这个课开得比较多,一期、二期应该有十几门。另外还是要培养学生的科学思维能力和科学思想方法,所以有自然科学的课程。同时学生还得认识社会、了解世界,我们配备了社会文化的课程。再一个是要帮助学生构建美好的人生观、世界观、价值观。作为经济社会,还得培养学生的管理思维,让他掌握经济管理的基本途径和办法。再一个就是艺术很重要,像我们以前的人不知道怎么享受生活,我们需要让学生树立正确的生命观念,我们配备了相关的课程。我们认为通识教育的目标相当大,这不是通过 10 个学分、16 个学分就能做到,需要做拓展的学习,所以我们配备了第二课堂,这是微学分的课堂,我们从三千个讲座中精选出一些讲座,及时更新。

高全喜:总的来说,我们对你们超星还是支持的,因为我觉得中国高等教育是教育部垄断,对通过民间社会的参与共同来打造通识教育,我们还是很支持的。非常感谢。下面我们对今天上午的主题进行讨论,各位有什么看法或者想法可以谈一谈。今天上午的内容很丰富。

姚中秋：今天上午讨论介绍的情况，我听了之后，觉得北航还是做得不错的，高全喜教授独辟蹊径，做了很多尝试。这个尝试尤其对于北航这个学校来说还是比较切合实际的。刚才吴飞先生和李猛先生介绍美国两个学校的情况，那个批评也是非常得当，我们究竟怎样进行通识教育或者通识教育的目的究竟是什么？开设这些课程的大学在社会上受到很多误解，想到这个目标和课程的设计对不上，这是一个问题。我是比较同意他们两个提的看法，通识教育从根本上来说，就是养成君子。在大学最重要的一两年奠定一个人的人格，是这个基础，这个东西最重要。当然也包括读书的方法，读书做人，这两个东西是紧密联系在一起的，你不会读书，就不会做人，这是肯定的。你最后怎么做人，要读圣贤书才知道。北航做得非常好，虽然读书也受到各种各样的课程挤压。其实读书还是非常少的，就像中国文明、西方文明，每学期只能开一门，确实可以想办法。比如我们可以组织学生、老师成立一个社团，在课外能够辅导他们。当然现在还有很重要的问题，他们到三、四年级之后怎么办，这个经典能不能延续下去，怎么延续。包括任锋下午会讲到他有一个四年的设计，这个怎么执行下去。总的来说，通识教育以读经典——古典的经典、现代早期的经典——把这两个东西串起来，这对学生以后做学问、做人都是非常有意义的，我们怎么更好地规划这个时间，让学生真正能够安排出时间来读，可以慢慢讨论。

我觉得学生非常好，我有时候也跟李静老师一块，给他们小班上课，小班大概有一半学生素质非常好，很优秀，理解力，包括阅读能力、完成作业等方面非常优秀。我作为一个老师去教这样的学生也是蛮高兴的，学生课外有一些活动，老师也是愿意去参加的。

谈火生：这跟一开始设计比较好有关系，一开始给他们一个很好的引导。不是像其他学校，搞坏了以后再揪回来，那非常费劲。

我非常同意姚中秋讲的,一开始人格的培养和能力的训练,这两个东西是通识教育两个最核心的目标,一开始路正了,哪怕你后面学其他专业都没有关系。开始的路子没有找正,再纠正是很困难的。

我谈一下我上这学期课的体会,我想到一个很重要的问题,课程设置时候的衔接问题,一、二年级的课程和三、四年级课程衔接的问题。我那天跟任锋聊天讲到这个事,现在在一、二年级,因为可用的课程量是有限的,你要上大量的数学、英语,这些学生都得学,这是教育部规定的,真正拿出来自由支配设计的课程量很有限。这个有限的课程量,怎样把我们认为很重要的内容放进去?在三、四年级专业课的时候,也可以放进经典阅读。如果是这样一个设计,一、二年级应该把重点即所谓经典阅读课程集中在文史方面。假如在三、四年级经典部分仍然放不进去的话,那一、二年级要加专业经典阅读。

而且,在每个学期开课的时候,不同课程之间存在相互衔接的问题。这学期有个学生跟我讲,这个课开得很好。因为有个老师讲宪法学,我讲西方政治制度,这个刚好可以相互启发,那我们课程设置的时候可以利用这个经验,比如在一年级开中国古典经典阅读,还有中国古代文明史可以相互结合。

高全喜:最好能够这样设计,但难点在于可支配的老师太少,人家是业余时间给你讲,好在我们现在有点名额,大家可以推荐,我现在有一定的进人权,学校给我一些指标,可以招聘过来当我的老师。当我的老师初步构建差不多了,有些想法就能够实现,要不然有一定难度。可能我们设计很好,但没有老师来讲。

谈火生:我们想还是要尽量朝比较理想化的方向去想,在实施过程中根据具体情况调整。如果课程有关联的话,可以让学生相互激发,这对学生成长非常有好处。好几个同学在课间跟我聊天,说这学期上课的时候,感觉有点打通了,以前没有这种体会。

康子兴:我感觉现在国内通行的通识教育有两个模式,一个是计划型模式,一个是无计划型模式。计划模式的代表就是复旦,规定了很多条条块块,无计划的代表是北大的元培,它没有说通识教育应该上一些什么课,该怎么办,没有很好的计划,它的理念就是让学生自由选专业,让学生的个性跟专业之间有很好的衔接。另外就是课程的计划和人的计划的问题。过于细致的课程体系计划有一个不好的地方,把以前专业学习打乱了,需要重新设计一个方案;而那种无计划的模式恰恰要站在以前现有资源基础之上,我在报告里说,它做的不是通识教育的工作,是复合型专业人才的培养,它欠缺所谓的通识的计划。这样一个问题,我们如何计划通识这一块,吴飞老师和李猛老师刚才谈了他们的想法,这里面有一个张力,吴飞老师谈的是课程体系的问题,李猛老师强调的是人的能力的问题,吴飞老师在批评哈佛的通识课程体系,李猛老师提倡通识重在学习能力的培养,由此两人走向了一致和融合。通识教育如何计划?我们需要有一个方案,我们需要如何执行?似乎仅仅强调课程体系的计划会出现很大的问题,重点应转向人的计划。邱立波老师也是强调人的教育这一块,通过学习共同体建设,教会学生如何学习,如何阅读经典文本,如何关心重大的问题,我想这恰恰应该是我们去设计通识教育方案的时候需要考虑的。

赵婷婷:我代表个人谈谈看法,不代表教务处。对元培学院我们做过调查,它们一开始做是前两年通识,后两年专业,这种方式被证明是不成功的,因为咱们国家现在是专业教育体制,通识教育的学生过了两年之后很难进入专业教育体系。元培进行了改革,就是重新定专业,对专业的概念有了变化,不像以前规定好,我们现在人财物都是固定在专业上,现在变了,学生根据他的学习进程进行课程自由组合,元培的精神是在这儿,不管做得好与不好,它从通识教育推进了专业教育的改革。

我说一下我对通识教育的理解,国内对通识教育是有误解的,包括通识教育本身它到底是什么? 追根溯源它应该是英国的自由教育,实际是古典教育,就是培养人的理性、绅士,是这个方面。美国根据这个,发展出它的通识教育,是针对现代社会的发展,比如高等教育规模扩大了,很多学生都进到学校来,不再可能维持古典教育的模式,还有一种就是说知识的爆炸,知识呈几何式增长,通识教育就是给学生更多学科的知识,而不是很多老师理解的古典的、养成的教育,它确实是两种不同的理念。

所以在这种情况下,国内做通识教育又一知半解把美国的通识教育拿过来,我们只是看到知识分块的作用,我们还没有关注到美国通识教育中对公民的教育这个层面,我们只是拿它的形式,就是说它分成多少知识模块,我们就是把通识教育发挥到这个层面。还有国内通识教育是怎么来的呢? 是前些年提素质教育,素质教育是专业教育的补充,国内大部分人对通识教育的理解其实还是专业教育的补充。从这种角度讲,我们对通识教育理解是有很多误区的,在这里面,高老师和其他老师都提得非常好,我觉得可以有各种形式的探讨,我们可以做古典教育,可以致力于将学生培养成有扎实功底的研究者或者有健全人格的学生,我们可以探索我们自己的形式,但是培养的目标和方向一定要清楚,这决定了我们通识课程怎么设。

日本就是学美国,两年通识,两年专业,现在证明是失败的。没有老师愿意去上,他跟我们都是一样的,老师都是在固定专业里边,上着上着,专业教师觉得这个根本没有学术性,他不愿意去上。所以他的通识教育也是失败的，即两年通识加两年专业的模式的失败。

李　猛：我谈谈元培的事。元培不是没有自己的课，它还是设了一些课程，但这些课程最初的考虑，像赵老师说的，主要是辅助专业，这是一种类型，比如学术规范这样的课程，这是批判性写作课程的继续。还有一类课程比较有代表性，是政府管理学院、哲学系和经济学院共同设置的政、经、哲的项目。我的理解，这类的项目希望从大专业角度出发，对于某些专业，比如理科将来打算从事生物化学研究的学生来说，他找老师设计成生物、化学的课程架构，其实要比他上单一专业更有帮助。但文科学生的基础课程部分，特别是基本能力的训练和整体问题意识的培养，仍然有改进的空间。

其实不容易做到。我们许多学校在学美国 2＋2 的模式，前两年通识教育，后两年专业教育，好像我们之前没有高等教育。我们现有的体制强调专业教育，在专业教育方面，各个院系其实做了很大努力，希望课程更宽一些。比如中文系会设置一些课程来解决它和其他学科的关系，我觉得我们不能把这些完全推倒。教育改革，不能不顾及现有的制度和传统。培养基本能力的课程在大学的通识教育设置中一定要先于选修课。通过结构性的课程培养学生具有基本的能力，先有自由的能力，然后才能行使自由。如果学生觉得上太容易的课，会觉得不满意、不过瘾，那这个教育就达到目标了。即使在专业训练比较好的院系，在现有的学分要求下，学生多少也会选些容易的课，但是他会自觉自愿地选各个系最优秀的课。刚才火生和姚中秋老师都谈到这个问题，这涉及反过来的问题，北航现在的成功有一点假象，因为这是小班，你前两年完了以后，和三、四年级的专业教育怎么衔接，这个我们可以在下午讨论。比如学生前两年上通识教育，学的是"四书"，我们哲学系的学生学的是中国哲学史,这个怎么衔接? 这是最大的问题。

高全喜:我们北航现有的文科实验班带有点通识教育加精英教育的模式,这是我们的定位,通识教育加上精英教育,30 个人,本硕博连读,用十年把他培养出来。

赵婷婷:你把这些学生撤出去就没有意义了。

高全喜:首先我们北航要把这个搞成持续的,探讨出一套课程体系,这也算北航的一项内容。这是小班,是精英班。第二块内容,我们北航整个文科搞通识教育,或者叫博雅教育,这个有点类似于指导委员会这一类型的,甘阳下面有一个指导委员会,对全校进行指导。我们北航文科人不太多,每届 249 人,文科有不同的专业,这个教育怎么搞。刚才赵老师所说,把小班完全挪过去是不行的,都开成小班,我们也没有那么多资金。第三项,就是整个北航文理科全打通,像复旦大学的通识教育怎么搞,这个不能一锅煮。

姚中秋:一年多少本科生?

李　昊:三千多。

高全喜:这三个是相关联的,某一方面可能有联系,学校要是想一锅炖,采取一种模式,那肯定不行。这个要逐个探讨,每个方式针对的目标是什么,然后达到的预期是什么,我们现有资源是什么。这个小班是当时的目标,这是很清楚的,我们就是文史哲为入口,政经法作为出口,我们有一套完整的六年或者八年的课程设置,也在探讨国际交流,比如互派导师和学生。关于小班的通识教育加精英教学,虽然我们搞了两年,但通过我们研究,有了一套比较成熟的想法。文科这块怎么搞,原来没有任务,现在有了任务。最后如何向全校推广? 这便是更艰难的任务了,所以我觉得在这之前多研究一下国内已有的模式是有益的。像复旦大学、浙江大学,甚至北京大学,我觉得理工科和文科全弄在一起一锅煮,有一定难度。你刚才说从通识教育到专业教育很难实行,这个在理工科确实是这样,高等数学不学就中断了,但在文科不太一样,刚开始通识教育读的经典,到后来学文史哲还接得上。

下午:通识教育核心课程体系比较与设计

高全喜:下午的内容是通识教育核心课程体系,包括两部分,第一部分是中学,第二部分是西学。这两部分的内容,也是我们这一年半以来课程的核心,在座的各位大多都给我们实验班的学生上过课,对此也有切身感受,希望大家能够结合自己的讲课情况和学生的反应,谈一些建设性的意见,以助于我们继续完善课程体系。首先请王焱老师发言。

王　焱:通识教育和古今之变有关系,古代儒家讲的儒家六义,或者罗马人讲的自由七义,以前是没有问题的,现在产生这些问题,一种认为是因为通识教育没有延续,还有一种认为是自然科学、工程技术的影响,局限在特别狭小的专业范围内容易产生成果,等等。有一本小说《象棋大师》,讲一个傻子,某一天看到主人下象棋,忽然心动,开始研究象棋,后来那个人就成了国际象棋大师,因为他生活里就是一个白痴,他就对国际象棋特别感兴趣,人用来局限自己的知识范围越窄你越接近无限。

学术的分科限制和这个故事也有一定的关系,西方很早就把学科专业化,其他方面是白痴,但在某个专业里能够钻很深的洞。这个在社会科学里也有,比如有搞社会学的,你问他是研究什么的,他说他研究深圳打工妹的问题,深圳打工仔他都不研究,只研究打工妹。自然科学或者工程科学中,那些经典范式的科学后面遇到了很多问题,很多科技创新是发生在学科交叉的部位,因此不能把自己局限在特别小的专业领域内。有一本书叫《双螺旋》,得过诺贝尔奖,两个像北漂一样的人,就看科技哪儿能突破就干哪儿,后来觉得双螺旋能够突破,原本一个老太太研究很久,但他们就把这个写成论文发表。科学只承认第一,不承认第二,他们就成功了。人文社会科学恐怕更是那种情况,那些大思想家,他们不是按学科划分的,他们是按问题走向,穿越了好多学科壁垒。

现在我们大学搞通识教育的,有好几个层次,一种像北航这种培养精英的通识教育,还有一般文科生的,还有一般的大学生的,要求是不一样的。很多思想家都说,教育的目的是什么,第一就是传承文化遗产,对三个不同层次的人需求是不一样的。从中国来说,比如五四运动前后,陈焕章讲中国哲学史,包括中国哲学纲要,30 年代出的那个,那个时代北大学这门课的学生和以前不一样,以前不是说你受到你老师的熏陶,有博大的知识胸襟。现在已经进入现代,希望大学四年内容对中国哲学史说出一个头头道道来,他就可以出去讲课,所以那些老师受到欢迎,你把这本书念了,可以出去开课。像陈焕章那样,讲了好几年还没有讲到先秦,那不行。在当下通识教育课程讲中学部分、国学部分,那已经不是清代的时候讲这个东西,你得在知识形态上有一个变化,在传授的方式上要有变化。刘成玉讲晚清的学术教育,分三种人,三种人都写八股,你士大夫的身份是皇家赋予你的,你没科考,就没有这个身份。这三种人一种是学术世家,讲经史百家。还有一种是后来崛起的人士,流行什么就研究什么。还有一种是俗学,你不学这个,只能吃豆腐。

当时有三种不同的教育,现在也一样,通识教育也分好几个层次,普通的文科生、本科大学生,还有文科实验班,享受的都是精英教育。像晚清的那三种教育方式对我们现在还是有一定的借鉴意义,比如说国学要掌握什么呢?几千年中华文明的演变、智慧的结晶,那也是浩如烟海,像汉代一辈子吃一个经、跟一家学说,在现代肯定不行,你不适应现代社会。像李猛说的,不管将来干什么,你要让他掌握自己学习的能力,他听完你这个,他将来大学毕业也好,读博也好,从政、从商、从学,他已经掌握了你的学习能力。教师无非是带领他做一个入门,告诉他这里面有什么东西,路径是什么样的,他如果有兴趣可以自己学习。最基础的还是像刘成玉讲的,文字学是国学入门的基本路径,你从文字学中可以感受到古代的一个词到现代语义是怎样的,它会形成世界观与历史观。再一个包括目录学,研究中学,它的路线图是什么样的,你现在告诉他,你不可能全都讲给他。我看复旦的课程太多了,本科很难掌握。比如读原典,你读几种原典,十三经就是 13 本经书,讲不完。你只能一个是选读,再一个告诉他路径,掌握基本方法,应该有一个入门知识。这个东西作为中学的基础部分,不见得是你将来非要当一个学究才用得上,你当一个作家也一样。比如像中国文学史造诣最高的就是周家兄弟,就是鲁迅和周作人,他们就是在东京跟章太炎学过古文字学,所以造词炼句就非常精确。后来鲁迅不大提,说先生教我的文字学都忘光了,其实大革命对他们没什么影响,文字学是终生受用的。我觉得还是应该增加一些古文字学、古代目录学,不管他从事哪个专业,文学史、哲学史,你都给他指出途径,这样他可以掌握基本的基础和工具。我就说这么多。

高全喜:刚才王焱谈的就文字学,实际就是大学语文、文论,但我们现在开的大学语文太糟糕了。我们曾经和李静老师商量,怎么开一门写作课或者语文课,讨论的就是王焱讲的文字学,但目录学当时没考虑到。

王　焱:西方希腊、罗马就是修辞学。中国从古到今有一个文体学,文体学大于修辞学,那个是很重要的。西方到了一九一几年,才写了一个文体论,到那时候他们文体学才有了。

高全喜:可以考虑带领学生读读《文心雕龙》,只是课时太有限了。下面请姚中秋来讲。

姚中秋:正好你说到这一句话,我们在大学里面开展通识教育,确实面临很大的问题,时间非常有限,专业课压力很大,再加上强制性的公共课,占去很大的比例。所以通识教育课程选择的问题就非常重要,究竟你要让这些孩子通什么识,才能在有限的时间里面能够给它一个最好的效果。我自己这个学期也在北航给学生上一门课——中国文明文化史,也跟着李老师一块,跟小班同学也有一些接触。我自己一个感想,或者说一个想法,就是我们现在做的,以研读经典为中心,展开通识教育,既比较经济,也是比较恰当的介入。我简单就这方面谈谈看法。我完全同意李猛老师的话,我们不是说要把专业教育废弃掉或者怎样,只不过给它提供一个更好的基础而已,因为现代社会出去的孩子,要毕业、要工作,一定要有这些基础,一定要有现代的技能来处理事情。我们只不过在前面打下一个更好的基础,让他们能够更深入把握专业知识,尤其能够训练专业技能的德行,这是通识教育有限的目标。我看现在有的人目标特别宏大,一下子要怎么样,其实有一个有限的目标去做就可以了。

当然,经典教育就是立人,这个方面不讲了。读经典也有一个选择的问题,同样是时间有限,就我自己的立场而言,我是比较倾向于以中学为主，当然这个道理我可以从好几个方面来讲。通识教育，第一个具体而言的目标就是立人、立德，作为一个中国人、作为一个公民的德行。我们阅读儒家的经典，比如阅读论语，直接给孩子这方面的训练，推动思考自己的生命，思考生活。而且对于一个中国的孩子来说，读这样一个经典非常亲切，这是一个理由。还有一个理由，现在专业教育整体而言都是从西式的传统而来的，我们现在要弥补专业知识的一些缺陷，或者说打下一个根基，就应该侧重于一些中学的部分，这是一个理由。我觉得在当下其实强调这一点特别重要。今天是纪念胡适先生诞辰120周年，我们刚才吃饭的时候还讨论过整理国故。这个运动，包括王焱先生也讲经史的转换，对文化、风俗传统是一个颠覆。像整理国故，就是假设这个经已经死了，它已经变成史料，变成历史研究的对象。在当时这么做也许有历史合理性，但我们现在看到的情形是，其实他们想得确实太简单了，事实上大家都看到了经学在复苏，尤其是普通民众对于传统的回归，这个倾向应该是非常明显的。中国文化重新定位自己，或者说中国文化复兴的伟大时刻，我们究竟怎么教育大学生，这也是值得我们去思考的一个问题。我们要通过通识教育树立孩子、青年人中国文化的主体性认识，现在因为处在转折时期，知识分子，从胡适先生下来的传统，对中国文化还是有很负面的看法。我们在微博上看得特别明显，我现在已经被人斥责为一个反动派，一个要做帝王师的人，一个与自由为敌的人。在这个时候通过通识教育来树立青年人对于中国文化，有一个文化的自觉，也是十七届六中全会讲的文化自觉和文化自信。这是非常重要的一个意义，通识教育其实承担着文化的传承。现在不仅是文化传承，而且是文化意识唤醒的问题。

我一点没有说排斥西学什么的，我这样讲是对准备开这个课程的老师，有一个期望，他自己首先掌握了西学的知识，他能够以中化西,把中西汇通,最后还是回到中体西用。老师自己能够通过现代的视角来理解中国的经典,比如说《论语》,比如我们读《尚书》,我们也一直在读《尚书》,我们掌握了西方古典、西方早期的哲学、伦理学,我们回过头去看《尚书》,可以解释出以前的经学家们模模糊糊认识到了的东西,我们可以用语言表达出来。我们处在现在这个阶段需要对十三经等重要的经书做一个重新的阐释,这是新经学的问题。老师首先自己有这么一些知识的储备,其实也用这个东西来启发孩子。

我们跟几个博士一起读《尚书》,你有这么一个视野,他其实对经典非常感兴趣,你从这里可以发现古老的,又能解决当代中国一些问题的方案,这个对老师来说是一个很高的要求,如果按照这么一个标准,能开通识课的老师应该是最好的老师,首先要立德,这个老师自身的德行要能够让学生接受,包括立学。当然这个涉及一些机制,如何让最优秀的老师,能够让汇通中西的老师开通识课。我的基本看法就是以中学为主,但是汇通中西,把这个作为通识课的基本课程设计的标准。任锋后面会讲到具体课程的设计,我们列了那么多经,很重要的想法就是说要把汉学、宋学的传统同时兼顾到,想用四年时间把主要的经书读一遍。这里同时涉及一些问题,比如像史、集究竟怎么安排,因为这个东西比较多,大家回头再来讨论。我就讲这么多。

高全喜:姚中秋教授讲的,我还是支持的,他讲到中西汇通,通识教育作为基本原则,这是没有问题的。但是对待自由,建立自由人格这一块,这是西学给我们更大的影响。过犹不及,要把握中庸之道。

姚中秋:我补充一点,你上午讲的我表示同意,我再重申一遍。通识教育它的目的是养成君子,不是培养学者。一个班 30 个孩子,也许有两三个孩子以后做学问，大部分孩子都是要进入社会做各种各样的实际性的工作。我同意高全喜的看法，通识教育主要目标是经世致用。我所谓的君子是要有知识、有德行，尤其具有实践能力。

高全喜：下面请任锋发言。

任　锋：我今天讲的这部分其实是奉高院长之钧旨，在和梁涛、陈璧生、姚中秋诸位先生磋商的基础上，由我代拟的关于课程体系的规划，不完全是我个人意见。

我跟我班上的学生讲，我说你们班的学生不要过于发愁以后的职业生计。你们是最好的学生。你们现在需要干什么呢？不是说要赶紧找到一个专业，赚钱多的行业，而是要立志。你们立什么志呢？你们这批人今后无论从事哪个行业，经济、学术、政治，还是法学，你们应该是往中流砥柱的方向上来要求自己，要立一个志，你有没有这个志向？

而这个志向的问题就关系到我们现在讲的通识教育，在中国当下讲通识教育，西方绝对不可能提供一套既有的现成模式给你，所以说我们一定是在一个创新的当口，一定是在摸索的当口。北航高研院就在做这样的事情，五年、十年、二十年以后你培养出来的一些人，未来在中国各行各业能够发挥什么样的作用，就在于你现在创立了一套什么模式，而这套模式应该对时代使命有充分自觉。像上午吴飞先生讲的哈佛模式，那六类课程里面都有一个国家主体的精神的东西，六个里面都有体现，都是作为根本已经确立了的。但我们引过来那套模式，我们只是把那六套知识模式引过来，背后的主体意识你没有充分觉察。到了中国当前的语境中，一定要培养参与到中国现代转型中的、具有现代中国文化和政治主体意识的人，希望就在这帮孩子身上。我们希望以后在各领域当中，把主体意识与他们的各个专业实践结合起来。所以我觉得这是我们首先应该确立的。中国的核心问题、这片土地的文明转型问题，是通识教育和专业教育结合起来应当念兹在兹的使命。不是培养了半天，都跑到国外移民去了，大陆这倒霉摊子我不掺和，不是要培养这样的人。我们要培养热爱这片土地、为这片土地奋斗和奉献的人。那么对这片土地的传统和现状的了解，你对它的知识，特别是对其文明有没有信念，有没有价值的担当，有没有使命的担当，这是最根本的东西。而这个东西靠西学是不可能完全建立起来的。因为我们的语言、我们的思维、我们文化的同一性，本身已经浸润到我们的身体和我们整个的生存中了。所以一定要确立以中学为本的规模。这套模式要胜出，想要比博雅学院胜出的特长和优势就在这里。同时来融汇中西，就是以中学为主，然后融汇中西，这点是没有问题的。

我希望我们在这方面逐渐扭转这一百多年来积极吸取西学智慧、但忽视自家宝藏的流行做法，要充分激活中学内部的信念、智慧和德行技艺，使它们成为学生的立身和立学根本，这是中国现在文明复兴的大势所趋，我们应该顺势形成自己的品牌特征和优势。

第二点，中学的部分，包括传统模式和现代学术这两大面，现代学术部分在学生的专业学习中会有充分了解，所以通识教育的核心肯定是要以传统国学为主干。而传统国学当中，既然我们的目标是经世致用的精英人才培养，所以一定是要充分吸取儒学资源，因为儒学对于中国政治和文化传统来说是骨干，这是毫无疑问的。具体地，应当以经学为主，同时贯彻以经兼史、经史合一、以经摄子这样一个学术理念。当然需要说明，对于经史传统的教育，不可能像王焱老师说的八股文这套，固步自封，一定是浸润了现代文明精神，特别是现代人文社科理念的新经学和新史学，使学生在古今通识教育中树立自家根基，同时融合中西智慧。

最后讲核心课程，经过我们讨论，大概形成目前八门课程的体系构想。八门课程,分配到四学年,那就是一学期一门。现在只是第一年读了一部分的中国经典,比如大一第一学期读了《论语》,第二学期读了《尚书》。但你想,对于中学经典的研习来说,这个就够了吗?他读了一年这个东西,他就能在中国传统那块确立了根基,有比较充分的把握?不可能的。所以一定要四年。我刚才看了一下志勇讲的学年计划,到大三、大四,一学年是 18 个左右的学分,一学期大概就是四五门课,如果再加一门,围绕儒家经典为主,负担也并不重。我的意思是中学经典教育在四年间都延续下来,中学经典一定是经过四年的充分学习才能够达成效果的。大学 20 岁左右,这四年非常重要。其实我们这代人,到今天为止,在这方面误了很大一块。到了 30 多岁,我们这方面大都很懵懂。如果在 20 多岁就开始学习,那未来发展不可限量。

八门课程是这样的。第一是《论语》,因为《论语》是儒家创始人孔子和弟子们思想、言行事迹的汇纂,与日用常行比较贴合,相较五经比较容易进入。同时它又全面包含了儒家关于政治和文化的大纲大本的观念。而历代注疏又无疑是对儒家思想发展史的一个展示。所以在一入门的时候读《论语》,可以为他们的中学部分树立全面稳固的基础。因为它是入门阶段,从高中刚进来,用一年两门课程的学时来完成,这点是陈壁生先生强调的,我们十分赞同。现在我教了一学期,其实不到一学期,我从 10 月中旬开始教,到现在也就两个月稍多点,我的方法就是逐字逐句,刚开始两个小时只讲两句话。我到现在为止,刚开始讲第二篇"为政"。我讲逐字逐句,但教学思维还是比较发散,汉宋明清,全部贯穿其中,同时西学的好多东西也结合了进来。十堂课的有限时间不可能把《论语》二十篇都讲完,我重点在于前几篇,前四篇或者就是前两篇,把后面篇的相关章句也糅合进去讲。主要目标一方面是了解儒家创始期的基本思想,一方面是掌握阅读经典的基本方法,培养起进入经典的恰当思维方式。让学生做了四次作业,每次我都给他们评语,努力贯彻因材施教的理念。另外跟学生会谈,本来想单独会谈,但时间有限,就每次两三个人。现在效果感觉出来了,因为《论语》跟中国人的生活方式是紧密联系在一起的,学生课上学了,回去以后马上就能用,"贤贤易色"、"事父母色难",马上就能用,原来觉得挺高深,但跟自己的立身立德之本都能挂上钩。这是生活方式的基本改变,所以入门是《论语》。

第二讲《孟子》,因为孟子是孔子之后最为重要的儒者,而且对宋明儒学影响很深厚,其道德政治思想也是儒学的主流,建议用一门课的学时。

在教《论语》和《孟子》的时候,可以兼摄《大学》《中庸》《孝经》。因为《大学》《中庸》属于四书的体系,篇幅都比较短,可以融入论语、孟子的系统。另外孝经也比较短,对于十三经系统和四书系统都是核心,值得作为基础学习内容。

第四个部分就是《尚书》,因为《尚书》是了解尧舜禹三代政治最为直接和深刻的正典记述,对于学生把握古代政治治理模式和思想义理的起源和精神非常重要,可以选读,建议用一门课程。另外在这个基础上,你还可以汇通《史记》中的相关内容。

第五个课程就是把《诗经》《礼记》合起来,诗经不是简单的文学、文献的经典,而是陶冶学者性情、理解古典语言精神,以及了解政治礼法的经典。《礼记》在三礼系统当中,理论性较强,易于增进学生对儒家礼学、礼治的理性认知。两个经典一门课肯定要选读,建议一门课程。

第六个是《春秋》,建议选择《春秋左传》《春秋繁露》,《左传》通过历史传述的体裁,寓史于经,寓义理于行事,相对容易把握。同时是非常好的修辞学的训练。《春秋繁露》是董仲舒的代表性著作,对了解汉代儒家思维有典型作用。

第七门课程就是《易》，因为它是最为深邃、宏阔的，对了解政治原理、实践智慧也是十分重要，可以选用《程氏易传》，同时对理学思维能有一个把握。

最后一门课，在了解儒家经典之上，对道家、法家进行了解，建议选用《道德经》《商君书》。《道德经》也不是很长。另外就是《商君书》，这是法家的政治哲学。结合中国政治传统当中儒法周秦的两条线索进行比较剖析。这样，八门核心课程，每个学期能够有一门，总体由易入难，融会贯通。儒家的义理、经济、训诂、辞章之学，或许可以有较为全面而重点突出的传习。当然，我一再强调，这种传习，一定是充分融会现代学术理念的过程，而非墨守成规。

另外在教学当中，一旦涉及儒家的教学，绝对不是知识性的传授。所以我觉得在教学方式上应该力求创新，或者说透过对传统的回归实现更新。不仅仅停留于学术性、知识性的扩充，应该结合他们的身心成长，实际生活，使这些东西深入性情、心智和精神当中，真正培养起现代君子的理想人格。在这个模式上可以发展，比如本科导师制，一个老师带几个学生，不仅在课堂上，而且在课堂下不断体会实践，建立比较密切的师生联系。另外就是自主的读书会、各类社团活动，如剧团组织着力于学生的德艺素养，还有社会实践的项目，到更为广大丰富的社会实践中去。关于君子方面，我们的君子理想不仅仅有治理的能力、德行的要求，同样可以和现在的自由文明相结合。如果一上来就放羊，让他自由选择，你给他所谓的自由，但他根本不知道什么是自由，其实是放纵荒芜了。儒家的万物得其所、人尽其性、立人达人，那是种积极自由，经过艰苦磨炼才能获得。怎样让他获得呢？一定是通过良好的指导，经过对历代经验的沉潜琢磨，你才知道什么是自由，实践才能避免绕弯路。这是我们关于中学部分课程体系的说明，我作为代表来谈一谈。不周之处，还望赐教。

高全喜：我很赞同，但我们要有选择地实施，如果全部搞，我们时间是有限的，关键是这个精神，再看看选哪些课。通识教育，西方没有问题，中学确实有问题，特别是儒家这一块，立德、立人、立本，确实有非常大的关系。下面进行讨论。请刘北成老师先谈谈。

刘北成：刚才听姚中秋和任锋讲，我觉得老高确实有号召力，你能请到这些学者来授课，他们对学术和道德怀有如此的敬意，这是很难得的。我很欣赏。不过，刚才听任锋讲课程设计，有点疑惑，不知道你们要办什么班？

高全喜：我们要中西汇通，理想是中西汇通。既然学校给我们这一块实验地，由我来做，理想追求就是中西汇通。但怎么中西汇通？在目前的很多约束条件下怎么达到？这里有很多重要内容，任锋刚才的课程设计，如果要完全实施，那就变成国学院了，但里面有需要认真对待的东西。

刘北成：即便是办国学院也是可以的，但有一个对所谓国学、对中国文化的界定，或者说对中国传统文化的界定问题。中国的传统文化就是儒家、再加上道家吗？那不就把穆斯林扔了，西藏扔了，新疆扔了，不把他们当成中国的一部分？现在人大的国学院请了沈卫荣老师，清华大学国学院请了姚大力、刘迎胜。为什么呢？就是因为有一个大中国文化的概念，要讲中国西部文化。因此，在现在这个时代，如果讲中国传统文化，如果你开八门课，应该最少有一门讲西域学的，或者讲西藏学的。开四门课，有一门应该讲西边的，让东部的学生，特别是首都的学生，有一个完整的中国文化的概念。

谈到儒家文化在今天的效应，我们需要作具体分析。现在大部分是独生子女，独生子女对家庭的依赖度远远高于我们这一代。所以刚才讲学以致用的效果,就需要分析。许多独生子女都理解到父母在教育上的投入,感情的投入。知道这个投入的巨大和父母的艰辛。因此,他们对父母产生很深的情感依赖,很多人希望自己能够在经济上给予回报。所谓的亲亲孝悌,只不过是给了他们一个表达的方式。问题是,如果对这个依赖度做一个调查,大概会高于许多发达国家的水平。个体的独立程度会受到影响,创新能力、冒险能力也会逐步丧失,这是我们不能不正视的问题。

其实我们每一代都在解释文化。我们原来碰到的问题,是曾经有一个中断,好像需要弥补很多的东西。文化的全面整理对于学者是必要的工作,但面对学生,就要考虑现代的需求。特别是谈到培养健全人格的问题,健全人格需要有一个现代的或者说当代的定义。在通识教育里,中学肯定是一大块,但是比重到底是多少,用什么态度来传授这个东西,还是很值得研究。

关于中国文化,除了中国传统文化应该包括西部外,文化不能是僵化不变的概念。我们没法捍卫一个不变的中国文化。至于讲中国文化的主体性,那么首先得考虑,当代的中国文化已经远远不是原来五四运动以前的那套东西了。讲中国文化主体性不能只是翻译传播中国传统经典。在某种意义上,我们不是建立中国文化的主体性,而是建立中国人的主体性,只要是中国人,吃西餐也可以,吃炸酱面也行,但你是中国人。这个国家可以变得很西化,很多东西都可以很西化,但不管西化也好,中化也好,只要中国人、中国的公民具有主体意识,我们拥有的和创造的文化都是中国文化。对于学生出国留学,无可厚非。如果精英班的毕业生每年有一半出国留学,应该看成成功,不应该看成失败。

邱立波:好好念外语,也可以弘扬华夏文明。不少学人有一种所谓的"天下事可运于掌"的乐观主义,以为单纯的中国文本本身足够让中国学人安身立命。其实未见得。今天的世界有新知识,新境遇,华夏文明自然也会有新生面,新路向。即便以传统标准来讲,也不能说美国华侨、东南亚华侨不像中国人吧？固定地理解自己和西方,可能会遇到很大问题。

高全喜:下面再讨论就变成中西文化之争了。我们在课程问题上,这点共识是能够达到的,中国传统的经典著作是要讲的,要找好老师讲,而且要以文本为主,在讲的过程中,除了讲知识,还要讲德行,这点对于搞西学的人也是能够接受的。

李　猛:我认为出国留学,有一半学生出去,这确实不是失败,是成功。但我们不能有预科的心态。另外,现在中学部分的课程设置完全是经学的架构,我觉得应该增加史部的教学分量。上午谈到经典阅读课和两个文明史的课程配合,这对学生比较有吸引力,而且对将来学政治、经济、法律比较有帮助,能不能开一门中国历史典籍的阅读。历史课程是不是能够多加一点。我刚才说按照现在的中学部分课程设计来讲的话,课程讲完了,秦代还没有成立呢,是不是要均衡一点。尤其对于我们的学生,是不是应该有讲中国现代思想的课程？从几位老师个人的研究经历看,基本都是从现代思想逐渐转向古代传统的,而且这个课程也会比较配合西学方面的课程。

刘北成:北京电影学院的导演谢飞回忆他的父亲谢觉哉。谢担任高法院长,工作繁忙,晚上回到家里写日记,常常写些古典诗词。中国传统文化有美学的教育。这方面可以在课程设计时考虑适当加强。

邱立波:这点不必强求,中国人用中国语言讲西方的东西,也是以中国文化为主,甚至会讲出西方人没有讲出或已经遗忘的东西。研究西学的中国人仍然是君子,甚至是更好的中国人,更能确立华夏文明的主体地位。只要让学术自主发展,讲西学越多,主体性的确立也越牢固。

吴　飞:我非常同意从经典的角度出发,而且研究是很重要的,现在有一个兴盛的趋势。接着刚才李猛所说的,您那个课程体系的设计,当然它是复兴的东西,在我们这个地方来做实验的话,是以这种思路,还是以本来的国学研究,已经有的现代国学研究里面比较成熟的成果到这儿来,那是不同的思路。经学很重要,但是我们如何看待经学研究,这是很不同的。其实中国史学比较发达,在这里,史学和文学,中学课程这边恰恰是相对比较缺少的。也接着姚中秋老师说的君子养成,这非常重要,君子养成是不是很多工作应该是小学和中学来做,大一当然也有可塑性,但大一的时候,好人、坏人基本是定型了。从我们整个课程体系设计来说,这四年的课主要目的不是在这个方面,虽然不是培养专家,但后来听任锋所讲,我觉得这个体系不大像培养君子,更像是培养经师的,是经学院的思路。

高全喜:确实是这样一个问题,我国史学和诗学这一块还是比较发达的,但我们课程中这部分内容比较欠缺。

姚中秋:我跟任锋有不少讨论,这个体系我知道有点惊世骇俗,大家现在谈国学,包括边疆史,包括戏曲这些东西,而且这好像是重点,中国人民大学国学院就是说,你看人家都是搞什么的,《水浒传》研究,这都是国学。我们跟一般人对国学的理解有些不同,其实经史是根本,比如《礼记》里面你只能讲几篇,什么"乐记""王制",就差不多了,没有时间了。其实当时还有一个意图,因为高全喜反复强调经世致用,我们完全同意这一点,有助于了解政治、经济、法学,史学当然是非常重要的,其实五经都在讨论这个,其实五经讨论的都是礼法的问题。我刚才说《尚书》那几篇,不要说中国,对于了解人类的政治架构、人间秩序的架构,它是非常经典的核心的文本。我想理解了这个东西,它其实是对未来的专业课,包括基础课,其实是非常重要的根基。我们自己都不是经师,怎么可能培养出经师。

刘北成:我赞成每一门课都按照专业的要求,而不是普及的要求来讲授,因为这是精英班的学生,他们接受能力应该是有的。

高全喜:我当时委托他们来设计这个课程,一个是对他们个人的学识和学养很认同。另外我们知道他们俩都是西学很深厚的,然后我让他们提供中学的,我不太相信西学很差的人,现在捣鼓中国中学就很高明,目前几乎没有。王焱说的传统家教都已经没了,你说能提供中学的经典,这几乎不可能。下面给学生点发言时间。

余朋翰:今天上午老师通知我们要讲一下自己的感受,让我们自由地讲。如果真是自由的讲也不知道讲什么。今天完全是怀着一种惶恐又崇敬的心态来到这个会上。进这个班一学期了,我们是249个文科生一块招进来,最后选30个人,我们的认同感和归属感都比较强。我们学了一学期,读了这些书以后,印象最深的、最强烈的感受是,接触到了完全不同于一般大学生的生活,比如我们读这些经典,我们生活比较紧张、压力比较大,但我们自己是乐在其中的。我们感受到外界的人很不理解我们,比如北航这个学校理工科气息很重,他们会觉得这就是一个北航的中文系,我们总是对这种观点,表示比较遗憾。跟我一块来北京的,有北大的,有人大的,有其他学校的,他们也不太理解,就是现在普遍的专业教育,有学新闻的,有学经济的,他们很不理解。像我们每周都有论文,他说你们的论文怎么这样呢?他们觉得我们开的课程就是公共选修课,然后普遍到整个学期的生活里面来。虽然他们不理解,但是我们自身感受到的首先就是很强的认同感,我们学的东西很喜欢,而且我们接受这种生活,老师们带着我们读这些经典,我们觉得很幸福,能有机会来学这些东西,感受到这些经典里面散发出一种温情,当你认识到你自己是多么无知,只有认识到自己是多么无知的人才能感受到这种温馨,认识不到的人感受不到这种温馨。

高全喜:这是你个人的看法吗?

余朋翰:这是我们几个男生私下交流的看法。我们文科男生住一块,包括学法学、学经济、学经管的,我们都住在一起,我们互相之间有比较,其他几个专业的学生也有很辛苦的,他们每周课很多,但他们没有我们的幸福感。相比较之下,比如说我们大二的学长,文科实验班的学长是跟大一法学院的学生一块学民法总论,今天上午也提到这个了,接受过通识教育的学生,在民法总论的课堂上,不管是发言或者写一些论文,或者阅读一些材料,理解和表述都比没有接受这种训练的人能力要强很多,这就是我们见到的情况。

齐　鲁:我是想补充一下任锋老师讲的关于君子的那个东西,这次李静老师给我们讲的是汉代循吏,我们这个班将来无论从事什么职业,现在有很多专业性的东西,但我们需要"一"的东西。就好像汉代的循吏,我们可以看出其他人对他的一种认同、认可度,不是说我们要去干什么,而是我们能做什么。如果说大一点,可以说是使命感的东西。谢谢。

高全喜：这两位学生我不太熟悉，讲出这样的话我还是很欣慰的，这才是一学期，还是有收获的。下面我们进入西学这一块，虽然刚才谈了中学和传统，实际这个课程的主要内容，还是西学占主要的，他们有这种义愤、激愤是有必要的，实际中国大学教学里头，哪怕是通识教育里头还是西方的东西占主要，这个矫枉过正或者有激烈言辞是可以理解的。但确实西学的东西还是占整个高等教育的主体，这是实实在在的，所以学中学的人肚子里有点这个想法是完全可以的。刘老师给我们讲西方文明文化史的课，同学们反映说刘老师讲的课感觉非常好。

我们有一个定位，我的定位是文史哲为起点，政经法为出路，培养精英人才。

刘北成：我简单介绍清华的一点经验，清华人文班办了将近十年。现在一些老师认为，最成功的是最初的两届，叫中西文化什么班。这个班学生也认为他们很成功。一些老师认为，其中一个重要因素是，强化外语，强化英语。当时要求这个班的学生在毕业时达到英语八级，同时开设其他各种课程。后来这种班停办了，为什么？因为教育部规定，非英语专业不许考英语八级。后来的人文班只要参加清华自己的英语水平考试。英语的要求降低了。学生的紧张度也降低了。我们都知道，除了外语课是一个硬性的死的要求之外，其他课的要求都是弹性的。清华的学生，进了学校之后，比较放松。因为毕业的出路没什么太大问题。学生在本科期间社会活动特别多，学生也特别热衷社会活动，当然他们也需要积累工作经验。这就提出一个问题，就是在大学本科的时候，什么样的硬性要求能把学生的学习潜力充分调动起来。

高全喜：这个我同意，我们一开始就有这方面的要求，我们要求他们必须写读书报告,课后还要做作业。

刘北成:光有读书笔记不够,学生怎么写,现在已经成了问题。现在学生每个学期要提交的读书报告太多,迫使他们应付。我们需要考虑,如何保证质量。

还有一个问题,刚才李猛和吴飞都讲到了,就是史学的训练问题。中学的历史教育,在全世界都是公民教育,作为公民教育,就是宜粗不宜细,有一个宏大叙事,就是那个国家的宏大叙事。上了大学之后,都有问题。在中国也会有问题。我们中国大学有一个革命史,倒是跟中学衔接了,可是和史学界的研究现状不衔接。所以,通识教育可以考虑上两门历史课,分别讲中外历史。由专业的老师来讲。不见得一定从古到今,不见得要讲通史、或中国文化史、世界文化史这样的介绍性课程,哪怕就讲中古一段,或者讲先秦。教师从专业的角度使用许多基本概念,或者梳理一些基本概念的学术史,例如"封建"的概念。如果学生依然沿用中学的基本概念,恐怕也不能更好地理解那些古典作品。

高全喜:你说这个历史课,现在比较强调,大家都叫文明史。

刘北成:同意秋风刚才说的,不要把这些课变成概论课,要让这些课接近专业课。让学生接触学术的思维,不追求体系的完整性。

李　猛:芝加哥大学的西方文明史,我觉得国内弄不得,这个和中国国情不太一样,你搞通识课,首先第一步一定要避免政治课或者选修课,越靠拢原来专业课个性的教育方式越好。我自己的本科学生,我推荐他们直接去历史系上课,他上一学期,就会想上另外的部分,他是真学了这个手艺。你学完以后,你能够知道中国历史问题是什么。你上历史课,从猴到人,讲到现在,每个朝代也就是讲一两次课,它其实也是用另一种形态代替历史的宏大叙事,将来对他再研究是有帮助的,我就说这个历史课的目的,1+1里面第一个1,前两年开是要让自己有历史的眼光。现在这个每次都上下五千年,这是成问题的。

刘北成:现在给人文班设计一些基础课,很容易想到比较传统的课程。但是面对现代的年轻人,要考虑学生的新的需求,培养学生新的能力。有些学校为文科学生开设了物理学、生物学等等理科的概论。这些课程的内容有许多是可以自己通过书本或网上资料学到的。文科的学生学要一些动手的能力,学一点手艺。比如,结合北航的条件,是否可以开设一门动漫制作课。这样的课程在技术上和观念上都能与当代生活接轨。

翟志勇:我们新媒体艺术与设计学院,他们都学动漫,学计算机设计的一些东西,他们院长非常支持我们实验班的教学,给我们设计了两年的艺术史与现代艺术课,而且配备他们学院最好的老师,第一年是美术、摄影欣赏等内容,第二年是动手的,比如绘画、陶艺,但我们沙河校区的画室和陶艺馆还没有建起来,所以第二年的课没有开上。

吴增定:很遗憾,上午最精彩的部分没有听到。我结合自己在北大和北航上课的经历,谈一点自己的体会。

首先从大的方面来讲,为什么学生要读西学呢?我在感情上比较赞成任锋老师、姚中秋老师、王焱老师的一些努力。但是,我还是有一个考虑。我们今天置身在一个现代世界。如果我们要理解自己,我们就被迫要首先理解西方。没有办法,我们对生活世界的理解,实际上已经深深地打上了西方的烙印。举个最简单的例子,比如杜甫的诗,对于中国传统的中国读书人来讲是最浅显的、最好理解的,但对我们来讲很难理解。什么叫"国破山河在"？这到底什么意思？杜甫一生为什么那么牵挂长安,为什么安史之乱对他意味着那么大的悲痛？这些生活经验并不太好理解,因为我们跟它隔得非常远。我们对中国现实和历史的理解已经打上了西方思想和观念的烙印,打上了西方的"先入之见"。我们只有首先进入到西学内部,理解它的基本精神和历史脉络,才能把西方和西学的有色眼镜摘掉,才能以一种朴素和真实的方式理解中国的传统和现实。

回到课程和教学上来,我倒是觉得对西学、中学不要强行区分。我同意邱立波老师的讲法,如果中国人能够理解西学,那么西学在某种程度上就已经变成中国思想的一部分了。你用中文写柏拉图,你用中文写康德,那肯定是中国思想,或者说是经过中国人诠释过的西方思想。

还有一点是我上"西学经典"这门课的考虑。我跟任锋老师这学期都是给实验班上经典阅读课。不过,我们的做法可能刚好相反。我这门课是讲解柏拉图的《理想国》,总共 11 周。我的想法是在一学期的时间把它全部讲完。因为我对人性看得比较低。我认为,学生如果上课不读完这本书,那么他们在上完课之后更不会读它的。所以,我就索性通过上课的方式强行让他们读完。另外,我这门课的作业量非常重,比我在北大上课时的作业重多了。《理想国》总共有十卷。我每讲完一卷,就让学生写一篇作业,让他们总结一下每一卷都讲什么内容,有哪几个要点。我还特别加了一条,就是力求客观地总结柏拉图的思想,不允许学生主观发挥。因为我想知道你如何理解柏拉图的思想,我不想了解你的思想。你有什么哲学、你有什么思想,我完全不感兴趣,因为我认为你现在没有思想。你读柏拉图的《理想国》和其他经典,最终目的就是要学会如何思想。这就是我的总体考虑。

当然,我在北大和北航采取同样的讲课方式。理解和讲解经典一个很大的困难是,它们离我们的当下生活似乎比较远。我上课就必须考虑,如何把比较古老的哲学或者政治哲学主题激活。我讲《理想国》时,重点突出两个核心主题,一个是正义(justice),一个是好(good)。我们每个人都想过好日子,都想过幸福的日子。那么什么是"好"?什么是正义呢?这两者之间是什么关系?我在讲每一卷的时候,都会联系历史和现实去引导学生去思考这些问题:什么是正义?正义是不是真的比不正义好?正义的人是否能够得到幸福?这样一来,《理想国》中的哲学问题就变成了当下生活中活生生的问题,也就是说,被我们激活了。

其实,无论是讲西学,还是讲中学,我们老师在课堂上总有一种冲动,想直接给学生一个确定的答案,一个绝对的真理,比如柏拉图的真理。但是,我总是提醒自己,要克制自己的这种倾向。现在这个时代,答案太多了,谁都想给答案。问题反倒没有了,大家都不会思考了。所以,我在给学生讲课的时候一再强调,你们到了大学一定要适应一个多元的世界。我讲的东西、我的观点可能与别的老师完全相反,不可能所有老师的观念都是一样的。你要适应这一点。最后的答案要你自己来判断。虽然我感情上比较偏重中学,但我觉得西学是绝对不应该偏废的,不应该过于强调是应该多学中学,还是多学西学。这些其实都是我们自己思想的一部分。

西学本身的问题是怎么消化。这么多年来,西学的引进和介绍也积累了不少,问题是怎么把它变成我们自己思想的一部分。我讲授西学的目的是希望学生获得知性的开放,也就是他们思考能力的提高。思考能力的提高比立场和答案的选择更艰难。没有思考能力,我们只会流于简单的立场选择和情绪发泄。比如说,今天的中国社会有这么多的乱相。我们应该如何思考?无论如何,我们要避免把自己降低到出租车司机的水平。出租车司机也能发牢骚,说社会多么不公正,政府多么不好,或者美帝国主义欺负我们太厉害。但你至少应该超越他们的水平。因为你受过教育,你要学会理性的思考和表达。我希望将学生思考能力的培养当做这门课的首要任务。至于他们将来做什么,只要他们有了独立的理性思考能力,那么这就不是什么大问题。

这是我自己的一点简单体会,谢谢。

高全喜:我觉得增定讲的,假如认真思考,你自己培养德行,最后会找到你所理想的中国文化的主体性,实际并不矛盾。下面请雪纲老师来讲。

赵雪纲:我讲两个小问题。第一个是中文写作问题。这个体验主要是从政法大学来的,政法大学分给我的研究生,每一年的毕业论文我都是给他们修改字句。研究生的毕业论文文句不通,本科生也就可想而知了。我自己至少还能写比较通顺明白的中文,现在学生连中文都写不通了。堪忧啊!北航实验班的学生也有这个问题,我觉得这个方面一定要加强,我们能不能通过经学教育来加强中文写作功底呢?我觉得可以考虑。

另一个很小的问题,是关于任锋老师和姚中秋老师所设计的君子教育问题。君子教育更是德性的教育,而不是知识的教育。但我觉得,德性教育从大学开始抓,基本上是不可能实现的。因为现在大学教育主要是专业教育,通过通识教育也不可能实现德性教育,这是需要从小培养的。我们作大学老师的,要想在这方面影响学生的话,只通过"言传",恐怕难以达到目的。在大学里,学生和老师生活上的接触又比较少,所以最能影响学生德性的"身教",也不太容易发挥作用。这是一个颇值得思考的问题。

姚中秋：刚才那个孩子讲循吏，要以循吏作为自己的典范，看来孺子可教，还是有希望的。

高全喜：知其不可为而为之，我们不可能改变小学、初中、高中的教育，又知道大学教育的堕落，我们知其不可为，但是作为高研院的通识教育，必须强调德行教育。

吴　飞：我觉得这个肯定是需要培养的，但这不是知其不可而为之的问题，而是重点是不是要放在那儿，他的一些基本的德行，这肯定是要往正面引导的，这是没有问题的。

高全喜：通过老师来引导，是很重要的。我们晚上还要讨论精神共同体的问题。下面请业进发言。

刘业进：我刚才听了各位前辈的发言，非常受启发。这学期高老师委托我给实验班上一门宏观经济学的课，跟孩子们每周接触一次，也就有了近距离了解的机会。我想借这个机会讲几点体会。

第一，如何理解最近5—10年来中国大学通识教育的实验和复兴的现象。以前没有这回事，现在怎么有这回事了呢？西方人搞通识教育跟中国人搞通识教育不是一回事，西方人搞通识教育是在今天专业化分工的时代，反抗知识碎片化，复兴中世纪大学刚开始的时候的教育理想，通识教育有这个传统在里面。中国本来没有大学，现代大学是一个舶来品，我们今天搞通识教育是回到大学的本质。在中国，大学是什么，需要重新认识，这是通识教育探索的有意义的地方。中国目前的通识教育诞生了很多模式，刚才老师们都总结了。其间，我也曾参加过汪丁丁教授在东北财经大学的跨学科教育的几次讨论，对他们那边的探索有一些了解。综合起来，中国的通识教育探索有三个指向,一方面是发幽古之情怀,可能是民族记忆的情绪反弹。第二个是抗击知识碎片化的一种努力(与西方同),第三种是实践大学之现代公民养成的责任担当,所以我们通识教育承担着好几个使命。

我们可以划分两个时期来观察,轴心时代以前和轴心时代以来。今天,文明世界的人们处在一个彼此高度依赖的状态中。现代人彼此依赖的程度,特别是市场极大扩张以来的依赖程度,急剧增加。在彼此依赖程度非常高的时候,其实也在造就另一种风险,于是就需要两种支持,一种是联合技术/艺术的支持,一个是专业化分工的支持。关于联合及其释放出来的力量,对此我们的常识常常具有误导性。一个人具备了基本训练而没有特定职业的专业知识也能适应那种工作。学行政管理,被招聘到银行去做金融方面的具体工作,一样做得很好,不需要事前专门学习银行专业知识。看来大量具体工作中的专业知识是干中学得来的,毕业生很快就能适应。关于联合,我们如何联系成一个合作网络,这是非常重要的。还有分工的支持,这个在大学里面的学科专业分化都有所表达。特别有关分工的具体职业技能的学习似乎被我们无限强大,这就表现为大学的职业培训站倾向。联合所需要的制度条件,特别是关于道德、习俗和社会规范,契约精神,现代公民意识等,我们是缺乏的。关于分工的东西它是自然演化的东西;关于联合的条件和技艺,我们需要不断加以重复和强调。如托克维尔所言,关于联合学问,一旦取得进步,我们就会极大开放分工取得的进步。有些学问过几年就需要重温。通识教育的一个使命就是传播联合的知识、联合的技艺。关于联合的知识和联合技艺,在轴心时代就有一次大的发展;启蒙运动以后,又得到一次新的系统阐述。由此所释放出来的技术进步、现代性,似乎又迷惑了我们,理性的进步鼓舞人们用理性设计来组织我们的经济和社会合作系统,这走向理性的反面。于是,充斥于今日大学的，有关联合学问和技艺衰微；我们直奔职业技能，把大学变成一个职业培训站。有鉴于此，我们要重申一种知识，关于联合的学问。

通识教育如何搞，出现了一些误区。比如言必论中西。在设置文化模块课程时常常是中西对半；一般学术讨论的时候，也是中西比较云云。其实，可能在真实的知识谱系上根本没有这个两分的天平。有关联合的知识和技艺，普世的原理不分东西。由此观照，我们在考虑中西问题的时候，可能存在一个框架误区。与此相关，是爱国和本土误区。吾爱吾师，但更爱真理。这个逻辑也适用于爱本土。斑马需要宣称斑马爱自己身上的道道吗？这是本来已经具备的东西，你的日常生活浸透着你的民族文字和你的民族文化。中国特色，不需要声明，我们的一切制度、社会规范，自然会带着本民族的色彩。凡狂热的爱国宣传、本土崇拜、本民族宗教和文化狂热，我们都有必要保持必要的怀疑。那个东西是自然存在不需要狂热宣传的。当然合作秩序的形成需要有某种程度的西蒙所说的"顺从"，需要有某种集体意识，这固然带着早期人类生存经验的记忆，但今天我们仍然需要。我们今天仍然需要团结精神，但是人类迄今经历的反复出现过的经验就是，在这方面强调过头，把集体本体论化，适用到不适当的边界之外，就会导致很大灾难。因此我们在这方面需要审慎和谦卑。

第三个方面我讲讲通识教育中经济学这一块。经济学是社会科学中的重要组成部分。现在开设的经济学，还是按照宏观、微观框架来分。我在思考，通识教育里面怎么讲"经济学"，讲什么样的经济学？如果我们还是讲宏观、微观，那跟现行的经济学专业没有区别。关键是怎么达到经济学思维的训练，怎么达到经济学智慧的习得呢？能不能整合宏观和微观的经济学，我想这种可能性是存在的，通识教育中的经济学课程需要整合，在整个整合的框架中，一是批判地讲新古典范式，第二部分讲奥地利学派加宪政经济学，第三部分是行为经济学和社会演化理论。这几块整合起来以后,就联通了宏观和微观的裂隙。总之通识教育的社会科学模块需要开设一门打通宏观微观的整体的经济学。

目前北航的通识教育课程模块设计,我觉得是不是还缺一块东西,就是自然科学特别是生物演化和社会演化方面的东西。就我个人的理解,达尔文的生物演化论,特别是威尔逊、古尔德从生物学得出的一种一般演化方法论,包括科学哲学领域波普尔的批判理性主义,代表人类知识的重大转向,这是一种分析范式的重大转变。而相关学科就是生物学,还有波普尔哲学方面的研究,这一认识论和分析范式转向深刻改变我们对世界的一般看法。这方面的知识有助于我们理解合作秩序如何可能和合作秩序的演化。

通识教育的整个课程模块设置和具体课程开设,如何最好?没有唯一正确的答案。在这个领域,是不是一个正确的问题只有一个正确的答案?不是的。一个正确的问题有两个正确答案、或三个正确答案。一个问题有多个答案,这跟自然科学不一样。这就意味着需要有一个开放的空间,允许多样性探索,避免知识的僭妄和强制。在日常教学中,一方面我们不能让学生懈怠,不能让他想看什么就看什么,一任自由;同时我们也要警惕自己知识的狂妄和知识暴政。有时候我讲一个东西,有学生就马上想到柏拉图不是这样讲的,康德不是这样讲的,我说你可以喜欢柏拉图、喜欢康德和卢梭,但你也可以了解一下诺齐克、波普尔和哈耶克。零零散散就先讲这么多。

李 猛:我简单谈一下西学部分的课程设计。其实从任何一个专业学科的角度看,你会觉得通识教育的课程,无论怎么定位,很难完全满足各个专业学科的训练要求。北航定位要非常明确,有些课无论如何得保证,你迟早会遇上资源问题,你要保证哪些课一定要上。在不同年级的课程之间建立连续性和持久性,形成学术传统、教学传统,这个很重要,我觉得至少在三四年内你要维持课程体系的稳定,否则不停变,老师成本非常高。

在其他方面可以做尝试,志勇提到过,因为北航的情况,我觉得课程改进的时候,北航的优势在于在北京这个地方,虽然没有中山大学、复旦大学那么多文科,但如果学校能够大力支持,可以多开一些小型的课程,补充你的主体课程。比如国学课程做不到八个学期,每个学期保证一门,但有一段可以集中,比如开两三个星期、三四个星期,读两三篇东西,着眼于每门课获得一个能力,相对给学生一定的选择,不同的专业方向可以请不同老师来开,这个比较好解决。因为你找一个老师,一定要上整个学期的课,有一定压力。假如这一学期读不了这么多东西,我就带他读卢梭,这样技术上比较好处理。这种小型课程不能太多,太多会扰乱正常教学秩序,能不能有一些教学方案,一个学期有一个时间段安排这些课。刘北成老师说得非常好,北航理工科的学校,一定要利用理工科的优势。另外它最大的不足要想法弥补。像中大和复旦开的课,最大的优势它是全科,所以学生可以通过自己选课来解决这个问题,我们这边这部分恐怕得需要咱们高研院想些办法、创造条件。我估计一二年级问题不大,三四年级最大困难是说,如何把通识教育转变成专业教育。接受了两年通识教育,三四年级你转到专业以后,去听概论课,感觉不够。你自己开课,老师人力方面不能解决,一个是鼓励他去其他院校听课,现在北大、人大、清华旁听的学生都很多,院里可以鼓励、推动;另一方面可以开一些小型课程。

高全喜:很好的建议,建议开两周或四周,开一个联课,四个人分别讲四段,学生可以选择其中某一段。

李 猛:小型课程,比如专门讲法国大革命,专门讲这个主题,阅读一些文献，主要是针对三四年级的学生，进行专业方面更系统的训练。我估计北航的方案，将来的成功与否取决于能不能把前面通识教育的优势转变为专业教育的优势，如果还是用通识教育的方法去开各种各样的课，这个会搞得很杂乱。

高全喜：刚才李猛谈到的问题回到了我们会议的内容，今天会议内容包含三块，一块就是大家探讨一下已有的其他学校的以及我们学校的通识课程的基本模式，大致的类型优劣，评价不是有固定之见，但是我们可以拿出来谈。第二块内容评价一下，大家结合自己的教育经验，对我们课程四年的设计，尤其集中谈前两年的通识教育课程，怎么讲，开哪些课。第三部分内容是衔接，现在我们也感受到压力，学生毕业要拿三个学位中的一个，经济学、法学或者说行政管理学，这三个学位的获得，教育部有明确的课时和内容要求，这里怎么衔接，衔接完了之后，又包含两点，第一个通识教育的优势，我们依然觉得是好的。第二点，在这个过程中，我们三四十个人还不至于散，我们有一些精神感召力量，至少制度上使得高研院实验班的学生，即使学了政治学，或学了经济学、法学，但还是我们这边的学生，我们这边还有其他课，给他做小灶，怎么衔接起来是个问题。这个会议想探讨全部内容，但全部内容可能探讨不了，明年再谈衔接的问题，今天主要谈前两年的通识教育，一天之内把两个问题谈透还是比较难的，今天主要谈前两年的东西方经典到底怎么结合。晚上是自由开放的讨论，主要探讨精神共同体，或者说我们在精神团队或者学术共同体当中要注重精神，要注重德行，无论是老师还是教育，怎么塑造这个东西，因为现在大学里不讲这个玩意儿，是讲利益、评职称。这个东西要在高研院，在通识教育里，怎么把它作为事业来搞，我们准备晚上探讨这个问题。立波特别强调了精神共同体的问题。

谈火生：下午两段，一个讨论中学，一个讨论西学，这个不太对称。中学有课程设计方案，西学基本没有谈这个方案。无论是中学还是西学，但还是有一些共同的问题，我很赞成李猛的意见，经和史两部分怎么配合，我还是建议我们在课程设置的时候，基本以经典阅读为主，但不要分开。我有一个想法，我们选择拿来阅读文献的时候，是不是可以找一些，在特定的历史时期，我们怎样重新解读经史的著作，我们一定要放在特定的历史背景下，在特定大变迁的时代，这个传统是如何被激活的，这是很重要的。比如我们选中国的经典，选《左传》，这是很大的历史变迁时期，其实经史都包含在里面。这样的选择比单独读经或者单独读史好一些。我们这学期在讲《理想国》，如果我们结合一下史可能更好一些，但如何设置需要考虑。

任　锋：原来我们打算设计经史子集全面的课程，后来想还是要以经带史。

高超群：简单说点，因为不是做教育工作，也没有教育的经验，对这个问题没有什么研究，是外行。我们《文化纵横》杂志很关注这个事情，会做一个比较深刻、比较详尽的采访。今天听了一天的会，首先我觉得中国的大学教育有这么多老师做这样的探索很敬佩，但是我觉得有一些问题，我自己感觉到的问题，这些问题是外行的问题，也许对大家会有一些帮助。第一个，这样一些实验带有很强的个人色彩，不管是中山大学的实验，还是高老师在北航的实验，或者复旦大学那种带有为了实验而实验的色彩，我有一些担心，这样的东西会不会出现人亡政息。为什么会出现这样的担忧呢？这个问题可能各位老师在做这个事情之前已经有一些思考，但作为外行，是不是有必要认真思考，现在我们大学究竟出了什么样的问题，当年大学改革的时候，李猛老师都做过深入的讨论。比如为什么要搞通识教育,肯定是基于我们大学制度出了问题。所以我们要理解通识教育这件事,把这件事做好,要深刻放在这样大的背景下来作统一的考虑,它肯定要跟中国当前的社会、政治、经济的变化这样一个大的趋势是一致的,才有可能是持久的,这跟各个老师从事教育有关,我认为应该是什么样的东西比较多,但是客观的,教育是什么样,或者教育应该是什么样,或者教育面临什么样的问题,有什么样的需求,这方面的需求、这方面的把握好像比较少。只有把对这样的问题,对社会的变化发展、学术的发展,有比较深刻的、准确的把握,这样一件事情才能够风起云涌,才能够有更多的人追随,才能发展越来越好。当然发展快未必是一件好事情,就是教育的深化改革,呼啦一下大家全起来了,未必是好事情。但如果没有这样眼光的话,那可能是昙花一现。

接下来讲,只有在对这样一个问题深刻了解和把握的情况下,我们通识教育的改革才能做得更好。私下跟高老师交流,高老师对这个问题已经有很多思考,上午、下午各位老师发言的时候也都提到,比如对品德的教养,不管是君子教养,还是自律的学习能力,还是自由公民德行的培养,这是通识教育的出发点,这是不错的。如果我们就是粗粗来看,今天大家讨论的时候已经遇到这样的问题,如果说讲论语的同志,大家都像跑马占地一样,你讲这个,我讲这个,有这样一种冲突,这个怎么来解决?在课程设置,或者在教师自我伦理的要求上,怎么来协调,你不能把课堂变成布道场,职业伦理是不是恰当都需要反思。再比如专才和通才的问题,李猛老师已经讲到了,固然专业化有这样那样的问题,肯定不是要把这个全部推翻掉,究竟现在我们专业化的问题出在哪些方面,哪些方面需要去纠正、去补充,通识教育在这样的提问面前才有可能对课程设计、教学方式,包括同事之间的关系、师生之间的关系,才可能得到比较好的回答。要不然的话,大家各自都是主张我认为什么是好的,如果你不去考虑客观的形式、客观的要求的话,第一这种东西很难持久,第二本身这就是一个意见的市场。

高全喜:这确实是一个客观的资深媒体人的意见,确实也谈到这个问题,我们要强调德行教育,但又不能变成布道场,尤其对学生来说,他要有德行要求,又不能让学生感觉到伦理冲突难以为继,不存在个人色彩,只是说大趋势,大家都在做。由于趋势方面的用力程度不一样,那是一个大趋势。下面请冯处长谈谈。

冯文全:谢谢高老师。今天我可能是在座唯一一个学工科的,我到教务处这个岗位上刚刚两个礼拜,原来一直在建筑学院工作,管学生工作,当行政副院长,当过保卫处长,然后回学院当党委书记,这次学校一纸命令到了教务处这个岗位。所以今天我才有机会来听一听,对我个人来讲感受颇多,以前是行政任务,今天更多谈到人才培养,很受启发。我结合工作谈几点供大家参考。既然不懂,不知道深浅,所以说话大胆一点,谈几点看法。

第一个,从教学部门,从教务处这个岗位来说,要考虑如何推进学校的办学理念,咱们各个学院、各个教授都在做这样一个工作,以前我个人认为,教务处应该告诉大家怎么干、怎么干,现在我的想法变了。今天听了一下,各位都是深思熟虑,研究这么多年了,有一些好的想法,教务处要有所推进。今天我和高老师第一次见面,具体事务性的工作、条件保障上的工作我们全力支持,在这表个态。

第二个,北航让我这个学工科的,我一直干航空航天项目的,做教务处长。我上学的时候办学理念是培养工程师,或者工程师的毛坯。后来李校长在的时候提出我们顺应现在社会的需求,我们要培养厚基础、宽口径、重实践的学生,因为学生找工作跟 60 年代不一样,那时候在学校学什么,到工厂就干什么,现在在学校学什么,出去干什么不知道,所以我们要有一个宽口径的变化。我们现在培养什么人呢? 北航由原来传统的国防背景很强的学校,慢慢转化为跟其他大学一样,也要参与建一流大学、也要国际化,再加上我们提出培养人,第一要有科学基础,第二要有人文素养,第三实践能力,目标是培养国际人才。以前北航的培养就是一个模式,北航人就会干活,航空各大系统总指挥都是北航的。第二个,北航学生,包括毕业的校友说北航没有文化,一说起来就是干活,为什么? 我们任务很重,都要干活。人文方面比较欠缺。还有北航这么多年没有出现过高层的领导。

我们学校现在提出新的办学理念,为了配合这个,我们现在也在加大我们学校人文方面的建设,一方面从硬件上我们建了艺术馆、博物馆,从学科上,我们建了人文学科,引进法学,花了很大力气。再一个也组建了文科实验班。作为文科来讲,我个人觉得,在北航目前人才的定位,目标在发生变化,这几年是北航的快速发展期,各方面增量非常好,但是我们在这个过程中,目标的培养,对文科是非常重要的机遇。我们文科学生不到10%,但是学校重视的程度很高,而且对文科的期望值,对文化氛围的带动作用,我们期望是很高的。这是一个背景。

刚才李教授提到北航理工科的优势,这个是没说的,我们干的活都是跟国家重大专项相关的,这是我们独一无二的优势,别的学校是单个,我们是联合团队。我们北航面临最大的困难,就是随着规模增加,任务加重,造成老牌教授对教学工作的不重视。所以我们本科教学既有优势,但劣势也体现出来了。一流学生希望成为一流的人才,我们读书的时候是老师教什么我们学什么,现在学生期望值很高,老师给我们什么样的服务,他越来越挑剔。所以在本科方面我们提出一制三化,一制就是导师制,低年级是生活导师的作用,高年级是专业导师的作用。一个是特色化,我们小班上课。再就是个性化,以前我们就会干活,没有个性,让你做出一个椅子就是一个椅子。一制三化是我们现在推进的。北航搞文科,我个人认为如何结合北航的工科背景,做出文科的特色。如果专做文科,我们肯定干不过北大,我们工科的学生有一个典型的例子,有一个新媒体学院,是搞艺术的,但结合工科的优势,效果非常好,学习能力很强,外语好,都可以出国。

第三点,上午高老师讲实验班的目标是通识加精英,我跟好多院长已经谈了,学科建设都是学院的责任,所以高老师今天召集人谈通识教育怎么办,这个非常好。现在国家也出台计划对文科进行支持,这会儿除了实验班以外,我们还有人文、外语、法学,这是第二个层面。第三个层面。高院长,我们现在北航文化氛围不行,这个怎么带动,最现实的就是怎么多开出一些学生愿意选的人文方面的课程,我们现在开的选修课不少,但学生就集中在那么几门。学生肯定挑容易学的,学分容易拿的,但我们几门课非常好,学生选不上就骂娘,有的课没人选那就砍掉。我们现在提出一个概念,零学分必修课,你选了这门课没有学分,你要不选那就毕不了业。我们有一个艺术馆很不容易,但工科的学生去看的人就是不多,就是路过也不去看一下,他没有这个习惯,我们现在规定必须进去看一眼,这种习惯的养成需要一些东西。还有导师教学观的改变,我们现在搞科研任务很重,科研能出成绩,所以我们提出由传输型、灌输型变成双向的,就是小班化。大班缺几个人,老师看不出来,小班能够看出来。

今天研究通识教育怎么办,讨论非常多。但因为今天四六级考试,要有一个总巡查,所以来晚了,表示抱歉。今天大家谈的对我们非常有启发,表示感谢。

高全喜:非常感谢冯处长。我们今天的正式会议就结束了,晚上我们有一个自由的讨论,在法学院二楼会议室,如果有兴趣大家可以探讨一下。非常感谢诸位。

晚上:通识教育中的师资建设与学术共同体培育

高全喜: 我们下面继续议程第三单元的圆桌会议,讨论通识教育与学术共同体的问题。这个主题受到邱立波的影响,他曾在我们《大观》丛刊的会议中强调大家是在从事一项塑造精神共同体的事业。这次我们开会请他来,他也有建议,将通识教育中的师资建设与学生培养作为一项共同体事业来对待。他的提议我很赞同,就和志勇一起商量,要单列这样一个单元,主要围绕通识教育对师资的要求、教师学术共同体以及教师和学生的关系,涉及共同体培育过程中的精神塑造和德行塑造,这一点在现在大学的建设中是久违了的。西方和中国的传统政治教育就是德行教育,但我们现在的教育有点特殊,就是传授马克思主义,作为公共课强制性地开展,而且是一轮一轮的,从小学、中学到大学,基本是重复性的硬性灌输。所以在通识教育里,我们第一轮面临的任务就是引导学生和他们以前的教育作斗争,重新开展更加健全的现代人格教育。这并不是说过去的意识形态教育有什么不好,而是说中学教育的灌输已经把孩子毒化了。我们搞通识教育,一方面要确立文明教育、精神教育、德行教育的基本目标,但同时也要清醒地意识到,我们面对的学生本身已经不是一张白纸,我们是在十余年的应试教育和空泛化的政治教育基础上搞通识教育的,面临的问题肯定很多。咱们这个主题就是这样,漫谈式的,来会诊中国通识教育,勾勒学术共同体蓝图。

我们这个圆桌会议我想设立两个引言人,第一个就是立波,请大致用 20 分钟谈谈对这方面的理解,因为你今天上午谈的内容偏重于课程设置,我知道你私下有读书会,尤其强调精神共同体的培育,希望你谈谈经验。另一位就是姚中秋,虽然你和任锋被各位老师有所批评,但批评归批评,主张归主张,我 60% 还是赞成的,你谈一谈,另外你也参与了其他地方书院式的教育,你也谈谈大体上你所理解的师资建设与共同体建设的问题,然后大家再讨论。

邱立波:下午姚中秋和任锋两位讲完,随后各位师长讲的那些,尽管字面有争执,但面对的事实可能都一样。问题还是在念西方书过程中的一些体会,就是人们越来越感到西方的世界秩序其实有非常美的风俗支持着它,不妨称之为良风美俗。如果你是小镇上的居民,你会积极参与各种社区生活;尤其是,这种具体而微的日常生活内在地衔接着宏大的世界问题。当美国人感到年轻人的时间被电视和电脑游戏占据而不再有余暇过问公共之事时,就会出现《独自打保龄》这一类的书,这从反面证明了人们对这类问题的自觉。学术界更是如此,韦伯关于新教伦理的研究其实也适用于学术界,人们不妨说:现代西方的专业化知识生产体制,其实有极丰厚的道德—风俗支撑。与之形成对照的是,中国在 1949 年后有大变化,历次政治—社会运动不但改变了若干原有的政治制度,还改变了整个风俗,使人的行为模式发生重大变化,尤其是让传统所谓士人进退维谷,左右游移。最终表现为:无论人们讨论的问题多么壮观,都不是以某种实在生活为支撑,知识人的生活不属于自己。由此导致,很多人其实在替别人说空话。

读书治学,不能说把《论语》从第一章背到最后一章,就都懂了,还不行,还必须拿到自己身上量一量。学问当然要"客观",但前提是先扶正一些基本共识,然后才能谈及其他。这些东西其实也不假外求,所谓"反躬自省"即可。中国民情当中有很多温情实在的东西,比如火车追尾之后有很多人自动跑去献血。但问题是,由于各种条件的内外约束,这些东西尚不能发扬光大,只能成为零碎的个人事件。就学界而言,对这类东西长期以来也是忽视的;闭目塞听地说跟自己其实不相干的话,换取一点微小的利益,是中国学界败坏的症候之一。结合每个人的具体生活,在找到真正属于自己的生活(所谓安身立命)的同时找到一种描述这种生活的语言,可能是衡量中国学界成熟与否的标尺。

不能漠视体现在生活中的、不绝如缕的传统。凡人都有寄托于"俗"的一面,都有别人无法替代的具体生活,但比较各种炫目的理论,这种东西未见得就立不住,未见得就不能与某种更正式化的理论相竞争。20世纪早期中国的现代学术实践证明,以固有传统为根基,人们至少可以明白现代学术讲的各种道理;以固有民情为基础,学者完全可以尝试构建属于自己的生活—意义世界。

我们在学院里都有自己的"正业",讲西方名著也罢,念传统史书也罢。现代学术分科不可避免,但人们总归还要求取一个可以持守的理念的东西,这是比读书本身更加重要的工作。而这种东西其实在日常生活中有根基有传统。人们经常谈批评与自我批评,这是什么东西?仔细看会发现它也是理学的语言。我们在华东师范大学国际关系学院所尝试的"复性书院",一方面念中国书,另一方面也想以这些书的阅读为基础,培育某种见诸施行的、独立不移的生活风俗,以此作为读书人的日常生活场域,并真正为守护中土文化中好的东西作出贡献。

第一要紧的是寻求这样一种生活场域,否则大家回想一下自己的日常生活和心态起伏,哪能说跟学问沾边?上课、领工资、发牢骚、回家,凡此种种不符合起码的知识人生活要求,知识品性对人的要求也不是如此。

"四书"的体系很"客观",但同时关涉人的德行。追随这脉学术传承的学人,必须有这方面的自觉。毋宁说,上面我们所谈的这些所指向的那种学术共同体的构建,既是"四书"所记录的事实,也是以"四书"为学问的学人的第一实践。而一旦这种实践可以"蔚然成风",我们将发现无论外在生活境遇怎样变化,人们都可以持守一种不可动摇的生活。

高全喜:立波的这番话值得我们认真思考。目前这样谈教育是非常之少见的,包含着非常复杂的内容,我们慢慢讨论。下面请姚中秋发言。

姚中秋:刚才听了立波讲话很感动,我跟他思考的问题差不多。其实和我的想法完全相同。我自己读书过程中特别希望能够跟同道交流,所以我们成立哈耶克学会,包括跟任锋一起会读经典,读《尚书》。这是中国读书人的一个传统,以文会友,以友抚人,儒家向来讲究这一点。实际到孔子那个时代已经有书了,不是说一定要三千门徒,跟着孔子一起如切如磋如琢如磨。训练一个德行,这个德行不光是能够行善之类,而是说要训练出一种观察世界的洞察力,以及行动的能力。而这个东西一定会跟朋友,在互相的密切的交流中,在心灵密切的接触中养成。我们看儒家的历史切实是一部结社史,讲学生、门徒、弟子多少。我们去看宋儒书院讲学,最近看《道命录》,讲党籍的问题,到明代,阳明把儒生的会扩展到包容士农工商。阳明的想法是革命性的想法,要重整社会秩序,重建社会秩序。所谓悟道,悟的是这个道。这确实体现了在朋友切磋中能够相互提升知识和德行,这就是我们讲的学术共同体。

所谓华夏、天下,就是靠儒生的共同体来维持着。你想农工商他们都是地方性的人物,他们的理念都是地方性的,天然有一种相互分离的倾向。士人是全国性的社团,包括科举制度,里面有一种非常深刻的政治的考虑,一定要维持全国性的社团。在教育中,如何通过社团,通过结社,来促进学问,来提升你的记忆,确实非常重要。这个东西在现在整个学院体系里面是受到很大的冲击,尤其是过去十年。过去十年大学里面课题制度,包括行政化的趋势,把这个空间挤压得越来越小。老师和学生都回到原子化。可能在 80 年代,随便一个系里都在勾心斗角,但大家还有一种学术,大家都是做学问的,有这么一种意识。从 90 年代中期以后有所变化,学生和导师都是老板和工人的关系,都在外面做课题。

刚才立波讲的,那是儒学思考的秩序。通过一个人,慢慢一群人,然后逐渐扩展。最后说通过社会改造政治,这是儒家基本思考的进路。而且在儒家思考的方式里面,士人的觉醒总是第一步。因为你不能指望说农民先觉醒,工人先觉醒,他可能愤怒、不满,社会不公平会让他不满,比如农民会连续几天喊口号、集会,但是他们集会并不知道到哪儿去,并不知道要怎么解决这个问题,那只有士人能够解决。现在处在一个要更换的时刻,我刚才吃饭时讲这个,循环的历史观,我们正处在这个时刻。刚才立波讲到,确实环境发生很大的变化,但基本的动力还是从士人的道德理想的自觉开始。这个自觉一定会促成所谓你的共同体意识的强化,因为你只有通过这个东西才能够形成能够改变风俗的力量。

具体到我们学院,具体到高研院,其实道理是一样的。我们说要影响农民,或者我要影响政府,你先要影响到你的学生,你的学生对你的人格、对你的学术、对你的价值能够有一个,不说完全认同,有一个尊敬,这是改变风俗,就像以前的大儒诸子,先是影响弟子,然后影响社会。最后弱了一点,就是教育。为人师者,对改变一个风俗其实是决定性因素。比如像我们这个小的平台利用好,以后会发挥很大的作用,比如影响 30 个孩子,他们会影响跟他们在一起的其他孩子,这个东西潜移默化,对他们自己的人生而言是非常重要的,他也可以影响到其他的人。这样一种共同体式的生活,不光对于师生之间的关系,包括对于教师之间关系的重建,一个健全关系的重建,其实都是非常重要的。如果谈到咱们的实验班,我跟学生们已经说过好几次,看能不能成立一些社团,成立一些读书班、读书小组之类,他们应该有这个意识。我原来上学的时候,我一上这个学就组织社团。我在高中的时候就成立一个组织,结果被老师取缔了,老师说这个太影响你们学习了,不准你们成立。我是有这个癖好,这对一个人非常重要。作为老师可以协助、帮助他们,像立波他们一块跟学生读书,这对于学生的成长而言是非常重要的共同体的建设。大家都觉着这些孩子不错,都挺好的,老师都挺喜欢这些孩子,确实可以利用一些条件,提供一些便利,让孩子们也组织一下,甚至可以让其他院系的孩子参与。有些工科的孩子不知道从哪儿学的,有时候写一些诗,写得非常好,能写出一些古典的诗,经常有这样的天才少年。我们北航也有很多优秀的学生,通过这种东西也可以扩大整个高研院的人文影响力,像教务处长讲的,不光 30 个人,还会影响其他的人。让学生们也学习过一种共同体的生活,这是一个非常重要的方面。

高全喜:关于通识教育,现在有些地方照搬西方那一套。西方是走出了一条适合人家社会的课程设置,甚至一种德行与知识兼容的道路。对中国来说,我们以前有书院,有一套传统的东西,但现代化建设之后,整个大学教育面临着重建的问题,在这种情况下必须认真思考如何进行通识教育,如何进行教师队伍建设,师生关系应该是什么样的。新的模式当然与孔子和弟子的关系是不同的,和以前大学知识的讲授也是不一样的,现在的标准是什么,关系模式是什么。比如谈到鼓励学生,支持他们,传帮带是可以的,但最终还是要学生自己组织起来,他们要自己具有主动性、创造力,要能够有自己自生自发的发展过程,这当然都面临很多问题。现在大家讨论,展开这一系列问题,不同的观点也可以谈。

李　筠：我觉得现在的氛围是"中"风劲吹，这个风比较盛，我相信我谈的和他们要达到教育学生的目的不冲突，就是做个补充和提醒。刚才立波讲到韦伯对于教师伦理的定位，我们当然要对学生的德行有影响，这些美德的东西，尤其是如何让他们立行，去感染周围的人，形成一种善良风俗，形成良好的气氛，这种东西是必要的。但在这个过程中，我们老师的作用到底是什么？我还是强调我们不是牧师，我们不是把某一种东西用带有高度热情的方式传递给他们，而是说这个东西我们是在温和理性探讨的情况下，我告诉你来龙去脉是如何蜿蜒委蛇的，而不是忽悠的方式，我强调温和理性、来龙去脉的状态。在这个过程中，我们要做的很重要的事情是提高学生自主选择的底线，他知道即便选择我们教授的好的东西，但我们教的东西也不可能是完美的，因为你选择了某种价值和信念，你就要承担义务和责任，你和世界的很多邪恶是要对上的，你有这样的担当、有这样的气魄，然后你做这样的选择。要把选择的重要性告诉他，但是让他们自己作决断。我相信他们在这样一个自我和在共同体中间经过这样的自我切磋和与他人切磋的状况下，能够作出理性选择。所谓德行的培养、风俗的培养才是一种更牢靠、更扎实，而且他们会自己为这个信念长期奋斗的状态。如果我们开设的是信念贩卖的超市，我今天很容易说服他，明天和我相反的人，同样会把这套全洗掉，所以洗来洗去，最后一个老师说的是什么就带走什么，这四年就白弄了，积累不下来。信念的传递要立于学术的研究，要把人类历史上最好的东西，通过学术的方式和理性的思考进行传递，既收获学术的成果，又收获德行的进步。这就是我的补充。

高全喜：我觉得这个补充还是很有道理的，即便是美俗、德行，但是应该让学生自己真正认识到这个东西，然后再去主张，再去扩展，再去发扬，不能直接灌输给他。学生要有自我的判断力、主体性，尤其要让他们有在不同的观点交战之后的选择权，人生道路是他们自己走出来的，我们这里只是说在这几年里头，可能会给他们提供多种善的可能性，这多种善和知识由他们自己在反思过程中去选择。但是我们在现在的阶段又不能说完全放任，因为我们知道学生毕竟属于受教育阶段，还带有一点引导的需求，怎么把握平衡是最难的，过了就变成牧师了。假如太自由了也不好，他们现在有没有这个能力能够决断自己、主张自己，去持守这个东西，对他们也是一个提高和考验。但经过几轮之后，一个人就渐然成熟了。所谓成熟不但是知识多了，更主要是在这个方面，经过几轮之后他能够再选择，这就是真正的成熟。这个还是很有意义的。

田飞龙：今天听了一天的会，自己感到诚惶诚恐。我们都是非通识教育的产物，然后来开辟通识教育的传统，这绝对是一种开创性的事业。百年大计，教育为本，但教育什么、如何教育却取决于我们对于今天这样一个时代及其走向的基本判断。那么在这样一个基本的判断层面，今天下午的研讨特别有意思，就是关于中学课程跟西学课程的设计里面，中学课程提出具体的八门课的方案，基本把中国经典的经学体系做了要点式的勾勒，而西学没有提出具体的方案，但并不意味着西学是一种弱势，而是处于非常强势的、不需要具体方案的状态。

在这样一种情况下，实际上现在中国教育体系里面真正薄弱的是什么呢？恰恰是中学。很多老师感慨，我们学生日常语文功夫不过关，今天赵雪纲老师也提到了，我也确实见到过，比如我曾经在北大法学院读研时帮一个经济法专业的硕士提过论文修改意见，当时我发现硕士的语文功夫也是不过关的。我们先不谈读经典，我们运用第一语言（母语）的时候就遇到了非常强烈的障碍，背后反映了什么？对于我们语文或者文明，先不谈政治立场，这是基于文明之上更高的精英之间的关系,我们谈作为一个人本身的建构的话,它缺乏最基本的文雅,或者缺乏最基本的对本民族文化生活的体认,这个现象是很要命的。中学的危机相比西学直接关乎我们自身文明命脉的传承。

在这种基础上,我们高研院在多大程度上能够承担邱立波老师讲的新风俗的养成?这可能是对基于体制内环境的高研院的一种挑战,无论它怎样进行资源的供给,它有不能承受之重。民情绝对不是来自于现代化的教育体系,而是来自于社区生活体验,还有宗教的经验。在今天,高研院面临严峻的整体教育环境,不得不把本来应由非常丰富多彩的家庭教育、教会教育、社会教育、合作经验以及传统所希望塑造出来的 20 岁左右的人重新塑造一遍,重建的这样一种任务全部收缩在四年里面。于是我们出现了什么样的争论呢?我们的中学课程方案希望扩展涵盖四学年、八学期,安排八门中学经典,而西学课程本身就已经弥漫于四学年之中了,这就涉及通识教育、精英教育的目标到底是什么?即我们到底要培养怎样的中国精英?是儒家意义上的、作为文明承载的君子,还是说普世意义上的、跟西方接轨的自由的个体,不同目标下的价值取向和文化传承有很大出入,逼迫着中国从事通识教育的教育者在某种意义上要作出文化立场的选择。在今天,我们这样一种选择是否能够非常轻松地作出来呢?我看甘阳老师设计博雅学院教育方案的时候也存在文化立场上的某种模糊性,在我看来他是西学为体的,比如语言科目的设置,经典文本的选择,包括在教学实践当中师资的配备,肯定是西学更优更强,中学只是附带。当然,在中国文明复兴的背景下,谁在中国搞通识教育都不敢把中学全部拿掉,我希望这不是基于政治正确的原因,而是真正出于对中国文明的某种价值体认。这时候我们就用"会通"这个很灵活的概念来处理这个选择问题,这个词是模棱两可的,其实际导致的课程结构方式可以有多种可能性,但都毫无例外地反映了中国知识分子在中国之现代性未完成的处境中特有的迷茫与彷徨。如果真正逼到最后,作为通识教育思想前提的文化立场必须明确下来的话,共处于这样一个圆桌场面的人,就会遇到一个困难,我们这样一种通识教育到底培养什么样的人,君子还是现代公民,或者自由个体。或者说我们的传统君子怎么成为现代君子、现代绅士,这是挺困难的。把这样一个困难的任务全部附加在四年的课程设计里面,我们高院到底能够做到什么程度?我们似乎只能给学生提供一种可能性,即便失败了,那也不全是高研院的责任,因为这本来就不是高研院可承受之重——这是历史长期积累下来留给中国文明的巨大负担。我想提醒各位的就是关于中国通识教育的艰巨性,但这个事业我们又等不起,必须开展了。如果我们想稍微成功一点,稍微探索一点,我们除了在细化课程体系设置之外,我们是否要考虑属于体制之内的高研院,它跟我们这种社会、社区、家庭之间的关系,我们是否有必要在一定意义上来恢复社会跟家庭对于学生成长的再塑造的功能,以便我们的通识教育能够真正扎根中国大地。在此意义上,经典阅读课程和社会实践课程都需要进行精心的设计,要追求某种知行合一的效果。

我们发现不久前上海发生了中学女生的援交事件,这反映出学校教育的独力难支,它是按部就班的,但家庭教育、社会教育是缺失的,家长只顾着赚钱,只顾着在资本大潮中发展自己,但对孩子和学校的关系毫不去处理,而是同样以市场的逻辑将教育全部打包给学校,而学校本身也急剧市场化了。这样教育出来的孩子只有在高研院的课堂上才能接受正常人格的教育,但他一旦进入社会或者进入家庭,他可能处于更加大的风险当中,他可以抵抗,也可能成功。我们看到,这样一种改变社会或者塑造人的模式,首先塑造过程就是四两拨千斤(包含着补前面十几年的课),塑造出来之后,他的存活率或者生命力还是要再经受社会的考验。所以我想高研院做的通识教育,在意义上是开创性的,在命运上可能是悲剧性的。

邱立波:这样讲法可能不对。你首先设定高研院的人都没有问题,这不对。另一方面,人任何情况都有发光的地方,先贤所谓人心的"虚灵不昧"处,这些地方即便在所谓不成功的学生身上也有。两个方面都要看到。

田飞龙:因为我确实对通识教育是门外汉,既没有受教育的经验,也没有教育的经验,所以通识教育背后就涉及我们根本的焦虑,就是争夺下一代的问题,我们到底要为共和国在新的历史接力期提供什么样的人的言行模式。所以在这个意义上,可能不完全是读经或者课程体系的设计,某种意义上得寻找跟社会沟通、社会实践、知行合一的路径,如果没有知行合一的体验和历练,而仅是经学的灌输,以及知识逻辑当中或者思想史当中所感受到的知识乐趣,那我们培养出来的人,心灵的健全或者健康是不是就不会有这样一种经验的基础或者社会的基础。我刚才所讲的存活率就会成为一个问题。我觉得这样一种存活率会长久影响到自己周围的一些人,而且不一定是正面的。我先说这些。

高全喜:飞龙的口才、思辨能力很强,你刚才提到高研院不能承受之重,我们教育,本来学校有学校这部分,社会有社会那部分,家庭有家庭那部分,是三组力量共同塑造一个年轻人从小孩到大学毕业。这个问题我们不一定像你这么提出来,但我们可以考虑,为什么在底下的设计中要叫知行实验班,要有调查,参与多项社会实践,我们启发学生、组织学生搞读书会,甚至我们鼓励年轻老师、助教能够和学生融汇在一起,我们将来有房子之后,年轻助教能够持续带学生,将来你来的话,可以持续下去。目前我们社会就是这样的,我们也不能因为这样,说高研院承担那么多,做不了,我们只能一步步来。刚才立波所说,这个过程放到学生是这样,放到每个成年人都是考验,我们是撕裂的,大学当中每个人角色都是多种的,都会面临社会问题和冲突问题,都会面临一些决断。

说到高研院的问题,刚开始我们是一点点做,先是把基本的课程设计完了,然后把课程讲好。第二步,我们年轻教师队伍建设起来,第三步,师资建设起来以后,师生关系采取助教制,变成过去带有准书院制的形式,老师和学生融汇在一起。这点我很佩服甘阳,他能和学生一起吃饭,记住每个学生的名字,进行个体化指导,我们将来也朝这方面努力。我算过这样一个账,我当时为什么向学校要十个老师的指标?我们前两年的通识教育加起来有四五十门课,我们有 10 个老师,老师来的条件,他必须能够承担两门课,基本课程的一半是由我们自己的老师讲,剩下的一半我们请北京最好的年轻老师给我们讲。如果完全自己讲,那就是固步自封,如果完全请别人讲,那就没有自己的主动性,就是一个空壳。有自己的一部分,另外一部分就是活水,不断刺激,这是课程。还算过一个账,我们 10 个老师,加上一两个,我,还有院长、书记,加起来十二三个,所有本科生满员是 120 人,就意味着在一个人手上 10 到 12 个人,本科生第一天起就有导师,他负担不会过重,一届就带三个人,在你手上一直有 10 个人转,把这个作为主要工作,把整个本科生的四届覆盖住,从第一天就有导师。对老师来说,工作压力不是很大,因为大致 10 多个人是可以带好的。像一般大学好几十,甚至上百个,那就不可能这样搞了。我就想大致 10 多个人,我们为什么 30 个人一届,我们的教师队伍成熟之后,第一天起就基本上有三个人跟这个老师、那个老师,一直这样滚动,使得知识不单纯只是知识,能够达到真正的导师和学生的关系重构,这也是考虑过的,我脑子里有这个数字。

田飞龙：我首先声明，通识教育在当下存在悲剧的前景，并不意味着我要悲剧地生活和行动，我还是会选择向前，这是儒家的实践伦理。第二点，当我们觉得这个社会在道德风范和传统社会关系上存在断裂时，我们要重建伦理关系，那通识教育可能要提供一个管道，比如在高研院里面要禁止老师摊派发票，在知识传承之外要带着一些情谊性的、身教性的东西，成为一种生活方式。在这两年或者四年里面，所积淀的不仅仅是知识的量的成就，更是通过知识关系所带来的那种值得尊重的、受过教育的文明感，是塑造承载文明的一些人。

朱俊生：我说两句，很感谢有这样的机会，今天这样的会议是我参加这么多会当中最特别的一次。我之前没有机会接触这样的场合，觉得很特别，信息量特别大，大家坦诚来交流。我想说的就是按照高老师说的主题，共同体这个概念非常好，2009 年我当系主任，我就提出一个想法，一个系也是一个学术共同体，因为系不仅是工作场所，也应该是所有老师的精神家园。这样提出来，很多人说非常理想化。我没有太多可谈的，我结合跟业进之间的合作经验谈谈我们推进通识教育讲座的事情。因为我们学校层面没有任何推动，我们有这个意识，也结合这个主题就是共同体。我们非常有幸请高老师给我们讲过两次，第一次讲座就是请高老师去的，后来我们学校经验交流会的时候第二次把高老师请去，我们专业课老师这方面意识相对比较薄弱，高老师一讲震动比较大，无论是老师还是学生。

我为什么有这么一个想法？跟从学术共同体角度来看是有关系的。业进对我影响非常大，我不知道咱俩之间能不能称得上小范围内的，但彼此之间互相的影响还是非常大的。当时影响有这么几个方面，第一，自己教学、当老师，关注教育改革新的动态，这是一个方面；另外一个方面，熟悉的圈子当中有人关注这个；另外一个方面,高老师上次去我非常感触的一点,就是现实的观察。因为首都经济贸易大学跟北京航空航天大学没法比,我们是三流学校,在我们学校非常明显,我们观察学生是就业的机器,跟就业没有关系的教育很难进入大学教育。你看到所谓的创业课堂,我不是说那个不重要,但如果整天滚动的都是职业生涯规划,这就是大学的全部吗?这不应该成为大学生活的全部。学生的阅读首先要从阅读经典开始。我们学生是浏览式的阅读,特别是现在网络很发达,资讯量极大,但没有任何思考的空间,这就是我们观察到的现实问题。我讲这个什么意思,我们怎么跟学生之间组成学术共同体,刚才您也谈到体制的问题,这里有一个问题,体制之下个体担当的问题。我们非常自发的,我当 2008 级劳动与保障班的班主任,我们就提出读书会,不管读什么,但精神要有成长。我们也做研究生的读书会。我们自己体会是什么呢?我们每周见一次面,读三章,慢慢读。每到期末的时候,让学生写一个总结,他们总结大致的结论,我不知道是故意迎合我还是怎么样,说我这学期最大的收获是读了这几本书。我不认为我提这个、重视这个,他就会这么说,这就是学生的反馈。今天有高研院的学生讲,学了这学期有什么感受,这是非常真实的,和我们学院得到的反应是一样的。这是我个人的体会。

今年 7 月份有点资源之后,我和业进商量启动这个事,我也想说一下,它也是一个学术共同体,正因为高老师过去,所以我今天才有机会见识到大家非常精彩的发言。这个事情在慢慢推动,我在路上跟高老师讲,我们人文学院的院长把我和业进找过去,我们其实是散落在各个学院,原来我们都不认识,但就是因为高老师的讲座,在我们校园网上发了通知,我把咱们高研院学科课程设计方案附件放在那里,那些老师非常有心,就下载,根据这个来找我们。找了以后发现找来的人,大家也有想法,我们内部就有一些创新。这点也引起学校的关注,因为我们连续讲了三讲,高老师讲第一讲,茅于轼讲第二讲,这就是有影响、有反响,我们明年开教学研讨会,让我和业进参与,拿一个通识教育方案。

我为什么讲这些呢?这就是刚才说的,每个人做得非常有限,每个人,包括老师在生活中也有被撕裂的感觉,但体制之下个体也有担当。不能说体制决定一切,是我们自己选择了体制,某种方面是不是可以做这个反思?

李　筠:我回应一下飞龙那个问题,和课程设置有关。经学,我们关注价值的引导。实际上史学里边有一些内容对应飞龙提到的生存能力问题,你自己对于这个世界的黑暗是一种什么样的看法,你怎么处理这个东西,典籍里提供的经验仍然是非常多的,比如说我们完全可以开一门塔西佗主义,那也是非常精深的,而且你要的现实感的东西也出来了。所以我觉得课程设置上,我们应该避免把学生做成瓷娃娃,不经风吹雨打,学术课程设置的东西,完全可以处理这种问题。

吴增定:参加这个会挺有感触,挺有收获。我总体上还是比较同意李筠老师的一些看法。我回应一下刚才田飞龙讲的问题。我觉得中国人经常讲"尽人事听天命",在这个前提之下,自己尽力而为。首先我们现在置身的是一个大学,不是一个传统的书院。现代大学不管怎么样首先是传播学术和思想的,不管形式上是怎样的,在这个前提之下去做,这是我们能尽责任的一个前提。我特别强调注重学生的分析和思考能力。简单灌输确实有这个问题。因为假如学生自己把道理想明白,那么即使他接受了某种说教,也可能很快就会改变。在现成体制之下,我们能做的空间不多,所以我们首先要教学生读经典,怎样把经典读活,让他学会思考、理解我们的现实生活,由此作出决断。如果能完成这个目的,已经谢天谢地了,已经极端地了不起了。"君子"这个目标很好,但恐怕是任何一个大学都承担不了,北大、清华承担不了,北航也承担不了。如果要承担,那就要把整个现代社会推翻掉。这是我讲的一个前提。刚才高老师讲的,我很同意。一个学生首先有了思想,然后才有可能思考和选择,无论是作为个人、还是作为公民,他有思考能力是第一位的。大学既不是教堂,也不是过去宗族的祠堂。

田飞龙:那些功能需求全挤到这里来了。

吴增定:第二个,我觉得大家对整个中国社会的看法是不是过于晦暗了? 我怎么觉得挺乐观的呢? 政治体制,我觉得没有必要把它看成对立和敌人。体制这个东西一定有束缚你的地方,不束缚你的体制是不存在的。卢梭早就讲了,"人生而自由,但无往不在枷锁之中。"这本来就是如此。

邱立波:一个是自己束缚自己,一个是别人束缚自己。

吴增定:比如说现实体制,你不要把它看成完全对抗性的。其实,体制里仍然有很多合作空间。比如在北大,我刚毕业的时候,那时候觉得教务部、研究生院,都是体制内的,很烦人,烦它们烦得要死。后来打交道多了,发现它们并不是那样。像我们今天教务处的老师,很开明。体制里确实有很多官僚,也有很多官僚化的东西。但我们也不要对官僚和官僚的东西全盘否定。即使这些官僚,也不一定是不想做事。很多人都在努力,很多在体制内混的人也在努力。而且体制这个东西是一种客观的存在。难道美国就没有体制吗? 美国体制比我们更厉害。我们首先要认可它。在这个前提之下,我们可以同体制内的人合作。这不是一种非敌即友的关系。就好像你要坐火车,肯定到火车站买票;你要在大学里生存,肯定得跟教务部等机构打交道,肯定得有那些机关,有各种各样的体制性的东西。关键是,我们怎么学会成熟和理性地看待这些东西。刚才有人说,老师要成为学生的榜样。但是,如果你自己都对这个社会愤世嫉俗,觉得整个社会一团漆黑,整天非常焦虑,你怎么可能教学生中庸、和顺?这是不太可能的。教育的第一步就是学会平和地看待社会。至于怎么跟学生相处,我觉得不用特别强求。老师和学生能走近就走近,不能走近也无所谓。我本人不是特别愿意跟学生走得很近,不愿意跟他们过多接触。

翟志勇:我刚刚听了李筠和吴老师的发言,跟他们有点不同的看法。这是基于我的一个观察。我觉得知识之学固然重要,我们需要传授基本的知识,但我们讲中国古典研读,尤其经学,我最担心这个东西讲成知识之学就坏了,论语那么多字,比如学而时习之,比如学什么意思、习什么意思,那就非常麻烦了。我觉得应该是一个德行之学,不仅仅是德性。我觉得论语是一个德行之学,而不是知识之学。教课的学生不是说你能理解这个字什么意思,这句话什么意思,而是能够理解这些话背后的道理,更重要的是对行为上的要求。我们实验班的学生不仅仅是写作成不了句子,错字连篇,最起码的礼貌都不懂。我们一起和学生去食堂吃饭,你一推门,他进去了,他连最基本的礼貌都不懂。

姚中秋:刚开始上课有学生给我写信,没有抬头,我都不知道什么意思。还有人说我想学奥地利经济学,你告诉我怎么学。连署名都没有,我凭什么告诉你啊。

李　昊:最近报学生科研计划,我给他改,一个字一个字改,包括空两行,他提什么要求呢?老师您别改太细了,我明天要交了,不要大改。我下午刚告诉他什么格式,下去不遵循你说的,还是按照自己的走。

高全喜:同事之间、长幼之间各种称呼是不一样的。

姚中秋:你没有抬头什么的,教授也不理你。

李　昊:一年级有学生反映,下课主动问问题或者上课发言,会被别人歧视。咱们开的宪法、民总,其他都是小班,就宪法和民总是大班,大班就逃课,学生说我又不学法学,我上你宪法干吗?反正我不修嘛。

高全喜:本来这些道理都是高中阶段应该教会的,确实我们面临对高中的补课。

翟志勇:可能各个学科不一样,有的强调知识的传授,有的强调德行的培养,这是第一。第二,我觉得有一些学科真的需要老师有信仰,你讲这个东西你是信的才行。如果你讲个东西,这样有可能,那样也有可能,提供多元的可能性,老师没有自己的判断,我是觉得很难接受。你讲这个东西,你都不信,怎么让学生信。不是说所有课都需要这样,有一些是这样,比如我们讲论语,你讲论语连自己都不信,那学生怎么信呢。我们排课的时候,会选择各种不同的老师给学生上课,从而使我们这个课程体系有不同的多元化的风格,从我们角度来讲,或者从我个人角度来讲,每个老师有自己的个性,比如刘老师的课,他是狂热的奥派经济学,学生并没有完全被你洗脑,因为很多学生过来跟我反映,说刘老师很像一个愤青。

刘业进：学生跟我说柏拉图不是这么说的，我说柏拉图这么说，我不同意。

翟志勇：第三点，就是共同体的建设，我觉得学生和老师之间，我们这学期有很好的实践，我们下课之后和学生一起吃饭，学生特别积极，以前还要排，现在我跟任锋一起跟 11 级吃饭，一下课 10 级学生过来跟你一起吃饭。火生也参加了这样一个活动，因为我同时带法学院的课，我做班主任，很多学生不想学法学，他本来是奔着实验班、经济系来的，我就面临做思想工作，我周二的课，周一晚上就去，有学生就过来。一般情况下，他们基本上除了上课两个小时见到老师，其余时间基本见不到老师，见到的都是辅导员，辅导员又不管他们学习的问题，学生非常渴望有时间跟老师说一说。有一些可能无关学习的事，比如有的学生说我天天上"四书"的课，都烦死了。这个确实需要创立一些条件，使得老师和学生有一个交流的机会。

高全喜：在沙河校区我们争取了两间房子。

李　昊：主要是办公用。

高全喜：我们希望每一天都有老师在那儿，带有一点接待的性质。

任　锋：我们都是从城里赶过来讲完，然后又走。

高全喜：等房子要了，我做一个承诺，一星期住一晚上。

李　静：我回应一下志勇的话，像他说的那些德行的问题，按道理说，我们都应该知道，应该在上大学之前就解决这些问题，我们现在遇到这些问题,也只能说我们遇到这个问题了,就给他解决。我觉得大学课堂不应该主要承担这个任务,这是一个方面。另外一个方面是说,我觉得志勇把这几位老师的想法理解得有点偏颇,我觉得是这样,其实他们并不是强调真的是那种所谓的字词的传授,更多的是强调如何来上这些课程,不应该是一种传道式的,就像牧师布道的讲授方式。我觉得大学的意义就在于超越于他们以前社会的教育、家庭的教育,还有中学阶段以前的教育,就在于它可以为学生提供真正的学理性的思考,来思考他的人生和他面对的一切的问题。关键问题是说,以我的感受,如果教育一个学生就像布道那样,其实我们都可以知道,你告诉他什么,他就信,这样一定不是最好的学生。这是肯定的,他一定要经过真正的思考才认同,这才是真正的好学生。就跟今天说的问题一样,你并不是因为你是黄皮肤、黑头发,你才认同中国文化,这没有意义,这是一个偶然性的事实,你就降生在这里。你一定要通过学理性的思考和学习,然后你才能够作出自己人生的选择,无论是道德的,还是学理性的。这几位老师强调的是教学的真正的具体操作的方式,不是充满感性的,把学生感动得泪流满面的教学方式,而是要落实到培养学生真正的思考的能力,而且要通过对那些经典的阅读和真正的理解,我觉得这点是非常重要的。如果说上课是那种洗脑式的教育,那就会出现飞龙所说的,当他一脱离大学的环境,他再重新面对这个社会的时候,他的存活率就绝对会成问题。但如果我们在这四年致力于他对真正有意义的德行生活的理性的认同的话,那么我觉得这才是决定我们教育是否成功的最关键性的因素。你学的知识完全有力量,有理性的力量,这样才能让学生在毕业以后,能够有力量地面对他们的生活,面对他们生活的任何状况,我觉得这才是这些老师强调的意义。

高全喜:实际上中国传统的东西也讲究这个。

姚中秋：我应该做一个补充,我们俩提出经学教学的设想,这里面有一个综合的考虑,绝不是说要给孩子灌输布道,绝不是这样的。起码我自己,比如中国的经,我们就说论语,我当时跟杨汝清一起读论语,论语至少可以作三个层次的理解,第一个层次是德行之学,修身、克己,这个毫无问题。杨汝清主要从这个层面读。还有另外一个层次,它是一本历史书,你通过他们的谈话、讨论的议题,通过他们的问题,你可以理解到晚期封建完整的制度框架。说实在的,我只要拿一本论语,我就可以把封建的图景还原回来。我们讲读史,其实是可以做的。另外它是一本政治哲学书,通过它可以反思,我们思考出、还原出、构造出治国的原点,所有这些通过孔子和他弟子的讨论都涉及了。其他的经典也是一样的,谈其他也是一样。这里不存在我们要拿经给学生灌输,其实也是一个理。孔子为什么强调通过学而有德,一个思考的过程一定是一个反思。最后你能不能成为君子,是你思的能力,小人和君子区别是在这里,君子这个能力很强,所以他能成为君子,小人这个能力弱一些。我们从来没有灌输的意图,包括教学的时候我们都不是这样的。

吴增定：我补充志勇说的那个,不知道是不是针对我的。大学绝对不是教客观知识的,而且实际上知识有没有那种客观性都很难说,尤其我们讲柏拉图,讲孔子,不可能单独是这样。但我还是强调,这些经典教会我们思考的方式,我确实非常同意李静老师说的,她比我讲得清楚,即通过理性思考得到的知识印象最深,通过被动接受可能效果不好。我确实相信柏拉图,至少绝大多数是相信的。

翟志勇：要去讲背后从汉到宋明、到清,不同的著述家的理解,一个句子可以有不同的论证。你这样来讲的话,每个老师还是有自己的信念在里面。

高全喜：好,已经很晚了,今天的会议到此结束,谢谢大家。

236

［主要参会人员简介］

王　焱：《读书》执行主编，北京航空航天大学人文与社会科学高等研究院讲席教授，主讲西方文明文化史

刘北成：清华大学历史系主任、教授，北京航空航天大学人文与社会科学高等研究院讲课教授，主讲西方文明文化史

姚中秋（笔名秋风）：北京航空航天大学人文与社会科学高等研究院讲课教授，主讲中国文明文化史、中国古典研读

李　猛：北京大学哲学系副教授，北京航空航天大学人文与社会科学高等研究院讲课教授，主讲西方古典研读

吴　飞：北京大学哲学系副教授，北京航空航天大学人文与社会科学高等研究院讲课教授，主讲西方古典研读

吴增定：北京大学哲学系副教授，北京航空航天大学人文与社会科学高等研究院讲课教授，主讲西方古典研读

任　锋：中国人民大学国际关系学院副教授，北京航空航天大学人文与社会科学高等研究院讲课教授，主讲中国古典研读

谈火生：清华大学政治系副教授，北京航空航天大学人文与社会科学高等研究院讲课教授，主讲西方政治制度

刘业进：首都经济贸易大学副教授，北京航空航天大学人文与社会科学高等研究院讲课教授，主讲宏观经济学

赵雪纲：中国政法大学法学院副教授，北京航空航天大学人文与社会科学高等研究院讲课教授，主讲政治学

邱立波：华东师范大学副教授

李　筠：中国政法大学副教授，北京航空航天大学人文与社会科学高等研究院讲课教授，主讲西方古典研读

朱俊生：首都经济贸易大学经济系教授

高超群：《文化纵横》执行主编

马国川：《财经》杂志首席记者

王永涛：超星公司通识教育业务经理

冯文全：北京航空航天大学教务处处长

赵婷婷：北京航空航天大学教务处副处长

高全喜：北京航空航天大学人文与社会科学高等研究院院长

李　昊：北京航空航天大学人文与社会科学高等研究院副院长

翟志勇：北京航空航天大学法学院讲师

李　静：北京航空航天大学人文与社会科学高等研究院讲师

康子兴：北京航空航天大学人文与社会科学高等研究院讲师

田飞龙：北京大学法学院博士生，现为北京航空航天大学人文与社会科学高等研究院讲师

附录 2

圣约翰学院"巨作"教学计划
阅读书单

（资料来源：圣约翰学院网站 http://www.stjohnscollege.edu/academic/readlist.shtml）

一年级

荷马：《伊利亚特》《奥德赛》

埃斯库罗斯：《阿伽门农》《祭酒人》《复仇女神》《被缚的普罗米修斯》

索福克勒斯：《奥狄浦斯王》《奥狄浦斯隶农》《安提戈涅》《菲罗克忒忒斯》

修昔底德：《伯罗奔尼撒战争史》

欧里庇得斯：《希波吕托斯》《参加酒神节狂欢的妇女们》

希罗多德：《历史》

阿里斯托芬：《乌云》

柏拉图：《米诺》《乔治亚》《理想国》《致歉》《批评》《菲德拉》《交酒会》《巴门尼德》《戏剧》《诡辩者》《帝马》《费德鲁斯》

亚里士多德：《诗学》《物理学》《形而上学》《尼克玛可斯伦理学》

《论传宗接代与腐败》《政治学》《动物的一部分》《动物的传宗接代》

欧几里得：《几何原本》

卢克莱修：《论事物之本质》

普鲁塔克：《莱克格斯》《梭伦》

尼克玛可斯：《算术》

拉瓦锡：《化学元素》

哈维：《心脏与血液的运动》

下列著者的文章：阿基米德、华氏、阿翁加德罗、达尔顿、开尼采罗、维绰、玛丽奥获、的黎埃什、盖－卢萨科、斯波曼、斯蒂尔斯、J.J.汤普森、门捷列夫、波索莱特、J.L.普罗斯特

二年级

《圣经》

亚里士多德：《动物学》《口译论》《预先分析学》《分类学》

阿波罗涅斯：《圆锥曲线》

维吉尔：《埃涅伊特》

普卢塔克：《恺撒》《年轻的盖托》

爱比克泰德：《语录》《手册》

塔西佗：《编年史》

托勒密：《大综合论》

柏罗丁：《九章集》

奥古斯汀：《忏悔录》

圣安斯勒姆：《宣传论》

阿归纳斯：《论理论》《反神学论》

但丁：《神曲》

乔叟：《坎特伯雷故事集》

普莱斯：《群众》

马契维利:《王子》《论文集》

哥白尼:《天体运行论》

卢梭:《一个基督徒的自由》

拉伯雷:《高康大和庞大固埃》(巨人传)

巴勒斯蒂娜:《马赛利教皇弥撒》

蒙田:《随笔集》

维耶第:《分析艺术入门》

培根:《新工具》

莎士比亚:《查理二世》《亨利四世》《亨利五世》《暴风雨》《皆大欢喜》《哈姆雷特》《奥赛罗》《麦克白》《李尔王》《科里奥兰纳斯》《十四行诗》

诗选:马韦尔、多恩和其他 16、17 世纪诗人的作品

笛卡尔:《几何学》《方法论》

帕斯卡:《圆锥曲线论》

巴赫:《马太受难曲》《创意曲》

海顿:《弦乐四重奏》

莫扎特:《歌剧》

贝多芬:《奏鸣曲》

舒伯特:《歌曲》

斯特拉文斯基:《圣诗交响曲》

三年级

塞万提斯:《堂吉诃德》

伽利略:《两种新科学的对话》

霍布斯:《利维坦》

笛卡尔:《沉思》《心灵方向的规则》

米尔顿:《失乐园》

拉罗什富科:《箴言录》

拉封丹:《寓言诗》

帕斯卡:《思想录》

惠更斯:《光论》《论物体的碰撞运动》

艾略特:《米德尔马奇》

斯宾诺莎:《神学政治论》

洛克:《政府论次讲》

拉辛:《费得尔》

牛顿:《数学原理》

开普勒:《哥白尼天文学概论之四》

莱布尼兹(德国自然科学家、数学家、哲学家):《单子论》《形而上学谈话》《动力学论》《哲学论文集》《以理性为基础的自然和神恩的原则》

斯威夫特:《格列佛游记》

休谟:《人性论》

卢梭:《社会契约论》《论人类不平等的起源和基础》

莫里哀:《愤世嫉俗》

亚当·斯密:《国富论》

康德:《纯粹理性批判》《道德形而上学基础》

莫扎特:《唐璜》

简·奥斯汀:《傲慢与偏见》

狄德金:《代数数论》

下列著者的论文:托马斯·杨(英国物理学家)、麦克斯韦(英国数学家)、泰勒(英国数学家)、欧勒(瑞士数学家)、伯努利(瑞士数学家、物理学家)等人

四年级

《十三州联邦宪法》

《独立宣言》

《美国宪法》

《最高法院意见》

汉弥尔顿等:《联邦党人文集》

达尔文:《物种起源》

黑格尔:《精神现象学》《逻辑学》

罗巴切夫斯基(俄国数学家):《平行线理论的几何研究》

托克维尔(法国政治学家、历史学家):《美国的民主》

林肯:《演说选》

克尔恺郭尔(丹麦哲学家):《哲学片断》《恐惧与战栗》

瓦格纳:《特里斯坦与依索尔德》

马克思:《德意志意识形态》《1844 年经济学哲学手稿》

陀思妥耶夫斯基:《卡拉玛佐夫兄弟》

托尔斯泰:《战争与和平》

梅尔维尔:《班尼托·西兰诺》

马克·吐温:《哈里贝克·芬历险记》

奥康纳:《短篇小说集》

威廉·詹姆斯:《心理学简论》

尼采:《悲剧的诞生》《善恶的彼岸》《扎拉图斯拉如是说》

弗洛伊德:《精神分析论》

瓦勒里:《诗集》

布克·T. 华盛顿:《作品选》

杜布瓦:《人类学著作》

海德格尔:《什么是哲学》

海森堡:《量子力学理论》

爱因斯坦:《论文选》

密立根:《电荷》

康拉德:《黑暗的中心》

福克纳:《熊》

下列著者的诗选:叶芝、艾略特、华莱士·史蒂文斯、波特莱尔、兰波

下列著者的散文:法拉第、J.J.汤姆森、孟德尔、闵科夫斯基、拉瑟福德、薛定谔、玻尔、麦斯威尔、德布曼意、戴维森、安培、萨顿、摩根、比德尔和塔特姆、萨斯曼、沃森和克里克、雅各布和哈代

附录 3

通识教育的理想与现实
——高全喜访谈录

[编者按]通识教育在理念上可以追溯至西方古典的"自由教育",在近现代的工业化时期遭遇专业教育的结构性挑战和挤压,但其传统连绵不绝。第二次世界大战之后,针对现代社会教育领域中的诸多问题,西方对通识教育的理念和实践进行了系统的研究、反思与探索。对通识教育的探索,西方高校起步较早,积累了许多宝贵的经验,暴露出了某些值得重视的教训,并形成了可资借鉴的不同模式。近年来,中国高校也普遍意识到当前高等教育单纯强调专业教育的不足,并结合自己的特点对通识教育展开了积极有效的探索,初步形成了以复旦大学、中山大学等为代表的多种模式。但既有模式都不同程度地存在着某些弊端和问题,尚无任何一种模式成为国内通识教育的主导或成熟模式。因此,作为中国高教改革的重要维度,通识教育改革的探索空间依然巨大。

在国内高校探索通识教育的改革潮流中,由高全喜教授主导和设计的北京航空航天大学通识教育改革颇具特色。2010 年,在校方的大力支持下,北航成立了以高全喜为院长的人文与社会科学高等研究院,创办了"知行文科实验班",组建了一支通识教育的教学与研究团队,对通识教育进行了卓有成效的课程体系与教育模式的探索,至今已有两年,初见成效。他们的实践,建基于对国外通识教育理念、原理和操作模式的相对完整的理解及对国内众多大学通识教育改革的调研与比较。为此,本刊特对高全喜教授进行了采访。

当前高教改革的一个方向

《文化纵横》:在您看来,中国的通识教育改革主要是为了针对什么问题?

高全喜:现代社会的一个重要特点是劳动分工的繁密和职业的高度分化,这在教育上表现为学科的高度技术化和专门化,在人格上则体现为专家化和工具化。教育中的专业训练已经完全被社会需求所驯化,被社会机器的工具理性所驯化,已无力担当塑造自由人格的重任。单纯专业教育只能输出大批量的专家和技术工人,但难以培养合格的现代公民和社会领导者,对整个社会的创新能力、人格取向和公共伦理都产生了消极影响。西方对此早就有了深刻感受,从 20 世纪初就开启了现代通识教育,而且每过几十年就要检讨一番,出台个报告,搞一轮改革。中国的现代化与工业化历史已经有一百多年,传统经典教育体系已经瓦解,而现代教育体系则受到新中国成立以来更加严格的专业教育和技术教育的塑造,其人才培养模式已经不能够适应中国社会转型与大国崛起的时代要求,因此,开展通识教育改革更加迫切。

关于专业教育,我给你举个例子。我本人在法学院长期任教,法学院的核心课程共 18 门,除了法理学和中国法制史外,都是具体的部门法,如民法总论、物权法、债法、宪法、行政法与行政诉讼法等等,四年下来,全是这种法学类的课程。三年的研究生,再到三年的博士生,也同样如此。其他的各种选修课,包括全校公选课,根本就是混学分的,任课老师和学生都不会认真对待。这样的教育体系导致学生从大一开始就只在专业中越陷越深,越来越单一,越来越细致,专业之外的东西,没有任何有效的课程设置和训练,也没有任何结构性学习的机会。这与中国社会 30 年来的多元化发展现实及其人才需求日益不相适应。

此外,大学现在办得越来越市场化,一些课程的设置完全跟着市场走,市场哪方面热了,就设置一门相关的课程。例如,一段时间以来社会上传统文化复兴,就有资本家、大款到大学里上儒学班。这纯粹是为了创收,对于知识的传授、德性的培育价值不大。普通本科生也有这个问题,与直接就业或工作职位有关的实用课程往往受到追捧,而真正经世致用的大学问反而受到冷落,这与国内高教体系缺乏通识教育、学生心智与价值观发展不够健全有关。我是倡导自由教育的,但这不等于放任和纯粹市场化。我也反对大学里一切由学生说了算,好像学生欢迎的就一定是正确的与合理的,教育本身必然带有一定程度的强制性。本科教育还包含着深刻的人格塑造与理念养成的内在使命,教育者的引导性必须得到合理的体现与支撑。

我要强调,通识教育是塑造一个自由人格的过程,是培养德性的过程。当前大学里也有这样的课程,但是并入到了马克思主义哲学这样一些课程里,实际上已经起不到这个作用。说白了,是把它变成了某种意识形态的教条灌输,脱离实际,老师和学生都不当真。大学里简单延续中小学的政治教育模式是肯定不行的,通识教育在某种意义上就是要对传统政治教育不再起作用的地方进行有效填补。

正是针对工具化、市场化与教条化的这些弊端,本着百年大计、教育为本的使命感,最近这些年,通识教育成为大学改革的焦点。

《文化纵横》:对当前通识教育改革中涌现出来的几种模式,您如何评价?

高全喜:通识教育目前虽然在中国已有近 10 年的探讨,但还没有一个公认的比较成熟的模式。无论是对通识教育理念的理解,还是具体落实到实践中,比如课程设置、师资配备等等,各大学的情况差别很大,目前还都在探索与调整之中,而且不能排除有整体失败的危险,但失败者同样为改革作出了独特的贡献。

但也确实有几种值得重视的改革类型在这几年中浮现了出来。第一种类型以复旦大学为代表。总的来说,就是把通识教育转变为一个多元的通才教育模式。他们认为通识教育的基本理念就是大学生要有一个所谓的知识的多元视野与多元结构,学校要尽可能为学生开设丰富的课程,甚至广泛到音乐、诗歌、绘画等鉴赏课,然后,按照不同的专业打包,归成几大类。

第二种类型是以中山大学为代表的。他们对哪些课程能够成为通识课程,有一个标准。在这一点上,我比较赞成他们的做法,即那些现代物理学、化学、生物学、政治学、社会学等等学科分化出来之前的,作为后来所有学科共同基础的知识才是通识教育的内容。这样一个标准立下来,像鉴赏类、交叉学科类的课程就可以排除掉了。因为我们认为,通识教育是为了打下能够跳高、跳远之前的基本素质,和直接就去开发这种素质是两回事。它造一个人最初步的,但又是最根本性的那些知识的基础。而且这些知识又与人格培养相关,需要通过一些经典著作的学习来逐渐涵育。以此标准,就和一下子开了多少门课的通识教育模式有所区别了。

还应该提一下，像人民大学国学院这类的，把国学作为一个主要的单科教育，从某种意义上来说不是通识教育，虽然它的确和现在大学一般的专业性教育不一样，但我认为它是另外一种专业性教育——关于中国古典知识的专业性教育。

《文化纵横》：似乎您心中已经有了一种通识教育的理想样态？

高全喜：对于通识教育，我们也在探索中，但有几点是可以肯定的：第一，在中国办通识教育，必须是个逐步展开的过程，从办实验班开始，积累经验后在部分学科内搞"局部通识"，成功后再在全校范围内推广。北航的通识教育从办文科实验班开始，经过两年的实践，接下来会在大文科内部推行，再经过两三年实践，会在全校范围内推行。第二，通识教育必须以阅读中西经典为核心，特别是我前面提到的现代学科分化前的那些经典著作，千万不能将通识教育课开成各学科的导论课，通识教育总体上有点精英教育的倾向，注重德性培养，而这些都建基于对经典著作的解读和学习中。第三，通识教育要进行小班化教学，即便不能完全做到小班教学，那么对于大班的讲授课，也要配备足够多的助教，课后小班讨论。小班化教学除了课堂上的讨论外，最重要的是学生必须写作业，老师必须批改作业，这是北航一直坚持的，也是我们最成功的地方。

《文化纵横》：要想实现您所说的这种通识教育，需要哪些条件来配合？

高全喜：首先是学校必须要有很好的顶层设计，通识教育的开展，必然要挤压专业教育的课时和师资，实际上涉及学校整个培养模式的变革，因此需要强有力的推动，没有一个很好的顶层设计是办不到的。其次，当前通识教育的最大瓶颈是师资问题，我们现在的老师基本上都是专业教育出身的，也就是说我们上学时就没有接受过通识教育,现在我们搞通识教育,首先是个师资再造的过程,没有任何学校有足够的人文学科的老师,可以为全校学生开设小班化的通识教育,因此必须从培育通识教育师资开始,北航推行助理教授制度,让青年讲师跟着知名教授上课,做助教,辅导学生读书写作,这样两三年下来,他们自身就成长起来了,能够独立承担通识教育课程。最后,通识教育需要大量人财物的投入,任何学校决定推行教学之前,都要考虑一下能否负担起这个成本,没有足够的投入,只能是将原有的一些课程改头换面,应付了事,如果是这样,还不如不办通识教育。

通识教育要培养什么样的人

《文化纵横》:晚清以来,如何对待中国传统就不断被争议,这同样成为当前通识教育改革的一大难点,你对此有何看法?

高全喜:中国的通识教育虽然是多元化探讨,但还是要有一个基本认识,我们不能够完全克隆西方模式,西方通识教育主要是以西方文明为主。中国传统文明,目前的实践中确实也把它纳入进来了,但是怎么取舍? 还没有一个标准,如果只是纳入到原先的哲学、史学、文学,甚至经史子集这种分法里是肯定不行的。当前通识教育的实践中,大家各显神通,国学院就按照传统的方式来做,有的就按照哲学系、历史系这些系的学科来分,这并不符合通识教育的要求。如何把中国传统文明消化到通识教育中,就像西方把其文明消化到他们的通识教育中一样,确实是现在面临的重要问题。

《文化纵横》:您是说通识教育和文明承载有直接联系? 说到底,通识教育是为了培养什么样的人?

高全喜：通识教育虽然有价值承担、文明承载的倾向性，但更主要的还是为了将学生培养成为负责任的人和公民，而不仅仅是获得某种职业所需的能力。通识教育要传授给学生自由的技艺（liberal arts），将他们培养成为能够思索和追求美好人生的人，对于自我及其在社会和宇宙中的位置都有着全面理解的完整的人——真正的"自由人"。

通识教育不是传授信息，不是用各种事实塞满人的头脑，而是要在年轻人的头脑中培育某些才能和态度。它主要是为了培养以下这些能力：有效的思考能力，交流思想的能力，作出恰当判断的能力，以及辨别价值的能力。所以不能把仁义礼智信、把西方的古典思想直接告诉学生，让他们无条件地体认、信奉，我觉得通识教育不能这样搞。毕竟现在是一个多元的社会，价值多元、选择多元，如果是一个书院，作为业余的教育可以这样，但是作为大学，一种公共资源集合体，显然不可以。现在我们批评强硬灌输的东西不好，但是换一个儒家或者其他什么价值体系，一样是强制啊。这一点我和秋风、甘阳他们的理解不同。在将来的信仰选择中学生会选择出一个自认为好的信仰，那种所谓的文明之道，假如是个好的信仰，自然会被自由的人、健康的人选择。我们要培养的就是学生的这样一种自由选择信仰的分辨与维持能力。

《文化纵横》：通识教育的目的一定程度上体现在其课程设置中，在您看来，什么样的课程才能承担得起通识教育的任务？

高全喜：通识教育，不是多元教育、分科教育、兴趣教育、氛围教育、鉴赏教育，更不是专业教育。它是刚才我说的基础性的，作为一般知识的元知识的教育。按照这个标准，实际上并没有多少课，整个大学阶段三五十门就差不多了。开设三五百门课，甚至上千门课，当然里头可能包含了我们所说的通识课程。但放在一千门课里面,也就没什么意义了。导致的结果是好的专业老师,不愿意再上通识课,因为专业不强。同时对学生,也失去了吸引力。经过一两年这样的培养,学生获得了一堆皮毛知识,不扎实,甚至有人说专业没学到多少,倒是学了一堆导论、通论。这是高校里教师和学生可能产生的基本反应。

我还是强调,通识教育无论采取哪种方式,至少要把核心课程和一般课程区分开。不能泛泛到只要是新课程,大家觉得有兴趣的课程,都叫通识课程。所以我觉得在这一点上光是把课程分成几大类是不解决问题的,还必须在每一类里也要区分出,哪些课程是必修的,哪些是选修的。这个标准应该是难点,因为不但关涉到如何理解通识教育,更主要的是一个现实利益分配的问题。因为通识教育转型,假如完全按照新的标准,意味着很多原先各个院系的课程,变成边缘课了,而且量又要缩减,先前教这些课的老师就会无所适从。

需要说明的是,分选修、必修的等级出来,并不在于该课程的好坏,以及讲解水平的高下,而应当完全围绕着通识课程的目的来确定。比如,戏曲鉴赏课,放在戏曲学院绝对是核心通识课程,但是放在综合性大学就肯定不算。因为教育培养的目标不一样。这在一定程度上就更加增大了改革的难度。但是既然是通识教育,就必须有一套课程的标准体系,并且不能把这种标准体系完全放手由学生自由选择,学生没成熟,怎么知道自己选的课一定符合他的知识结构。当然,这里面的确存在以不自由的教育培养自由的人的问题,这反映了教育内在的合理强制性,否则就变成自选市场了,教育的实体内涵就被一种肤浅的自由市场观挖空了。教育领域毕竟是一个有着自身特点与规律的领域,哪个国家都不敢把它完全市场化。

探索改革,慎重改革

《文化纵横》:与其他学校相比,北航自身的改革有无独特之处?

高全喜:北航文科的通识教育自始就坚持"以文史哲为起点,以政经法为出路",也就是说我们的通识教育始终是和专业教育结合在一起的,我们在设计通识教育课程的同时,也设计好了专业教育课程,特别注重两者之间的衔接和配合。北航的通识教育强调培养经世致用的人才,我们虽然也注重古典教育,但仅以此为基础和出发点,不是完全的古典学教育。

北航和中山大学的模式比较接近,但也有很大的区别,主要体现在课程设置和价值取向上。中山大学偏重于古典尤其是西方古代的经典著作,集中在古希腊、古罗马和中国的春秋战国这些时期。我们认为经典著作不单纯是古典著作,我特别强调的是近代经典著作。重点放在15~19世纪以来的、现代学科发育前形成的经典著作。这是早期现代,是现代形成的奠基时期。从课时分配来说,和古希腊、古罗马及中国古典课程对半分。我们不认为古典和近代是对立的,甚至觉得近代比古典更重要。当然选择近代以来的这些经典著作作为讲授中心,也与学生的专业选择有关系。中山大学讲古典学,学生后来到文学院、哲学院等学院去了,拿的可能是哲学、文学、史学的学位。北航的学生在完成两年文史哲通识教育之后,要分别进入政经法学院,拿的是这三个学科的学位。这种学科体制的不同,也影响到了我们之间价值取向与教育方案的差别。

北航与复旦大学、浙江大学也不一样。我们的课程并不分模块,也不是让学生在不同模块中选择适当的学分。我们的通识教育和专业教育都强调少而精,有通识教育的核心课和专业教育的核心课,这些核心课是学生必修的,而且会要求非常严格。而且我们的通识教育课程和专业教育课程是融合在一起的,两者之间有很好的衔接和过渡,更重要的是,我们的通识教育课程贯穿学生四年本科,不是学生在第一年上了几门通识课就行了,他们四年都要上通识教育课程,这样长时间的训练才能有效果。

《文化纵横》:北航的通识教育改革碰到的最大困难是什么?

高全喜:虽然从理论上、实践上、课程设置上取得了一些经验,但是实际操作中还没有确定的自信。归根结底还是文史哲通识教育和专业教育的融合问题,如何能够做到通识教育和专业教育不是两张皮,而是一个整体,是最大的考验。而且,通识教育毕竟挤占了专业教育的时间,如何能够使学生四年下来,既不缺乏专业知识,甚至具有更好的专业知识,同时又具备独立思考的广阔视野,在德性培养上也有显著提高,还有待进一步的探索和检验。

再则,通识教育特别强调老师和学生进行交流的作用,使经典变成一个活的东西。知识传授可能仅是一方面,伦理共同体的建设、德行的培养是另一方面。如何将如此丰富的内容融入到学生学习的过程之中,好的老师十分关键,虽然推行助理教授制度,并且大量聘请清华、北大、人大的老师,但师资问题仍是我们面临的最大挑战。

《文化纵横》:这让我想起地方大学的通识教育,他们也会受到包括师资在内的各种资源限制,您有没有什么好的办法?

高全喜:通识教育的一个前提是要有自己的较为稳固的师资队伍。理想状态是有一半的课程自己的老师能讲,另一半借助外聘。

当然,我们也不可能要求一个地方性大学,做到像北大那么好,这个不现实。

但是,至少要先确定通识教育的理念,筛选出哪些课才是通识教育课,这很重要。这样合适的老师才有可能有针对性地找到。不同层次与资源约束下的大学要做到纲举目张,有的放矢,渐进努力,探索适合自身条件的通识教育模式。北航模式的成熟也有其自身的特殊性,但同样有着通识教育的共性,对国内理工科院校乃至于某些综合性大学的通识教育改革会有一定的借鉴与推广价值。当然,我们在改革中同样借鉴吸收了国内其他高校的某些早期改革经验。

《文化纵横》:如果反过来,以一种挑剔的眼光来审视通识教育改革的话,您会说什么?

高全喜:通识教育目前不宜这么快地普及,要适可而止,量力而行。因为通识教育相对来说是一个昂贵的教育,它需要具备一系列条件。倒不是高楼大厦,而是要有好的老师,好的教材,尤其是小班教育这样一个探索机制。北航目前还没有条件完全施行覆盖全部本科生的小班教学。要是真是三十来人一个班,一届本科生几千人,要办多少班? 此外,假如拟定很有限的几十门课作为通识课程,要同时满足一届学生上课,就会有很多老师开设相同的课程,实际上重叠率就很高,一是我们没那么多老师,二是更多以前开其他课的老师,如果不适合开设通识教育课,那他们怎么办? 很多学校只好让他们把先前的课程题目改一改,就又当成通识教育课程来开。换汤不换药。最后的结果,只能是通识教育还没发展起来,就又败坏下去,社会评价也会随之下降,觉得你还不如过去的专业教育。专业教育虽然有那么多缺陷,好歹有一技之长。所以我觉得这样大面积、跃进式铺开的风险还是非常高的,令人担忧。

《文化纵横》：最后，您能否总结一下，教育在现代国家当中应该承担什么功能？

高全喜：在传统社会，教育从属于文明之道，教化之道，而且又和科举制度相联系，即所谓的"政教"合一，学而优则仕，所以很重要。到了现代，教育和政治日渐脱离，其社会功能主要变成了两种知识的提供者和生产者：一种是公民教育，一种是专业教育。目前虽然我们的教育体系中也讲思想道德教育，鼓励学生立大志，要将来为国家、为民族作贡献，但这些都是空话，没有一套具体的机制和方法来支撑，只能流于形式。大学只剩下纯粹的专业教育。注重专业教育并没有错，不能把大学变成过去载道的书院，只教会些诗书礼乐，否则现代社会大部分专业的工作谁来承担呢？现在的弊病在于将专业教育绝对化了，把大学教育应该具备的另外的功能遗失了，使得我们很难培养出超越专业人才的更一流的人才。而且，我们正经历政治社会的大转型与大国崛起的体系化压力，对国民的教育显然不能仅限于专家和技术工人的层次，民族的政治成熟和思想成熟需要以合乎文明标准的通识教育为基础和前提，舍此无他。

（原载《文化纵横》2012 年第 3 期）

附录 4

北京航空航天大学知行文科实验班经典阅读书单

北京航空航天大学知行文科实验班通识教育课程体系由中国文明文化史、西方文明文化史、艺术史与现代艺术、中西经典阅读构成,其中经典阅读是课程核心,贯穿大学本科四年。经典阅读分中学和西学两部分,平均分配到本科四年中,每学期阅读中西经典各两本,其中每学期课堂上讲授中西经典各一本,学生在老师的指导下,利用课余时间和寒暑假自行阅读中西经典各一本。下述书目每学年会根据实际情况进行调整,秋季学期开学后公布新学年的阅读书目。

(一)中学经典

1.《论语》

《论语》为“四书”之一,是研习儒家思想的基础文本,儒学思考的最核心概念、最主要命题均从此生发。以此为基础,可以让学生大体了解儒家思想的各种重要论题,然后研读其他经典,便很容易左右采获,融会贯通。所以,《论语》课的开设,直接关系到后面《孝经》、《孟子》、《礼记》等书的理解。

2.《孝经》

《孝经》篇幅不长,但是涉及儒学思想传统政治教化的核心问题,所谓"孝悌也者,其为仁之本与"(《论语·学而》)。汉唐以来经学家常以《孝经》为六经总会,如果能够将此书与《论语》、《孟子》并读,则可以对中国传统儒家思想的许多重要问题有一个基本的了解。

3.《孟子》

孟子是继孔子之后,儒家思想发展的核心代表人物。他继承和发展了孔子的德治思想,形成了"仁政"、"民本"、"性善"等学说。孟子的"民本"思想,是中国传统政治理论的创见,形成了儒家思想体系中抑制君权的革命理论。另外,孟子的重要意义还在于他使尧、舜、禹、汤、文王、武王、周公、孔子等人构建成儒家的"道统"(一脉相承的文化系统),成为几千年来制衡"政统"的永恒力量。

教材建议选择朱熹《四书章句集注》,通过学习"四书"的这个注本,亦可以明了儒学思想在宋明时期的发展。

4.《大学》、《中庸》

"四书"是《大学》、《中庸》、《论语》、《孟子》的合称。南宋理学家朱熹注《论语》,又从《礼记》中摘出《中庸》、《大学》,分章断句,加以注释,配以《孟子》,题称《四书章句集注》,"四书"之名始成立,后一直被用作学习儒家思想的入门书。

《大学》、《中庸》是儒家思想的核心文本。从安身立命之道,到治国、平天下的方略,以及儒家思想从政治哲学到伦理哲学的思考,在此二篇文章中都有详细的分说。

5.《诗经》

孔子曾说:不学诗,无以言。《诗经》作为"六经"之首,自然应该成为通识教育的核心内容。在传统的眼光中,《诗经》是群经第一部,也是最真实的信史,读之还可以识草木虫鱼之名;在现代的眼光中,《诗经》是中国文学的鼻祖。因此,作为经典研读课程,讲读《诗经》可以最好地理解古今学术的发展与演变。

6.《尚书》

《尚书》为中国最早的政治文献合集,它保存了商周,特别是西周初期的一些重要史料。《尚书》主要记录虞夏商周各代部分帝王的言行。它最引人注目的思想倾向是:以天命观念解释历史兴亡,以为现实提供借鉴。这种天命观念具有理性的内核:一是敬德,二是重民。王国维曾经说过:"中国历史政治之发展,莫剧于殷周之际。"对《尚书》的研读,将有助于学生了解奠定了中国几千年文化根基的周代文明,理解中国传统的政治智慧,这对学生将来进入政经法等专业的学习非常有帮助。

7.《礼记》选读

古代中国号称"礼乐之邦"。"礼乐文化"是儒家思想的重要组成部分,是理解儒家治理智慧的关键,也是中国古代传统文化的结晶。《礼记》对中国的传统思想与政治,都产生了非常重大的影响,对《礼记》的研读成为两千多年来经学传统的重要组成部分。《礼记》中各个部分独立成篇,本课程将选择这些篇章进行讲解。

8.《左传》

《春秋》对本科生而言只能读《左传》,而且《左传》作为中国信史重要源头之一,有必要从传而不是从经的角度,选取其中的精彩篇章进行细读。《春秋》经选取《左传》的理由在于:一,本科生对古文尚不能全通,《左传》课程还可以很好地起到"古代汉语"课程的作用;二,《左传》作为春秋史非常重要,可以引发学生对历史的兴趣;三,《左传》的辞令诸内容,可以作为文学作品来读。

9.《史记》

《史记》是中国第一部通史,也是第一部正史。它既是严谨的史学文献,也是情感深挚的文学作品。学习《史记》既可以体会"文学"

之美,还可以学习分析、理解具体历史史实的能力。

10.《资治通鉴》选读

《资治通鉴》是北宋司马光主编的一部多卷本编年体史书,是中国史学之重要经典。它以时间为纲,以事件为目,所载史实自秦至五代,涵括了 1300 多年的历史。此书以"鉴于往事,有资于治道"为目标,通过对历史事件及其结果与影响的分析,希望可以为统治者总结经验教训,以供借鉴。虽然,帝王时代已经一去不返,但是书中对"治道"的讨论还是有助于年轻学子从历史中学习中国传统的政治智慧,以面对和解决现实问题,对其将来之政经法专业的学习亦有益处。

11.《庄子》

古人曰:达则兼济天下,穷则独善其身。道家思想与儒家思想之间一直充满张力,并形成了国人思想的二维系统。《庄子》一书,思想深刻、文笔优美,且汪洋恣肆,既可以作为哲学著作来体味,也可以作为文学作品来品读。对道家思想的研读,可以与前面学习的儒家典籍形成对照,为学子提供另一个思考的视角。

12.《荀子》

荀子为先秦思想发展脉络中由儒变法的核心人物。他重视社会秩序,反对神秘主义,重视人为的努力。他提出"性恶论",在孔子之后,大力提倡儒学思想中的"礼"与"法",成为后来"法家"思想的源头鼻祖。学习《荀子》,有助于学生和《孟子》对勘,并帮助他们在理解古代的治理智慧的基础上,审视现代"法"的概念。

13. 朱熹《近思录》

"近思"二字取自《论语·子张》:"博学而笃志,切问而近思,仁在其中矣。"

淳熙二年(1175 年),吕祖谦从浙江到福建与朱熹会晤,两人在寒泉精舍一起研读周敦颐、张载、程颢、程颐等人的著作,因感其"广大阂博,若无津涯",初学者不易把握其要义,故精选出 622 条,辑成《近思录》14 卷,从宇宙生成的世界本体到孔颜乐处的圣人气象,循着格物穷理,存养而意诚,正心而迁善,修身而复礼,齐家而正伦理,以至治国平天下的"内圣而外王"的线索,全面阐述了宋明理学思想的主要内容,故此书实可谓囊括了北宋五子及朱吕一派学术的主体思想。

14. 中国古代文学理论选读

通识教育以人文教育为核心内容,而"文"、"史"、"哲"又是其中重要的组成部分,中国自古又有"文"、"史"、"哲"不分家的传统。因此,研习中国古代的"文学理论",不但可以明了"文以载道"的文学传统,更可以加深对中国历史与哲学的理解。

可以选择的文本包括:

《乐记》:"六经"中"乐经"失传,故《礼记·乐记》一篇就成为理解儒家"礼乐文明"的重要文献,是儒家"为政以德",施用礼乐教化的集中思考。

《文心雕龙》:《文心雕龙》是中国南朝文学理论家刘勰创作的一部文学理论著作,成书于南北朝时期。全书以孔子美学思想为基础,兼采道家,是中国第一部有严密思想体系的文学理论专著。

15. 中国经典文学作品选读

子曰:"兴于诗、立于礼、成于乐。"人文修养离不开"经典文学作品"的熏陶。选择"乐而不淫,哀而不伤"的中国经典文学作品,涵养学生的审美眼光,丰富学生的人生阅历,增加理解生命的深度和广度,是通识教育中不可或缺的组成部分。或以诗歌的欣赏为主线,或以小说的阅读为内容,或以散文的研习为旨归,形式灵活,内容丰富,应该是极具魅力的通识课程。

16. 费孝通:《乡土中国》

著名社会学家费孝通教授,一生行行重行行,在实地调查的基础上,总结了中国农村生活与发展的各种模式,写下了诸多不朽篇章。其中《乡土中国》一书,是其学术地位的奠基之作,是学界公认的中国乡土社会传统文化和社会结构理论研究的代表作,也是中国社会科学最基本的阅读文献,是理解中国传统社会的必修经典。

以上:"经"七门课、"史"三门课、"子"三门课、"集"两门课,近代一门。

(二)西学经典

1. 柏拉图:《理想国》

柏拉图《理想国》是目前最适合作为中国大学本科通识教育教材的西方经典著作。该书在整个西方思想史的地位,根本不需再多做论证。本书尤其适合作为大一刚入学新生所接受的第一门通识教育课程的教材,其内容之丰富,结构之精巧,语言之简朴,与所有大学新生都将遭遇到人生诸种根本性问题联系之紧密,都是罕见。尤其是,该书与转型期中国所面临的诸种问题,也有着非常密切的关联。由于柏拉图作品采用对话形式,具有戏剧特征,因此也容易激发大学生学习的热情与兴趣。如果此书能够教好,必能给此后整个大学阶段的通识教育打下良好基础。

2. 亚里士多德:《尼各马可伦理学》

大学第一学期若能安排《理想国》课程,则本书是最合适接续《理想国》课程,作为大学生第二学期通识教育课程教材的作品。柏拉图《理想国》与亚里士多德《伦理学》两门课程配合,刚好形成一套比较完整的适合大学新生的通识教育课程体系。这既是因为《伦理学》与《理想国》之间形成了非常紧密的呼应与对话的关系,因此在学习《伦理学》的过程中可以不断地参照《理想国》的文本,不断地加深对此前问题的认识,同时也由于《伦理学》拥有与《理想国》同样精巧和完美的论证结构,并且与《理想国》一样涉及人生中最重要的那些伦理与政治问题。因此,通过教授这两门课程,一方面有助于训练学生最基本的阅读经典文本的能力,同时也能够为学生处理最基本的伦理问题提供最基础的概念和体系。

3. 修昔底德:《伯罗奔尼撒战争史》

史学教育是通识教育中一个很核心的内容,而最合适作为通识教育内容的史学经典,则是更侧重史识与史论的古代史学经典著作。修昔底德的《伯罗奔尼撒战争史》则是所有西方古代史学经典文本中,个人认为最适合拿出来当做通识教育教材的文本。《伯罗奔尼撒战争史》描述了古希腊世界最伟大的一场战争,即以雅典为首的提洛同盟与以斯巴达为首的伯罗奔尼撒同盟之间的争霸战争。与希罗多德的《历史》相比,修昔底德的著作更理性,更客观,更成熟。更重要的是,修昔底德的这部著作所做的并不仅仅是客观叙述一场伟大战争的前因后果,以及中间发展演变的过程。在修昔底德的笔下,伯罗奔尼撒战争更像是在人类历史舞台上上演的一出戏剧,从中我们了解到的是普遍而永恒的人性,以及"有关人类事务的普遍与永恒的真理"。

4. 塔西佗:《历史》、《编年史》

塔西佗之于罗马史学,犹如修昔底德之于古希腊的史学。这一点已为史学界公认。塔西佗《历史》仅存五卷,多数篇幅讲述了公元69年罗马帝国最黑暗时期的历史,《编年史》则在《历史》的基础上向前追溯到奥古斯都死后,追问的是僭政兴起的根源。塔西佗的历史著作既继承了希腊史学的精神和方法,同时对僭政政体及其与个人品德之间的关联的研究,尤其令人瞩目。

5.《圣经·创世纪》+《圣经·罗马书》

《圣经》在整个西方世界中的崇高地位,以及《创世纪》在整个《圣经》文本中的地位,《罗马书》在整个基督教思想中的地位,都是无可置疑的。《创世纪》里不仅隐含了西方人的宇宙观和世界观,同时也包含了极为高明而伟大的叙事文学,除了神学,它还是史学、伦理学、法学与文学的最佳教材。《罗马书》则为基督教的几千年的发展奠定了深厚的神学基础。

6.奥古斯汀:《上帝之城》

在西方的思想史中,奥古斯汀既是个集大成者,同时也是承前启后的人物。奥古斯汀综合了来自于东方的基督教文明与源自于希腊—罗马的政治哲学传统,从而巧妙地将希腊哲学与基督教的信仰进行了综合,将西方的思想带进了一个新时代。《上帝之城》既是对罗马陷落后针对基督教诸多攻击的一次总回应,也是基督教政治哲学的一个总纲领。其中哲学、神学、政治哲学内容之丰富和博大精深,令人叹为观止。就通识教育而言,《上帝之城》既有助于学生理解基督教政治哲学,同时也有助于他们了解西方人的思想是如何从希腊哲学过渡到基督教哲学的。

7.荷马:《荷马史诗》

古希腊盲诗人荷马在整个西方文明史中的地位,无人能及。就文学价值而言,荷马构成了整个西方文学传统的源头,犹如《诗经》构成了中国文学传统的源头一样。对荷马史诗的解读、鉴赏,既是对西方文化的一次寻根之旅,同时也是攀登西方文学巅峰的一次尝试。

8.但丁:《神曲》

在整个西方文学史中,但丁是足以与荷马、莎士比亚相比肩的最伟大的诗人。但丁的《神曲》通过作者与地狱、炼狱及天国中各种著名人物的对话,反映出中古文化领域的成就和一些重大的问题,带有"百科全书"的性质,从中也可隐约窥见文艺复兴时期人文主义思想的曙光。因此,《神曲》既是我们了解中世纪基督教时期西方人精神世界的一把钥匙,同时也对我们了解中世纪的文学和思想向近代的文学和思想的转变,具有重要的价值。

9.莎士比亚:《亨利四世》、《李尔王》

对于整个西方近现代文学传统来说,莎士比亚是一个永远难以跨越的高峰。莎士比亚戏剧之丰富多彩与博大精深,对于提升学生的文学素养与道德情操极有帮助。

10. 马基雅维利:《君主论》

马基雅维利在整个西方思想传统中处于一个承前启后的关键位置——他既是对古典世界的道德与学问有着深刻了解与体认的学者,同时,又是站在新世界的门槛,为新世界的到来开辟道路的人物。因此,要了解当代西方世界政治哲学的渊源与基础,以及西方世界如何从古典的亚里士多德政治学转换成现代政治学,马基雅维利的《君主论》是很难绕开的经典著作。

11. 霍布斯:《利维坦》或《论公民》

利维坦是《圣经》中的一种怪兽,生活在海里,力大无穷,形象恐怖,是恶的象征。霍布斯将此形象作为书名,并且将其赋予正面含义,指代现代国家,其寓意耐人寻味。《利维坦》以全新的人性论阐述开篇,进而提出了自然状态学说,并在此基础上提出了社会契约论思想和绝对主义国家理念,被公认为现代政治哲学的奠基之作。本书适合作为中、高年级本科生的专业通识教育的教材,以及研究生的通识教育教材。

12. 洛克:《政府论》(下篇)

洛克与霍布斯构成了现代政治哲学对峙的双峰,因此读了霍布斯的《利维坦》,则不能不读洛克的《政府论》,尤其是其下篇。《政府论》(下篇)既继承了霍布斯开辟现代政治哲学、告别古代政治原理的精神气质,同时也提供了区别于霍布斯的关于自然状态和社会契约的理解,并在此基础上形成了一套系统的有关宪政、自然权利、反抗权的现代政治学说体系。对于有志于了解现代西方政治哲学的学生来说,霍布斯与洛克同为难以绕过的必读经典。

13. 孟德斯鸠:《论法的精神》

孟德斯鸠之于法国大革命、美国革命与宪政的影响,不亚于霍布斯、洛克之于英国革命与美国革命的影响。从孟德斯鸠那里,既可看到欧洲大陆哲人对英国革命的反应,也可以看到欧洲大陆古典政治哲学向现代政治哲学转变的痕迹,以及现代政治哲学基本原理"三权分立"原理形成的过程。孟德斯鸠对政制与民情的思考,也是现代政治哲学沉思的典范。

14. 卢梭:《社会契约论》

人民主权原则之于现代政治的根本重要性,已经得到举世公认,而卢梭跻身于现代政治世界奠基人之列,迨无疑问。卢梭是一个相当复杂的思想人物,犹如既伟大又恐怖的法国大革命,生前即已充满争议,毁誉参半。因此,如何正确地解读卢梭,对我们如何理解法国大革命以来的西方政治,至关重要。

15. 亚当·斯密:《国富论》

亚当·斯密代表了政治哲学传统向经济学与社会理论传统演变的关键时刻,开启了现代经济学传统与社会理论传统,同时亚当·斯密又将自己的理论看作是一种法理学。因此,同前面介绍的其他现代性理论家一样,亚当·斯密同样充满了复杂性,具有足够的张力。在《国富论》中,亚当·斯密看到了自生自发的秩序,如何理解这种自生自发秩序,对于我们理解西方的现代性至关重要。

16. 麦迪逊等:《联邦党人文集》

《联邦党人文集》最初仅仅是围绕美国宪法批准问题而发表在报纸上的小文章,针对美国立宪问题所遭遇的诸种障碍,联邦党人诉诸人民,面向人民开展了一次伟大的政治教育过程。美国立宪是人类历史上最伟大的一次实验,第一次在一个地域辽阔和人口众多的国家,尝试建立民主共和政体。该文集可以被看做是美国立法之父们对这一伟大创举的一种自我理解和自我阐释。毫无疑问,这是人类政治哲学史上最重要的历史文献和理论著作。

后　记

　　本书是北京航空航天大学人文与社会科学高等研究院通识教育研究课题组的课题研究最终成果。该课题在高全喜院长的精心策划、指导和参与之下，相继经历了资料搜集、定向调研、专题研讨、分章节写作、统稿等若干阶段，并经数次修改而成，历时一年多。该课题的核心成员以北京航空航天大学人文与社会科学高等研究院教师为主，北京航空航天大学法学院和北京航空航天大学科学技术研究院的部分青年教师参与。参与写作的课题组成员包括：

　　高全喜（北京航空航天大学人文与社会科学高等研究院院长、法学教授，负责全书策划与审定、总序）

　　李昊（北京航空航天大学人文与社会科学高等研究院副院长、副教授，负责报告第二部分之概述、圣约翰大学以及报告第三部分之复旦大学复旦学院）

　　翟志勇（北京航空航天大学法学院讲师，负责报告第一部分、第三部分之北京航空航天大学以及第四部分之基本模式/课程体系）

　　李静（北京航空航天大学人文与社会科学高等研究院讲师，负责第二部分之哈佛大学、第三部分之中山大学博雅学院）

　　康子兴（北京航空航天大学人文与社会科学高等研究院讲师，负责第二部分之牛津大学、第三部分之北京大学元培学院/浙江大学竺可桢学院以及第四部分之学生管理）

田飞龙(北京航空航天大学人文与社会科学高等研究院讲师,负责第二部分之麻省理工学院、第三部分之概述、清华大学与上海交通大学)

泮伟江(北京航空航天大学法学院讲师,负责第二部分之芝加哥大学、第四部分之师资队伍/学术共同体建设)

王延吉(北京航空航天大学科学技术研究院文科科研主管、教育学在读博士生,负责第二部分之日本的通识教育)

全书由田飞龙博士和翟志勇博士统稿,高全喜院长审定,作为北京航空航天大学人文与社会科学高等研究院"通识教育文丛"第一辑的重要作品推出。北京航空航天大学人文与社会科学高等研究院通识教育研究课题组将在这一研究基础上,继续深化通识教育的理论与实践研究,探索中国大学通识教育的正道。

北京航空航天大学人文与社会科学高等研究院

通识教育研究课题组

2012 年 11 月 25 日

图书在版编目(CIP)数据

转型中国的大学通识教育:比较、评估与展望/北航高研院通识教育研究课题组著.—杭州:浙江大学出版社,2013.4
ISBN 978-7-308-11306-9

Ⅰ.①转… Ⅱ.①北… Ⅲ.①高等学校－通识教育－研究－中国 Ⅳ.①G640

中国版本图书馆 CIP 数据核字(2013)第 060801 号

转型中国的大学通识教育

——比较、评估与展望

北航高研院通识教育研究课题组　著

责任编辑	陈丽霞
文字编辑	赵博雅
出版发行	浙江大学出版社
	(杭州市天目山路 148 号　邮政编码 310007)
	(网址:http://www.zjupress.com)
排　　版	浙江时代出版服务有限公司
印　　刷	富阳市育才印刷有限公司
开　　本	710mm×1000mm　1/16
印　　张	17.25
字　　数	209 千
版印次	2013 年 4 月第 1 版　2013 年 4 月第 1 次印刷
书　　号	ISBN 978-7-308-11306-9
定　　价	46.00 元